井筒俊彦

英文著作翻訳コレクション

存在の概念と実在性

TOSHIHIKO IZUTSU

The Concept and Reality of Existence

鎌田繁——監訳
仁子寿晴——訳

慶應義塾大学出版会

存在の概念と実在性＊目次

序　3
I　イスラームにおける形而上学的思考の基本構造　5
II　東西の存在主義　41
III　ワフダト・ウジュード（waḥdat al-wujūd）の分析　55
東洋哲学のメタ哲学に向けて
IV　サブザワーリー形而上学の根本構造　89
第一章　サブザワーリー形而上学の意義　90
第二章　存在の観念と存在の実在性　108
第三章　存在の概念　122
第四章　エッセンティアとエクシステンティアの区別　139
第五章　存在は何性に先立つ　161
第六章　存在は偶有か　193
第七章　存在の実在構造　211

解　説　243
監訳者あとがき　253
参考文献　*9*
索　引　*1*

凡　例

一、本書は Toshihiko Izutsu, *The Concept and Reality of Existence* (The Keio Institute of Cultural and Linguistic Studies, 1971) の全訳である。

二、原著の強調のうち‘ ’は「 」、イタリックは傍点に替えた。( )と[ ]は原文どおりである。

三、訳者による補足などは〔 〕で記した。

四、原注は本文中に( )で原注番号を付し、章ごとにまとめて各章末に置いた。ただし、クルアーンからの参照指示は本文中に挿入した。

五、本文にかんする訳注は、本文中に〔 〕で訳注番号を付し、原注のあとにつづけた。原注に関する訳注は、当該原注内に改行、字下げし〔訳注〕として挿入した。

六、原著で、アラビア語文献をアラビア文字で引用している場合、本書ではアラビア文字の代わりにラテン翻字を示した。

七、井筒が用いたテクストは必ずしも質のいい校訂本であるとも限らず、井筒自身が原典を引用する際に読み替えている場合がある。このように井筒の原文引用が参照したテクストと異なる場合も、井筒の立論の根拠が分かればよいと考え、それを個別に注記することはしない。

八、アラビア語の人名や単語における定冠詞は、原則として、日本語表記では省略し、ラテン翻字では表記した。

九、アラビア語は発音ではなくアラビア文字表記をラテン文字に転写した。

十、ペルシア語は原則として、アラビア語の翻字にもとづき、エザーフェは「-i」とし、近現代のカタカナ表記は現行の読み方を考慮した。

十一、原典は井筒の英訳にしたがい翻訳した。

十二、外国語著作には日本語訳タイトルを示し、書誌情報は( )内に記した。

存在の概念と実在性

序

本書は著者が過去四年間に書いた四つの独立した論考から成る。最初の三つ（I、II、III）はさまざまな機会をいただいて、さまざまな場所で公開講演として読み上げた論考である。ハワイ大学（ホノルル）で一九六九年に開催された第五回東西哲学者会議での講演を第I部に収め、第II部に、一九七〇年にマギル・イスラーム学研究所（テヘラン）で行ったものを、第III部に、一九六九年にエルサレムのヘブライ大学アジア・アフリカ研究所で行った講演を収録する。なお、第五回東西哲学者会議での講演内容は『マギル・イスラーム研究所紀要』（第一巻、メフディ・モハッゲグ博士、ヘルマン・ランドルト博士、井筒俊彦編）にて公刊された。

本書でもっとも長い第四の論考はもともと一九六八年に書かれ、モハッゲグ教授とともに校勘し一九六九年に出版したハーディー・サブザワーリーの『形而上学詩注』（*Sharḥ-i Manẓūmah*）のアラビア語校訂本に付した英序として世に出た。このハーディー・サブザワーリー『形而上学詩注』は前記、テヘランにあるマギル・イスラーム学研究所の活動の一環である、ダーネシェ・イーラーニー（Dānesh-i Īrānī）というシリーズの第一巻として刊行されたものである。

この機にこれらの論考の執筆を直接に、あるいは間接的に勧めていただいた全ての方々にお礼を申し上げたい。モントリオール〔マギル大学〕のレイモンド・クリバンスキー博士、ミシガン〔大学〕のアブラハム・カプラン博士、エルサレム〔ヘブライ大学〕のヨシュア・ブラオ博士、テヘラン大学のセイエド・ホセイン・ナスル博士の名を特に挙げておく。またカナダはモントリオールのマギル大学イスラーム学研究所所長、チャールズ・アダムズ博士に大変お世話になったことを記しておく。アダムズ博士には草稿段階で第四の論稿に眼を通していただき、体裁を整えるに資する多くのご指正を頂戴した。

一冊にまとめられた四つの論考は或る種の内的一貫性をもっており、それらは全て、ポスト・モンゴル期に、特にイランにおけるイスラーム哲学で練り上げられた、存在《ウジュード》（wujūd）の実在性《リアリティー》と、存在の概念、という主題を中心とする。四論考にはおのずから多くの重複がある。これらの論考を一つにまとめるに当たって私は重複を除こうとしなかった。そうした剪定作業が各論考の有機的な統一性を壊してしまうからだ。また、著者が少しずつ違う角度からその都度その都度に中心的重要性を帯びた同一の論点と繰り返し取り組もうとしたことに由来するのであれば、そうした重複は全くの無駄というわけではあるまい。

四つの論考を通じて、ペルシアで展開し花開いた、神秘主義と理性思考が組み合わされた特殊な型の形而上学である「イルファーン」('irfān)の生きた精神を発見してそれを捉えたいという思いが常にあった。さらに言えば、この類の哲学を、東洋の知的諸文化のほぼ至るところに見える、哲学化の元型的パタンの一つの代表として確立し、そうすることで、比較哲学の分野において真に実り豊かな、方法論的探究を行うための土台作りの出発点としたいとの意図があった。

最後に、言語文化研究所の刊行物の一つとして、この形で四論考を刊行することを快諾していただいた慶應義塾大学への深い感謝の念を表しておきたい。

一九七一年二月二十日　カナダ・モントリオールにて

井筒俊彦

Ⅰ　イスラームにおける形而上学的思考の基本構造

私がこれから述べようと思います内容は、この会議の主題と直接に結びつかないと思われるかもしれません(1)。しかしながら、扱おうとしている問題群はイスラーム哲学の範囲内で話をするにせよ、特に人間疎外の実存的側面と形而上学的側面に即してみれば、実際は、人間疎外の問題と無縁ではありません。そうではあるものの、私の関心のある問題群を直に人間疎外の問題と結びつけることなく、イスラームの形而上学の基本構造そのものを説明していきます。

私が皆さんの注意を促したいのは、イランの幾人かの偉大な哲学者たちの思想が例証するような、東洋的精神が生み出した哲学的営為のなかでもっとも重要なタイプの一つについてです。この東西哲学者会議は、私の理解します限り、哲学的思索の次元において東西のより良い相互理解を創りだし推進することを目標に掲げておりますす。そのことに鑑みれば、私がこれから行うこの類のアプローチは東西の出会いという特殊な文脈のなかで何らかの意義をもつと私は信じております。東と西の国々のあいだに、概念と思想を相互に深く哲学的に理解することに基づいた真の国際的な友好関係と同胞関係を実現させることは、世界の現状においてもっとも切実に必要とされていることの一つだと私は確信しております。

しかしながら、視野を広く採れば、前ソクラテス期に見られた萌芽から現代的な形態へと歴史的にかなり際立った統一性をもって展開した西洋哲学と違って、東洋にはそうした歴史的な統一性がありません。私たちは東洋の諸哲学と複数形でしか語りえないのです。

であればこそ、包括的な構造的枠組み、すなわち東洋の諸哲学についての或る類のメタ哲学に至りつくことを念頭に置いた体系的な仕方で、研究を行うことが甚だ肝要ではないかと私は考えます。こうすることで、主要な東洋の諸哲学は或る確かな構造的統一性の次元にまで押し上げられることができるのではないでしょうか。

言い換えると、西洋と東洋のあいだで実り豊かに哲学的に相互理解する可能性を模索しようとするよりも前に、私たちは東洋哲学の諸伝統じたいの枠内でより良き哲学的相互理解を実現させねばならないのです。

そうした考え方を念頭におきつつ、私はイスラームにおける形而上学的思考の基本構造の問題にアプローチいたします。

イスラームは長い歴史の中で多くの際立った思想家たちとさまざまな哲学学派を産み出してきました。ここで私が採り上げるのはそうした学派の内の一つにすぎません。それは「存在一性」として知られる哲学学派であり、疑いを入れる余地なく、もっとも重要な学派の一つです。「存在は一である」という概念は十一世紀と十二世紀に生きたスペインの偉大なアラブ人神秘家・哲学者、イブン・アラビー（Ibn ʿArabī, 1165–1240）に遡ります。この概念は十三世紀から十六・十七世紀に至る時期に特にイランにおいてムスリム思想家たちの大半に著しい影響を及ぼしました。十六・十七世紀と言いますのは、一般的にはムッラー・サドラー（Mullā Ṣadrā）として知られるサドルッディーン・シーラーズィー（Ṣadr al-Dīn Shīrāzī, 1571/72–1640）の思想のうちに、イスラームの形而上学的思考の伝統がその頂点を迎え、全てが統合される一点が見出される、そうした時期のことを指します。

私が今日お話しする内容は、このように歴史的にも地理的にも非常に限られた範囲のものですが、それでもなお、その諸問題は、一般的な形而上学的思考のもっとも根柢的な局面に属するものです。さらに、「存在一性」

思想学派はイスラームにとって過去のものではありません。反対に、その伝統はなおも現在のイランで力強く生き続けていることを私は指摘しておきたいと思います。いずれにせよ、私が期待するのは唯一つ、東洋の哲学的世界でイランが占める位置に何らかの光を当てることです。

私がたった今言及した時期にイラン思想がもっていた、もっとも重要な特徴の一つとして、相対的で移ろいやすい事物から成る世界を超えた、永遠で絶対的な何か、の執拗なる探究を指摘することから始めることもできましょう。このように言い定めてしまうと、自明の理のように聞えるかもしれません。事実、それはほとんど全ての宗教が共有する特徴ではあります。

しかし重要な点は、イスラームにおいてこの問題が存在の実在性（*reality* of existence）という観点から取り上げられたことです。「存在《ウジュード》」（wujūd）はここでは中心的なキー・タームになります。

この考えが歴史的文脈においてもつ本当の意義を明るみに出すために、アヴィセンナ（Avicenna）、すなわちイブン・スィーナー（Ibn Sīnā, 980–1037）に帰された「存在の偶有性」のテーゼとして西洋でよく知られるものを簡単に説明しておかなければなりません。この悪名高きテーゼをイブン・スィーナーの説だとしたのは十二世紀のスペインの高名なアラブ人哲学者でアヴェロエス（Averroës）とも呼ばれるイブン・ルシュド（Ibn Rushd, 1126–1198）です。その後、西洋では、トマス・アクィナスがイブン・スィーナーの立場の理解をイブン・ルシュドから受け継ぎました。イブン・スィーナー思想について私たちが現在知っていることに照らし合わせるなら、彼らの理解は誤った解釈です。しかしながら、イブン・ルシュドとトマスによって誤って解釈されたイブン・スィーナーの立場は、東洋だけでなく、西洋哲学史においてもきわめて重要な役割を担いました。

イスラーム哲学が歴史的に展開する最初期の局面から、ギリシア哲学から受け継いだ「存在《ウジュード》」の概念がムスリムの思想家たちが直面した最大の形而上学的問題であったのは事実です。この問題はファーラービー（Fārābī, 872–950）が最初に明確に提起し、イブン・スィーナーがそれを尋常ならざるかたちで提示いたしました。その時、イブン・スィーナーははっきりと「存在」は「何であるか性《マーヒーヤ》」（māhiyah〔以下「何性」〕）の「偶有《アラド》」（ʻaraḍ）だと言います。

私たちがここで問わねばならないもっとも重要な問いはこれです。イブン・スィーナーはこのように言うことで実際、何を言わんとしていたのか。私はまずこの点を明瞭にせねばなりません。

私たちは日常会話において〔事態を言い表す際に〕常に、主語が名詞であり、述語が形容詞であるような文を用います。「その花は白くある」（The flower is white）、「この机は茶色くある」（This table is brown）などを例として挙げておきます。このモデルにしたがって私たちはいとも簡単に、「その机はある」（The table is）、「その机が存在する」（The table exists）という存在文を「その机は存在する状態にある」（The table is existent）に転化させてしまいます。このように転化させてしまえば、「存在」はまさに机の性質を指し示す形容詞です。そして「その机は存在する状態にある」という文は「その机は茶色くある」と全く等しい言い方です。どちらの場合も、主語が「机」と呼ばれる実体を指し示す名詞であり、述語が実体にある属性や偶有を文法的に表示する形容詞だからです。

存在が本質の「偶有」だとイブン・スィーナーが語るのはこの次元において、そしてこの次元に限ってのことです。違う仕方で表現するならば、存在の偶有性を主張することが意味を成すのは、実在を論理学的ないし文法的に分析する次元においてです。しかしながら、イブン・ルシュドもトマス・アクィナスもイブン・スィーナーのテーゼをそうした仕方では理解しません。論理学的ないし文法的に実在を分析する次元においてのみならず、客観的で外的な実在の構造においてすら、「存在」は実体に内在する属性でなければならないとイブン・スィーナーは考えた、と彼らは思ったのです。いわば、イブン・スィーナーによれば、エンス・イン・アリオ（ens in alio）、他の何かにおいて存在する何か、つまり、或る花に存在する白さ、或る氷に存在する冷たさ、或る机に存在する茶色のような他の普通の属性と全く同じように、「存在」は〔眼の前の〕実在的な実体を性質づける実在的な属性との意味で理解された、述語的偶有ないし範疇的偶有でなければならない。イブン・ルシュドもトマス・アクィナスもこう考えたのです。

そのように理解されてしまうと、イブン・スィーナーの立場は直ちにおかしな結論に導かれます。その結論とはこうです。机はそれが茶色くある、黒くあるなどの前に存在していなければならないのと同様に、机は存在する状態になる前に存在していなければならない。事実、これが、イブン・ルシュドとトマスがイブン・スィーナーのテーゼを批判する際の中心点となりました。

自分のテーゼがこの仕方で批判される危険を孕むのをイブン・スィーナーは十分わかっていました。私たちは偶有〔属性〕としての「存在」を、「茶色」「白さ」といった普通の偶有と混同してはならないとイブン・スィーナーは強く言います。存在はきわめて独特で他に類をみない偶有だ、なぜならば、「その机は存在する状態にある」といった命題が指し示す客観的な実在は、その命題の表現形式がおのずから示す描像とは全く違う描像を提示するからだ、と加えて強く言います。

しかしながら、論理的命題が意味するものを超えたところに見出される、精神の外の客観的な実在の構造をイブン・スィーナー自身が明らかにすることはありませんでした。問題は後代に残されたのです。

イブン・スィーナーに続く時代、この問題はこの上ない重要性を帯び、多くの異なった見解が提出されました。私がこれから語る思想の学派に属する哲学者たちは、一見したところ、かなり大胆でかなり奇妙に思える立場を択びます。彼らは次のように主張します。外的な実在性の領域において、「実体＝偶有」という関係の意味で理解された命題「その机は存在する状態にある」は、無意味なものに転ずる。なぜならば、外的な実在の領域にはまずもって、机と呼ばれる自存する実体などないし、その実体に内在するに至る、「存在」と呼ばれる、実在的な「偶有」もないからだと。机が「存在」により性質づけられているという現象の全体が影絵のような何か、全くの幻想ではないが、幻想の性格に近い何かに転ずると言うのです。この観点では、机と、その「偶有」としての「存在」が夢のなかで見るものに見え始めます。

端的に、私たちが眼覚めた状態で知覚するままの実在の世界、それ自体が現実でない、あるいは夢だとこれらの哲学者たちは言うのではありません。「その机は存在する状態にある」という命題がいかなる類の、外的な実在にも言い及んでいないと主張したいのでもありません。その命題に対応する実在のかけらは確かにある。彼らが主張したいのはただ一点、この命題に対応する外的な実在の構造はその命題の形式が通常示すものと全く違うということです。なぜならば、この領域では、「存在」こそが唯一の実在であるからです。「机」はこの実在が内的に変容した姿、その自己限定の一つにすぎません。そうであるならば、外的な実在の領域では、主語と述語が互いに位置を換えていなければなりません。「その机は存在する状態にある」という命題の論理的ないし文法的主語たる「机」はこの領域では、主語でなく、むしろ、述語なのです。実在的な主語は「存在」であって、「机」はその主語を或る特定のものへと限定する「偶有」にすぎないというわけです。事実、机であること、花であることなどのような、いわゆる「本質」はみな、外的な実在では、「存在」と呼ばれるただ一つの実在を無数の事物に変容させ、境界を定めてゆく「偶有」に他なりません。

しかしながら、人間の意識は、普通の日常経験の次元に留まる限り、そうした実在をそのまま眺める状態に近づくことはできません。この学派の哲学者たちによれば、それに近づくには、こころが、己れ自身が全く変容してしまうのを経験せねばならない。存在世界が、堅固で自存する事物から成り、その各々が本質と呼ばれる存在論的中核を有するものとして経験される日常的認識次元を、意識は超越せねばならないのです。そのこころには全く違った類の気づきが生じていなければならない。そのとき、世界が全く違った光のなかに姿を顕します。イランの哲学がはっきりと神秘主義に転ずるのはこの地点においてです。だから、ムッラー・サドラーのような哲学者が、実在を神秘的に観ることに基づかなければ、いかなる哲学も虚しい知的遊戯にすぎないと公言してはばからないのです。より具体的な術語を用いて言えば、ここに見える基本的な考え方は、主客関係の特殊形態に基づいて初めて統合的な形而上学的世界観を手にすることが可能になるということになりましょう。

このことと関連づけて次のことを述べておかねばなりません。東洋の他の主要なさまざまな哲学と同じくこの種のイスラーム哲学では、形而上学ないし存在論はひとの主体的状態と不可分離に結びついているのであり、そのため同一の実在が意識のさまざまな段階に応じてさまざまに把握されるのだと言います。

主客関係の特殊形態をめぐる問題をイスラームでは、イッティハード・アーリム・ワ・マウルーム（ittiḥād al-ʿālim wa-al-maʿlūm）、つまり、「知る者と知られる対象の一致」の問題として論じます。知の対象がいかなる状態にあろうが、最高度の知が達成されるのは常に、知る者、人間主体が対象と完全に一つになり、同一化するときです。そこでは主体と客体のあいだにいささかの差異化も残されていない。なぜならば、主客の差異化、ないし区別は隔たりを意味し、認識的関係における隔たりは〔対象に関する〕無知を意味するからです。主体と客体のあいだにほんのわずかでも区別が残る限り、いうなれば、主体と客体が互いに区別しうる二つのものとしてある限り、完全な認識は実現していません。このことに私たちは認識の客体について別の考察を加えねばなりません。この学派の哲学者たちにとって、認識の最高度の対象は「存在」だということです。[2]この学派においてもっとも突出した人物の一人であるムッラー・サドラーは、「存在」についての実在的な知は理性的な推論によるのでなく、きわめて特殊な類の直観を通じてのみ獲得されると言います。後者の認識の仕方は、ムッラー・サドラーの見解では、精確に言えば、「知る者と知られる対象の一致」を通じて「存在」を知る、つまり、「存在」を知の「対象」として外から知るのでなく、内側から、ひとが「存在」そのものになる、あるいは「存在」そのものとしてあることによって知る。つまりは、ひとの自己実現によって知るのです。

そうした「知る者と知られる対象の一致」が、主体が客体と永遠に対立しつづける日常的な人間の経験の次元で実現されようはずもない。日常的経験における認識主体は対象としてのみ「存在」を把握します。そうした認識主体は、他の全ての事物を対象化するのと同じように、「存在」を対象化する。一方、存在の働き《アクトゥス・エッセンディ》（actus essendi）としての実在たる「存在」はきっぱりと、そして頑なに「対象」たることを拒む。対象化された「存在」は「存在」の実在性を歪めたものにすぎないのです。

十四世紀の第一級のイラン人形而上学者の一人ハイダル・アームリー（Ḥaydar Āmulī, d. c. 1385）[3]は言います。ひとが己れの脆弱な知性（ʻaql ḍaʻīf）とひ弱な思考（afkār rakīkah）で「存在」に近寄らんと試みても、ひとが生来的にもつ盲目性と途惑いが増しつづけるばかりだと。

実在の超越的経験に至りえない一般のひとびとが、手にした杖の助けなしには安全に歩くことができない盲人に喩えられています。盲人を導く杖がここではこころの理性的能力を象徴的に言い表します。不思議なことに図らずも、盲人が頼る杖がまさに彼が盲目であることの原因になるのです。ムーサー（モーセ）は己れの杖を投げ棄てたときに初めて彼の視界から現象的形態の覆いが取り除かれる。そのときムーサーは覆いを超えて、現象的形態の向こう側に、絶対的な実在の壮麗なる美を眼のあたりにするのです。

十三世紀から十四世紀にかけて生きた傑出したイラン人の神秘哲学者マフムード・シャビスタリー（Maḥmūd Shabistarī, d. c. 1320/21）は有名な『薔薇園』でこう詠みます。

> 理性を投げ棄てよ。常に実在とともにあれ。
> 蝙蝠の眼は陽光をじっと見る能力がないからである。

これについて『薔薇園注』でラーヒージーは次のように解説します。[4] 絶対的な実在を視ようとする理性は、太陽を視ようとする眼に喩えられる。たとえ遠くからであっても、太陽から燦燦と溢れ出る圧倒的な光が理性の眼を眩ます。そして、理性の眼が実在のより高度な段階へと昇りゆくにつれて、絶対者の形而上的領域に次第に近寄るにつれて、闇が深まってゆき、終にはありとあらゆるものが黒くなる、とラーヒージーは言います。実在の聖なる領域の周辺にひとが近寄ると、それから発する明るく輝く光がその者の眼には黒く見える。究極に至った輝きは全くの闇と完全に同じだと言うのです。比喩《メタファー》をできるだけ使わないで言い換えると次のようになりましょう。絶対に純粋な状態にある「存在」は、全くの無と同じく、普通のひとの眼に見えないのです。こうして、大多数のひとは、真の実在性の状態にある「光」に気づくことすらない。これはプラトンの有名な寓話に見える、洞窟の中で坐っているひとびとのようなものです。洞窟のひとびとは太陽が投げかける影を見るに満足したままです。いわゆる外の世界のスクリーンの上に光の投げかけた不鮮明な反射を見て、彼らは、これらの投影された像が唯一の実在だと確信しています。

　ハイダル・アームリーは、これに関連して「存在」を(1)純粋な光としての純粋で絶対的な「存在」と(2)影のような暗い「存在」を区別します。[5] つまりは「光《ヌール》」(nūr)と「闇《ズィッル》」(ẓill)です。真の形而上学者の眼を通じて見れば、影もまた「存在」です。だが、それは、「存在」の純粋なる実在ではありません。

　影の如きさまざまな形象、つまり普通の日常的経験の次元において人間の意識には堅固で自存する事物に見える、「存在」が対象化された姿形の存在論的地位について、ムッラー・サドラーは「水の像を偽って与える蜃気楼に似る。だが、実のところ、蜃気楼は水と全く関係がない」と言います。[6] しかしながら、現象的事物はそれら自体を見れば、影のごとき性質をもつものの、実在性を全く欠くわけでもありません。反対に、それらを形而上的源泉と連関づけて考えるならば、それらは実在的です。事実、経験世界においてすら、全く実在的でないものはありません。蜃気楼であってすら、その知覚は砂漠の広がりという現実の存在によって惹き起こされるという意味では、全く実在的でないわけではない。ですが、形而上的観点においては、実在の究極の基盤と較べると、蜃気楼の経験的基盤たる砂漠そのものが、蜃気楼の性質を帯びた何かと見做されねばならないのです。

　現象世界の実在性、非実在性の問題へのこうしたイスラーム的な接近の仕方から、ヴェーダーンタ哲学が採った立場を私たちは思い起こします。ヴェーダーンタ哲学の立場はシャンカラの次の有名な格言によって言い表されます。「世界とは、ブラフマンの認識の絶え間ない継起である」（Brahma-pratyayasantatir jagat）[7]。シャンカラにとってもまた、現象世界とは、ブラフマン、すなわち絶対的な実在そのものが、普通の人間意識にその意識の自然的構造にしたがって現れる限りのブラフマンなのです。この視点から観ると、世界は全くの幻妄ではない。ブラフマンそのものが各々の現象的形態のもとに隠れているからです。それはちょうど、暗闇で蛇と見間違った縄が全く実在しないわけではないのと同じこと。ここでは蛇だとの認識が縄という現実の存在によって惹き起こされているからです。現象世界が究極の自存する実在だと受け取られる場合に限り、現象世界は非実在的、ないし「偽なるもの」（jagan mithyā）となる。私たちの絶対的でない意識により認識されたものとしてのブラフマンである限り、現象世界は偽でもなければ、幻妄でもないのです[8]。

　イスラーム哲学でも同様です。現象世界は、相対的である人間のこころが己れの自然的構造にしたがって認識したものとしての絶対的真理、すなわち実在である限りは実在的です。しかし、それが究極の、そして自存する何かと受け取られたならば、現象世界は偽であり、実在的でない。その名に真に値する形而上学者は、世界のありとあらゆるもの一つ一つに、それの根柢に潜む実在を眼のあたりにできます。実在の現象的形態はその自己顕現、自己限定なのです。しかし、ここに次の問題が生じます。現実的経験の事柄として実在をそのように見ることはいかにして獲得しうるのでしょうか。イスラームの「存在」哲学はこの重要な問題に答えて言います。「内的に見る《シュフード》」（shuhūd）、「味わう《ザウク》」（dhawq）、「立ち現れ《フドゥール》」（ḥuḍūr）、「照明《イシュラーク》」（ishrāq）などを通じてのみ獲得しうると。

これらの術語が精確に何を意味しようと、また互いにどの程度異なろうと、いずれにしても、実在をめぐるそうした経験は、認識主体が「主体」としてある限り実現しないのは明瞭でしょう。言わんとするのは、ひとのなかに自我意識がある限りではそれが実現しないということです。経験的自我は、「自己実現により見る」という経験の仕方においてもっとも深刻な障碍です。個人的自我が自存すると、必然的に、ひとと「存在」の実在性とのあいだに認識論的隔たりを設けることになるからです。その「存在」がひとの己れ自身の「存在」であったとしてもです。存在の実在性は、経験的自我が滅したときにのみ直《じか》に把握されます。それは、自我意識が実在の意識、否むしろ、実在そのものたる意識のなかに完全に消融したときです。したがって、この型の哲学では、ファナー（fanā'）と呼ばれる経験に最高度の重要性を附します。ファナーとは字義的には滅すること、つまりは、自我意識の全くの無化です。

　経験世界は多性の世界です。多性は究極には、絶対的な実在そのものが己れを開示した側面に他ならないにもかかわらず、実在を多性の形態においてしか知らない者は、さまざまに分節化した形態を通じてしか実在がわからず、それらの形態の根柢に潜む実在の一性を認識し損ねるのです。

「自己実現」を通じて実在を直《じか》に経験することは、精確に言うと、異なる事物に分節される前の絶対的な実在を直に認識することです。絶対的非限定における実在を見るためには、自我もまた己れ自身の本質的な限定を超えねばならない。

　かくして、ファナーの経験には、それが、ひとの側で己れ自身を自我の全ての働きから純化しようとする意識的な努力を含む限りにおいて、人間的な側面があることは間違いありません。十五世紀の有名なイランの詩人哲学者であるアブドゥッラフマーン・ジャーミー（'Abd al-Raḥmān Jāmī, 1414–1492）は、「己れ自身の自我から己れを遠ざけておけ、己れのこころを他のものたちを見ることから自由にしておけ[9]」と言います。ここで「他のものたち」という語は、絶対的な実在以外のありとあらゆるものを意味します。ファナーに至らんとするひとによるこうした努力が術語的にタウヒード（tawḥīd）と呼ばれます。タウヒードとは、字義的には、「多を一にすること」ないし「一化すること」を意味します。つまりは、深い瞑想のうちにこころを絶対的に集中することです。ジャーミーが説明するように、タウヒードは、絶対的な実在以外のあらゆるものとの関係を、それが己れの欲求や意志の対象であろうと、知識や認識の対象であろうと、ひとが己れの「こころから無化する《タフリース》」（takhlīṣ）ことにかかっています。終《つい》には、己れのファナーの意識すらも、その者の意識から消えてしまわなければならないほどまでに。この意味で、消滅《ファナー》（fanāʾ）の経験は、消滅の消滅（fanāʾ-yi fanāʾ）、つまり、己れ自身が消え去ったという意識すら完全に消え去ったことをも含む[10]。ファナーの意識すらもが絶対的な実在でない別の何かについての意識だからです。ファナー意識の痕跡すらもがない、そうした絶対的ファナーは、序でに申し上げておくならば、大乗仏教の概念、空（śūnyatā）に精確な対応が見られます。それは、単にひとに実現した主体的状態ではなく、同時に絶対性の状態における絶対的な実在の実現、ないし現実化でもあります。

この点はいくら強調してもし過ぎることはありません。なぜならば、私たちがそれを精確に摑むことに失敗したなら、イスラームの形而上学の構造そのものが正しく理解されないことになるからです。ファナーは確かに人間の経験です。現実に経験するのも人間です。だが、それはただ人間の経験であるばかりでない。或る者がそれを実際に経験するならば、もはやその者は己れ自身でない。この意味において、人間は経験の主体でないのです。主体はむしろ、形而上の実在そのものです。言い換えると、ファナーの人間的経験は、それ自体が実在の自己現実化なのです。イスラームの術語を用いれば、それは、実在にある自己開示の側面が、自己隠蔽の側面に勝ること、つまり、顕れ《ザーヒル》（ẓāhir）が、隠れ《バーティン》（bāṭin）に勝っていることです。ファナーの経験をこの視点から観れば、それは、絶対的な実在の形而上的光の流出《ファイド》（fayḍ）に他ならないのです。

実在における自己開示の側面がもつ力は、常に、現象世界の事物事象のなかに感じ取れるようなかたちで働いています。そうした力が働いていなければ私たちの周りに現象世界はなかったでしょう。だが、現象世界のなかで実在が自己を開示するのは、相対的な、そして時空的な形態を通じてのみです。神秘家・形而上学者の絶対的意識のなかでは、それと反対に、実在が全ての相対的な限定作用を超えて本源的絶対性の状態で自己を開示します。これが、カシュフ（kashf）ないしムカーシャファ（mukāshafah）という術語で知られることで、「覆いを取り去る」経験を意味します。[11]

　人間の経験としてのファナーは、己れ自身の自我が完全に滅するのをひとが経験すること、その結果として、認識と意欲の対象として己れの自我に連関する全ての事物が完全に滅するのを経験することです。この経験は禅仏教において「身心脱落《しんじんだつらく》」として知られる精神的な出来事に対応するでしょう。[12]「身心脱落」とは、「身心」が一つとなった全体、これはいわゆる自我や自己に他なりませんが、見かけ上堅固な基盤を喪って、形而上学的・認識論的無の奥底へと落ちてゆくことです。しかしながら、禅仏教でもイスラームでも、この段階が究極に最高度の形而上的経験を言い表すのではありません。

　この重要な段階を経過した後に、哲学者はより高い段階に昇ると考えられています。その段階が、禅では「脱落身心」と言われ、イスラームでは「バカー」（baqā'、「残存」）の経験と言われます。要するに、絶対的な実在のうちに絶対的な実在とともに永遠に滞留することです。ファナーの段階では、偽りの自我、ないし相対的な自己が完全に無へと消融します。次の段階でひとは絶対的自己へと完全に変容して、無から戻ります。戻ってきたものの外観は、もとの人間そのままです。だがその者は、己れ自身の限定をひとたび超越した者です。彼は己れの通常の日常意識を回復し、それに応じて、通常の、日常的な、多性の現象世界が再びその者の眼の前に拡がり始めます。多性の世界が無限に豊富な色を携えて再び現れる。しかしながら、その者はすでに己れ自身の限定を投げ棄てたのであるから、その者が知覚する多なる世界もまた、全ての限定を超えています。その新たな世界観は、一滴の水で示されるような世界観と比較できます。個別的で自存する一滴の水としてあることは、その一滴が己れ自身に課した偽なる限定であり、実際その水の一滴は常に際限なき海に他ならなかった事実に己れ自身で突如として眼覚めるのです。バカーの状態に至った哲学者も同じように、己れ自身と、己れを取り囲む他の全てのものを、単一の実在がそのように多様に限定されたものとして見る。生成に沸き立つ世界がその者の視界において、絶対的な実在が無数の違った形態のうちに己れ自身を顕す広大な領域に転ずるのです。イスラームにおいて、実在をこのように観ることは、一性と多性のあいだの動的で繊細な相互作用に基づいた典型的に東洋的な形而上学体系を産み出しました。この問題の幾つかの側面を次に論じたいと思います。

ここで私が既に述べたこと、すなわち、この型の哲学においては形而上学が認識論ときわめて密に連関することを繰り返しておきたいと思います。

形而上学的なものと認識論的なものとの相互連関は、この文脈では、実在の客観的構造として確立されたものと、主観的に人間意識のなかに起こると通常は考えられているものとが究極に一であることを意味します。端的には、「主体」と「客体」の間にいささかの隔たりもない、いささかの隔たりもあってはならないことを意味します。認識主体の状態が本質的に、客体の把握される側面を限定する、ないし全く同じ対象は、認識主体がさまざまな視点を採るに応じて、すっかり違って現れるのだ、と言ったとしてもまだ精確ではありません。むしろ、意識の状態がそっくりそのまま外界の状態なのです。いうなれば、実在の客観的構造はこころの主観的構造の裏面に他ならない。そしてこれが精確には、形而上的な実在なのです。

かくして、私たちが目下取り組んでいる問題を採り上げますと、ファナーとバカー、「消滅」と「残存」は単に認識主体の状態ではない。それらは客体の状態でもある。主体と客体の状態は、実在の同一の形而上的構造の二局面、二側面なのです。

認識主体の側のファナーとバカーを私は既にご説明申し上げました。客体の側のファナーについて言えば、それは「凝集《ジャムウ》」（jamʿ, 字義的には「集めること」「全ての事物が集まること」）という存在論的段階としても知られています。他方、客体の側のバカーは「凝集の凝集《ジャムウ・ジャムウ》」（jamʿ al-jamʿ）、「凝集の後の分離《ファルク・バウダ・ジャムウ》」（farq baʿda al-jamʿ）、「第二次的分離《ファルク・サーニー》」（farq thānī）の段階と呼ばれます。まず、これらの術語が実際に何を意味するのかをご説明いたしましょう。[13]

「分離《ファルク》」という語は第一次的に、実在についての常識的な観方を言います。私たちが認識主体としてファナーの段階に至る前に私たちはおのずから絶対者を現象世界から分離する傾向にあります。現象世界は相対的な領域であり、絶対的なものは何もない。そこでは全ての事物が久しからずして、移ろいやすく、常に変転すると観られる。これこそが、遍《あまね》き無常という原理として仏教できわめて重要な役割を担う観方です。多性の世界は、私たちの感覚と理性がその通常の機能を発揮する領域だと述べておきます。

相対性、並びに無常、から成るこの平面に対して、絶対者は本質的にそれと違う何か、絶対的に無常世界を超越した何かとして前提される。かくして、実在は二つの全く違う領野に分かれる。この二分法を「分離《ファルク》」と呼ぶのです。実在を経験的に観ることが「分離」と呼ばれるのは、この観方のなかでは全ての事物が互いに本質的に境界づけられることで分かれているからでもあります。山は山。山は川でなく、川としてはありえない。山と川は本質的に互いに違うのです。

ファナーという認識主体側の状態に至った者の眼から観ると、〔さまざまな事物がさまざまなものとして〕ある世界が全く違った光のなかに現れます。或るものを他のものから分かつ本質的な境界はもはやここにない。多性をもはや観ることがないのです。これは、自我意識がいささかも残されていないのであるから、いわば、さまざまな事物を見るはずの認識論的主体がいささかもないのですから、おのずから、見えるはずのさまざまな対象がいささかもない、ということに由来します。全ての心理的な騒擾と動揺がファナーを経験するなかで無の一点に還元されると、これまで外界を特徴づけてきた存在論的騒擾が絶対的な静へと鎮められる。自我の限界が認識主体の側で消えれば、対象世界における事物の現象的限界が視界から消えて、ただ絶対的な実在性の一性のみ残る。その時、絶対的な実在は、主体と客体に二分されるに先立つ絶対的な「気づき」としての純粋性のうちにあります。イスラームにおいてこの段階が「凝集《ジャムウ》」と呼ばれるのは、その段階が、現象世界を構成する全ての事物を一つに「集め」て、それらをもともとの無差別状態に返すからです。神学的な術語を用いるなら、信ずる者が一切の被造物を見ずに神を、神だけをじっと見る段階と言えます。この段階は、「神があった、そしてそれより他に何もなかった」という段階としても知られています。この段階は、道家哲学者の荘子が「渾沌」と呼ぶものに対応すると言えるでしょう。[14]

究極であり最高度である次の段階はバカーの段階です。認識主体の側では、これは、己れ自身の自己が実存的に滅するのを経験した後に、己れが現象的意識を取り戻す段階です。直前の段階で完全に働きを已めたこころが通常の認識活動を再開する。この主観的な再生に対応して、現象世界もまた再び生起し始める。世界が再度、多数性が波となってうねる形態を帯びて己れをひとの眼の前に展開する。統一性へと「凝集された」事物は、再び、異なったものの多さの限り互いに分離される。その段階が「凝集の後の分離」「第二次的分離」と呼ばれるのはこのためです。

しかしながら、第一次の「分離」と第二次の「分離」のあいだには重要な違いがあります。「第一次的分離」は、認識主体の側でも、客体の側でもファナーに先立つ段階であって、無数の事物が互いに明瞭に区別されてあり、無数の事物の各々が独立して自存するものとしてのみ観られている。そして、そうしたものとして、無数の事物と絶対者の二者もまたいささかの内的連関ももたない互いに全く違う存在論的二領域として対立させられているのです。「第二次的分離」の段階でも現象的事物は全て、各々が己れ自身に固有の、本質的に定められた境界をもつことで紛うことなく区別されている。そして、多性としてある限りの多性というこの存在論的局面もまた紛うことなく一性の局面とは差異化されているのです。

ところが、「第二次的分離」は全くの多性ではありません。この段階では、本質的に定められた事物の境界の全ては明瞭に観られるものの、それらは絶対的な一性そのものがそれほど多様に自己を限定したものに他ならないと知られているからです。そして、「統一性」が己れ自身の純粋さのうちに全ての存在論的差異を滅するのですから、〔さまざまな事物がさまざまなものとして〕ある世界全体が、ここでは、たった一つの形而上的根源に究極には還元しうるものと見出されている。そうした視点から観ると、語の本当の意味で存在すると言いうるものは、全ての事物のこの比類なき形而上的根源に他ならない。この意味で、この段階で観られる多は一です。唯一重要な点は、この段階での「統一性」は内的に分節化された統一性だということです。そしてこの段階が「凝集の凝集」と呼ばれるのは、まさに、ファナー、つまり、第一次の「凝集」の段階における完全な消滅の状態の絶対的な統一性へと一度は還元された現象的事物が、一性のこの新たな視点のなかで、再び「分離されて」あり、さらに再び「集められて」あるからです。

かくして、この特殊な視点から観ると、ファナー、つまり「凝集」の段階での一性と、バカー、つまり「凝集の凝集」の段階での一性とのあいだの違いは、ファナーの段階の一性が、内的分節化すらもない端的で絶対的な一性であるのに対して、「凝集の凝集」の段階での一性は、内的に分節化された一性であるという、まさにそのことにある。後者の段階で観られる実在は哲学的には、一性が多性であり、多性が一性であるという意味での「対立物の一致」(coincidentia oppositorum) です。多性の只なかに一性を眺める、一性の只なかに多性を眺める。この対立物の一致はそのことに基づきます。ラーヒージーは次のように述べます。ここでの一性ないし絶対者は全ての現象的事物を映す一つの鏡として働いている。それに対して多性ないし現象的事物の方は、各々が己れ独自の仕方で全く同じ絶対者を映す、無数の鏡の機能を担うと。この比喩《メタファー》は、仏教徒が月を用いて言うのに奇妙なほど似ています。月がさまざまな水のなかに映っている。月は水に映る像としては多くの違った月に分かれているけれども、月そのものはもともとの統一性にあり続けている。[15]

イスラーム哲学の伝統ではこの段階に至った者が、「双眼の者《ズ・アイナイン》」(dhū al-ʻaynayn)の名で知られます。その者は、右眼で一性、つまり、一性以外の何でもない絶対的な実在を観て、左眼で多性、つまり、現象的事物の世界を観る。この型のひとについてより重要なのは、一性と多性をその者が同時に観るのに加えて、その者がこれら二つを究極には同一のものであるのを知ることです。そうであるならば、現実に存在する事物の各々に二つの違う側面、ファナーの側面とバカーの側面をその者は認めている。ファナーとバカーという術語がここでは、存在論的な意味で用いられるのは言うまでもありません。二つの語はまた、それぞれが言い表す主体的経験と無縁ではないのですが。

或る事物におけるファナーの側面とは、その当の事物が何かであると限定され、個別化され、本質的に範囲の定められた何かとして考えられる、当の事物のそうした側面のこと。この視点から観れば、存在する各々のものはまさに、存在を欠いたもの、「無」です。その当のものがもつかに見える「存在」は現実には、借り物の存在であり、その当のもの自体は非実在的《バーティル》(bāṭil)であって、無を基盤として存続するからです。

反対に、バカーの側面とは、絶対者の限定された形態、絶対者が己れを顕す現象的形態の意味での現実としてその当の事物が考えられる、そうした事物の側面のこと。この視点から観れば、〔さまざまな事物が何かとしてさまざまに〕ある世界のなかのもので非実在的でないものは何もない。

具体的に存在する各事物は、否定的側面と肯定的側面の二側面が事物に固有な仕方で組み合わさったもの、一時的なものと永遠なるものの出会う場、有限なるものと無限なるものが出会う場、相対者と絶対者が出会う場です。そしてこれら二側面の組み合わせは、「可能的なもの《ムムキン》」(mumkin)なる概念を産み出します。普通の考え方での存在論的「可能性」と反対に、個々の「可能的な」事物は単に相対的で有限なものでない。自己顕現《タジャッリー》

(tajallī) の場として、直にそれを絶対的な実在に結びつけるもう一つの側面を「可能的な」事物は有する。各個物それぞれが取るに足らない空想上のものであったとしても、各個のものに、絶対者の或る限定された自己顕現を神秘家・哲学者は認めてゆくのです。

この形而上的状況をマフムード・シャビスタリーが自著『薔薇園』で互いに矛盾する語を組み合わせて「暗い昼間のさなかの明るく輝く夜」(shab-i roushan miyān-i rūz-i tārīk) と描写しています。[16] 或る者が実在の外側への顕れ全てが滅するのをじっと見る。そうした主体的かつ客体的ファナーの段階で己れを開示した実在固有の構造を「明るく輝く夜」という表現は指します。それが「夜」であるのは、この段階では何もそれと見分けることができず、全ての事物が己れ固有の色や形を喪い、もともとの未分化状態の闇に沈んでいるからです。しかしながら、この形而上的な「夜」が「明るく輝く」と形容されるのは、絶対的な実在そのものすなわち、まさに私たちの相対的な意識の構造が設定するさまざまな限界が事物にあるとの観念から離れた絶対的な実在は本質的に明るく、己れ自身だけでなく、他の全てのものを照らし出しているからです。

前掲の表現の前半〔原文では後半〕に「暗い昼間」と見えます。まずこれは次のことを意味します。この絶対的な一性は多性の只なかに、限定づけられた相対的な事物の形態において己れ自身を開示しています。この意味で、そしてこの形態において、絶対的な実在は、昼間にありとあらゆるものが見えるように、外側の世界に明瞭に見える。しかしながら、これらの事物全てが私たちの眼に開示されている、そうした状態を作り出す昼間は現象的な昼間にすぎません。昼間に現れたさまざまな事物はそれ自体として観れば、その本性は暗く、存在を欠く。だから「昼間」が「暗い」と形容されるのです。

実在のもつこれら矛盾する二つの側面、つまり光と闇、はありとあらゆるものに見受けられると言われます。これは直に、私たちを次の問いへと導きます。いかなる意味で、そしてどの程度に、現象したさまざまな事物は実在的なのか。現象世界が「現実《リアリティ》〔実在〕」か「非現実《アン・リアリティ》〔非実在〕」かの問題は実際にイスラーム哲学における非常に重要な一点です。この種のイスラーム哲学では思想家は或る類の精神的序列を構成するさまざまな階級に分けられます。ハイダル・アームリーはこれと連関づけて次の三分割を提示します。(1) 一般のひとびと《アワーンム》（ʿawāmm）、ないし理性の徒《ザウー・アクル》（dhawū al-ʿaql）、(2) 特権的なひとびと《ハワーッス》（khawāṣṣ）、ないし直観の徒《ザウー・アイン》（dhawū al-ʿayn）、(3) 特権的なひとびとのなかでもさらに特権的なひとびと（khawāṣṣ al-khawāṣṣ）、ないし理性と直観の徒（dhawū al-ʿaql wa-al-ʿayn）[17]。

多性以外を観ない第一の階級に属するひとが最低の段階に当たります。彼らは、己れがこの世界で知覚するがままの事物こそが唯一の実在であって、それを超えては、ないしそれの背後には何もないと固く確信する者たちである。真の神秘家・哲学者の視点から観れば、これらのひとびとの眼は、多性の現象的形態によって、そうした現象的形態の根柢に潜む一性への視点が被われてしまっている。現象的事物は、それらの存在様態によって、それらを通じて己れを顕す何ものかを開き示す代わりに、己れを開示する何ものかの視界を妨げる透過不可能な蔽いとして機能するのです。イスラーム哲学ではこの状況がしばしば、鏡の存在に全く気づかずに鏡に映る像を見ている者に喩えられます。この比喩《メタファー》において、鏡は絶対的な実在を、鏡に映る像は現象的事物を象徴します。認識対象の側から言えば、この型のひとびとであっても鏡の表面に映る像を知覚している。鏡がなければ知覚されうる像などあろうはずもない。だが、認識主体の側から言えば、そうした者たちは像を実在的であり、自存するものだと信じているのです。イスラーム哲学において鏡の喩えは、多くの違った場面で繰り返し用いられる重要な喩えの一つにすぎません。こうした性格をもった別の喩えは波がうねる海です。私たちがいま実際に興味を注ぐ特殊な形而上学的文脈において、その喩えは、波が海の帯びる外側の形態にすぎないということを忘れて、逆巻く波だけに注視するのを表します。現象的多性がどのように、根柢に横たわる実在の一性を蔽い隠すのかを描いて、ジャーミーは言います。

存在は、絶え間なく荒れ狂う波を帯びた海である。
海のうち、一般のひとびとは波の他は知覚しない。
視よ。海の深みから無数の波が現れるさまを。
海面に〔波が現れつつ〕、海が依然として波に隠されているさまを。[18]

ムスリム哲学者たちが形而上学において、特に、一性と多性のあいだの、ないし絶対的実在性と現象的事物の見かけ上の自己矛盾的連関を言い述べる際に隠喩や直喩を用いる傾向にあるのを私はこの機に指摘しておきます。形而上学で喩えが頻繁に用いられるのは、イスラーム哲学の特徴の一つです。否、実際には、東洋哲学一般についてそう言えます。これを詩的文飾と解してはならない。認識機能が間違いなくメタファーの使用に割りつけられているのです。[19]

このことからヴィトゲンシュタインによる、「……として見る」という概念の理解を私たちが思い出すのはおそらく正しいでしょう。ヴィトゲンシュタインによれば、「……として見る」ことには、通常の「見る」にない技術が含まれる。したがって、或る者は「見る」ことができるが、「……として見る」ことはできない、そうした事態が十分にありうるのです。ヴィトゲンシュタインはそうした事態を「アスペクト盲」と呼びます。[20]

同じように、形而上学の高次の領域において適切なメタファーを発見することはムスリムの哲学者たちにとって、或る特殊な思考の仕方、或る特殊な認識様態です。適切なメタファーの発見は、実在性の形而上的構造にある幾つかの微かで捉えがたい特徴群の発見を意味するからです。超越的な「気づき」という事実としていかに自明であろうとも、論理的思考の次元ではあまりに微かで捉えどころのない、さもなければ、人間の知性が摑むことができないような或る側面が、適切なメタファーにより把握されるのです。

以上を承けて、私たちは形而上的認識のさまざまな段階の考察をつづけましょう。多性を超えたところに何も知覚しない、したがって、「現象」という語すらもが意味を成さない一般のひとびとが序列の最下層に当たると言われていました。なおも一般のひとびとの範囲内にありながらも、現象を超えた何かを認識するひとびとがこれより高次の段階に至ります。この「むこうの何か」は、超越者と把握される絶対者、あるいはよく知られた術語では、神です。ここでの神は、本質的に現象界から切り離された絶対的「他者」に相当します。この概念把握においては神と世界のあいだにはいかなる内的連関もありません。神と世界のあいだにあるのはただ、創造や支配といった外的連関だけです。そうしたひとびとはイスラームにおいて、「外在の者《アフレ・ザーヒル》」(ahl-i ẓāhir)、つまり、実在の外面だけを見るにすぎない者と呼ばれます。彼らの眼は、実在の真の構造を観ることから妨げる或る病に冒されている。ここで病と言うのは、ハウワル(ḥawwal)と呼ばれる眼病、眼が変形する病を意味します。この病に冒された者は常に、己れが見るものが全て二重に見える。一つの対象がその者の眼には二つの違ったものとして現れるのです。

前掲の区分によると第二の階級に属すひとびとは、認識主体に係わるファナーと認識対象に係わるファナーの双方の意味においてファナーを経験するなかで、絶対的な実在を直に眺めるに至った者です。ここでのファナーは、自我が全くに滅し、それに対応して、外側に対象としてある世界を構成する現象的事物の全てが滅することであるのを再度確認しておきます。だが、この階級に属するひとびとはちょうどこの段階で止まり、さらに進むことがない。より具体的な語を用いれば、これらのひとびとは絶対的な一に気づくにすぎないとこの事態を言い表すことができます。彼らは至るところに一を見て、それ以外のものは何も見ない。彼らの視点では、全世界がいかなる分節化もいかなる限定も帯びない絶対的一へと転じているのです。

確かに、これらのひとびとがファナーの経験から普通の意識に戻ってくると、たちまちに多が再び視界に入る。ですが、現象世界は単なる幻想として棄てられます。彼らの視点では、多の世界は本質的に実在的でないのだから、それは形而上学的価値、存在論的価値を全くもたない。外側の対象は語の実際の意味では「存在」しない。それらはちょうど空中に漂う蜘蛛の巣であり、対応する実在によって支えられぬ全くの幻想というわけです。そうした観方は、根柢的な構造において、一般的に理解されているヴェーダーンタ的な現象世界の観方と同じです。マーヤー（māyā）という悪名高き語が全くの幻想、ないし幻想を産み出す原理を意味すると理解されています。

ヴェーダーンタ哲学本来の世界観に対してこの良く知られたヴェーダーンタ理解がひどく不当であるのと同じく、イスラームの形而上学において現象世界に取り返しのつかないほどの損害を与えるまでに絶対者だけを強く主張するならば、イスラーム形而上学に携わるひとびと本来の観方を致命的に歪めてしまう。ハイダル・アームリーがイスマーイール派を不信・異端と批難するのはこの意味においてです[21]。

最高度の神秘家・哲学者の視点から観れば、この型のひとびとであっても、彼らが絶対者を見るという体験をする時には、現象的事物に反映した絶対者を知覚しているにすぎません。だが、絶対者から発する過剰な光に眼が眩み、絶対者が映る現象的事物に気づかない。〔現象的事物しか観ない〕第一の階級に属するひとびとの場合には、絶対者が、己れの磨かれた鏡面上に現象的事物を映し出す鏡として機能していたのと同じように、この型のひとびとの場合には現象的事物が絶対者を映し出す鏡として機能している。いずれの場合であっても、ひとは通常、鏡のなかの像に気をとられていて、鏡そのものは気づかれないままです。

第三の段階、つまり、「特権的なひとびとのなかでさらに特権的なひとびと」において、絶対者と現象世界の連関は、正しく、一と多の対立物の一致として把握されます。さらに言えば、この領域においてこそ、前に指摘したメタファー的思索がもつ認識的価値が惜しげもなく晒されます。

ファナーの体験の後のバカー。そうしたバカーの高みに掲げ上げられた意識をもつ者が、絶対者と現象的なものの連関を一と多の対立物の一致として経験する。神学的に言えば、彼らは、被造物のなかに神を、神のなかに被造物を見ることができる者です。彼らは鏡と、鏡に映る像をともに見ることができる。この段階では神と被造物が互いに鏡と像の役割を担う。自己同一的な「存在」が同時に神であり、かつ被造物、ないし、絶対的実在かつ現象世界、一性かつ多性なのです。

現象的事物が多性としてあるような視界は、究極の実在が純粋に一性としてある視界を妨げない。一性としてあるような視界が、多性の現れる道すがらに成立する、と言うのでもありません。[22] 反対に、一性と多性が、互いに補い合うことで、実在の純粋な構造を開示しているのです。一性と多性は、一性の側が、「絶対性《イトラーク》」(iṭlāq)、ないし「全てを含みつつ収斂すること《イジマール》」(ijmāl) を代表し、多性の側が、「限定作用《タクイード》」(taqyīd)、ないし「具体性を帯びた拡張《タフスィール》」(tafṣīr) を代表することで、実在の本質的な二側面となっているということです。私たちが一回の認識行為のなかで一と多をこうした仕方で摑まない限り、あるがままの実在全体を統合した視点を得ていることはないのです。

実在の二側面をこのように同時に直観することをハイダル・アームリーは「存在一化《タウヒード・ウジューディー》」(tawḥīd wujūdī) と呼び、それを宗教的一神主義に対応する唯一の真正なる哲学的態度と見做します。[23] このように理解された「存在一化」の要諦は、ありとあらゆるもののうちに例外なく一つの全く同じ「存在」の実在性を根柢的に直観することです。「存在一化」は、神学的に言えば神に相当する絶対者のなかに、絶対的に純粋で絶対的に条件づけられていない状態の「存在」を見る一方で、現象世界を構成する事物のなかに、「存在」の自己同一的な実在が、「存在」自体が内的に分節化するに応じて、具体的に差異化されるのを認識する。哲学的に言えば、一般的に「存在が一であること《ワフダト・ウジュード》〔存在一性〕」(waḥdat al-wujūd) として知られる立場です。これはイブン・アラビーに遡る中心的重要性を帯びた考え方です。

この類の存在論的直観に基づく特殊な型の形而上学はまず、絶対者だけが実在的である、絶対者こそが唯一の実在である、したがって、絶対者より他の何も実在的ではないと宣言します。多性に差異化された世界はしたがって本質的に「存在しないもの《アダム》」（ʻadam）なのだと言うわけです。しかしながら、こう宣言した後に直ちに次の言を加えます。すなわち、それは、差異化された世界は虚であり、幻想であり、全くの無だということをいかなる仕方においても含意しない。現象的事物の存在論的地位はむしろ、関係という存在論的地位である。ここで言う関係とは、絶対者そのものが帯びるさまざまに分化した関係形式〔現在の数学用語を使うと関数〕のこと。この意味で、そしてこの意味でのみ、現象的事物は全て実在的なものです。

私たちが実際に観る現象世界は、第一次的に、見かけ上、形而上学的原因と認識論的原因という二つの原因により生起します。ですが二つの原因は実際には、互いに完全に等位のものです。形而上学的に、ないし存在論的に言えば、私たちの眼の前に現象世界が生起するのは、絶対者が已れ自身のうちに本質的な内的分節作用をもつからです。この内的分節作用をシュウーン（shuʼūn，単数形はシャアン、shaʼn）と呼びます。シュウーンの字義的な意味は「係わり事」、つまり、ある（being）のさまざまな内的様態〔万物が各々に何かであることに係わる絶対者の側の内的分節作用〕です。それらは、存在に係わる「完成態《カマーラート》」（kamālāt）とも呼ばれます。こうした概念把握は、老子が道に連関づけられた「徳」を語るのと重要な仕方で似ています。[24] これらの内的分節作用はおのずと、それら自身が外在化するのを要請する。結果、「存在」が已れ自身を無数の自己限定作用へと拡散させるのです。

他方、認識論的に言えば、実在の側のこうした自己限定作用は、有限なる人間の意識に内在する限界によります。絶対者、ないし純粋な「存在」それ自体は単なる一性です。絶対者は、いかにさまざまな形態に已れを顕そうとも、もともとの一性の状態で残りつづける。この意味において、多性の世界は本質的に絶対者そのものの性格を帯びる。多性の世界はまさに絶対者そのものです。だが、人間の意識が有限なるが故に、絶対者の本来的な一性が有限なる無数の事物に分化して、有限な人間の意識に現れる。現象世界とは、ひとの認識論的能力に内在するさまざまな限界づけそのものにより惹き起こされて現れている形姿の下に、已れの形なき実在の姿を隠す絶対者そのものだったのです。

ここで描かれた、もともとの分化せざる形而上的一性が多くのさまざまな形態を帯びて現れる過程のことをイスラーム哲学では「存在」の「自己顕現《タジャッリー》」(tajallī)と呼びます。タジャッリーという語の概念把握は、ヴェーダーンタ哲学における「付託《アドヤーサ》」(adhyāsa)の概念と同じ構造です。ヴェーダーンタ哲学によると、純粋な無属性ブラフマン(nirguṇa Brahman)という本来的に未分化な一者、すなわち、絶対的に限定されない絶対者が、「無明《アヴィドヤー》」(avidyā)により絶対者に付託されたさまざまな「名《ナーマ》と姿《ルーパ》」(nāma-rūpa)故に、分化して現れるのです。イスラーム哲学とヴェーダーンタ哲学を比較する視点から観れば、主観的に、事物の真の実在に関する人間の「無知」(avidyā)が、客観的に、ブラフマンそのものに内在する、自己限定的な力である「幻力《マーヤー》」(māyā)と全く同じものであるのは注目すべき点です。アヴィドヤーが絶対者に付託された「名と姿」は、イスラームにおける「何性《マーヒーヤート》」(māhīyāt, 単数形はマーヒーヤ、māhīyah)の概念に対応します。ここでの「何性」は、神の「名と属性《アスマー・ワ・スィファート》」(asmāʾ wa-ṣifāt)という外在化された諸形態に他なりません。ヴェーダーンタ哲学における絶対者の自己限定的な力としての「幻力」(māyā)という概念に、イスラームにおいて精確に対応するのは、神の「存在的慈しみ《ラフマ・ウジューディーヤ》」(raḥmah wujūdīyah)の概念ということになります。

しかしながら、己れを顕す段階においても、真の神秘家・哲学者の眼を通して見られた実在の構造は普通のひとの相対的意識に現れた同一の実在と対蹠的な位置にあるように見えます。事物の常識的観方を代表する尋常のひとの眼には、現象こそが見えて明白なるものであるのに対して、絶対者は隠れているからです。他方、真の神秘家・哲学者の何も条件づけられていない意識に明々白々なのは何時でも何処でも絶対者であって、現象は背景に退いたままです。

実在が自己顕現《タジャッリー》する側面に固有の構造は、この講演で再三指摘したことに由来します。つまり、分化した現象世界は、自存するという意味で実在的ではないのです。いかなる現象的事物もそれ自体は実在的な存在論的中核をもたない。この考え方は、仏教が世界内のあらゆるものに「自性《スヴァバーヴァ》」（svabhāva）を認めない考え方に対応します。この意味で、「存在一性」学派の哲学的立脚点はかなり明瞭に反本質主義です。いわゆる「本質」や「何性」は全て虚構の位置へと押し下げられる。それらに認められる実在性の度合いは、「借り物の存在」のそれである。言うなれば、さまざまな「何性」が存在するのは、そうした複数の「何性」が、語の十全な意味において唯一、存在すると言いうる絶対者に内在するおびただしい変容作用や限定作用とたまたま合致していることに由来しています。

この地点で、現象世界の存在論的地位、並びに現象世界の絶対者との連関に言い及んで、ムスリムの哲学者たちは数々の示唆的なメタファーを提起しました。イスラームにおけるメタファー的思考の重要性を前に述べましたことをうけて、ここで幾つかのメタファーを紹介いたします。マフムード・シャビスタリーは『薔薇園』で次のように言います。

（絶対者より）「他の」万物の現れはお前の想像（つまり、認知する人間側の構造）による。
ちょうど速やかに移動する点が円に見えるように。(25)

ラーヒージーはこの詩節に関して次のように観ています。絶対者より「他」の何かとして多なる世界が現れるのは、感覚知覚に基づき、それ故に本性的に事物の現象面を超えゆくことができない、そうした想像力が働くことによる。確かに、無数のさまざまな形態に己れ自身を顕す実在がたった一つだけある。だが、そうした領域に対して、感覚知覚はひどく信頼が置けない。蜃気楼が実際に存在しないのに、それを実在的に存在する何かと見る傾向にあるからだ。感覚知覚は空から落ちる雨粒を線と見る。船に乗る者は、船が動かずに対岸が動くように思いがちだ。(26)闇のなかで松明をすばやく回すと、私たちはおのずから火の輪を知覚する。この場合に、実在的に存在するのは火の一点としての松明である。だが、すばやく円運動をさせると火の一点が光の輪のごとくに眼に映る。ラーヒージーは言います。その一なる状態が火の一点に喩えられる絶対者と、その本質的な構成において、火の一点の運動により作り出された円に似る多の世界とのあいだの連関はそうしたものだと。[27] 言い換えると、現象世界は絶対者の絶え間ない創造の働きによって、後に残された痕跡なのです。

ここでの哲学的問題は、光の輪の存在論的地位です。輪が語の十全な意味で「存在」しないのは明瞭でしょう。輪そのものは偽であり、実在のものでない。しかしながら、円が全くの無なのだと言われえないのも同じく明瞭です。それは或る意味で存在する。それが私たちの意識に現れる限りにおいて、また、私たちが経験する際の経験的次元において実在的に存在する火の一点により作り出される限りにおいて、光の輪は実在のものです。この世界に観察される現象的事物全ての存在論的地位は本質的にそうした性格を帯びるのです。

ムスリムの哲学者たちが提起するもう一つの興味深いメタファーは、インクと、それにより書かれたさまざまな文字のそれです。[28] インクで書かれた文字は、文字として実在的に存在するのではない。文字は、慣習的にさまざまな意味を割り当てられたさまざまな形にすぎないからです。実在的に、そして具体的に存在するのはインクに他ならない。文字の「存在」は確かにインクの「存在」に他ならない。インクこそが己れを形作ることで多なる形態に己れを展開する唯一で比類なき実在だ。まずは全ての文字にインクの自己同一的な実在を見て、次に文字をインクの内在的変容作用として見るための眼を涵養せねばならないのです。

次の海と波のメタファーはおそらくさらに重要でしょう。その重要性は、まず、そのメタファーがイスラーム以外の東洋の幾つかの哲学体系が共有し、したがって、東洋のもっとも根柢的で一般的な思考パタンの一つを開示するであろうことにあります。第二に、それがこれまで紹介してきたメタファーでは明瞭にされてこなかった非常に重要な点に注視させることにあります。すなわち、絶対者の「存在」、より精確に言えば、絶対者それ自体としてあるところの「存在」に基づくことなしに現象世界の「存在」が把握されえないのと全く同じように、絶対者は実のところ現象世界なしにはありえない、という点です。

無論、絶対者は、全ての限定作用を超えたものとして知性によって把握することができます。私たちが前に見たように、永遠なる一性の状態にあり、絶対に条件づけられていない状態の絶対者すらも直観することができます。私たちはさらに歩を進めて、条件づけられていないことそのものという条件をも超えた何かとして把握することもできます[29]。

だが、絶対者のそうした視点は、私たちの意識にのみ起こる出来事です。こころの外にある実在性の領域において、絶対者は一瞬たりとも己れを顕すことなく留まっていることはありえません。

ハイダル・アームリーは次のように言います。

> 海は海である限りで、波から己れを切り離しえないし、波が海から独立して自存することはありえない。さらに言えば、海が或る波の形で現れた時に、その形は他の波の形と互いに違わざるをえない。二つの波が同じ場所に一つの形のもとに現れることは絶対に不可能だからだ[30]。

海と波とのあいだにある固有の連関のうちにハイダル・アームリーは、分化せざる「存在」の段階と、分化した世界の段階とのあいだの存在論的連関を精確に描くイメージを認めます。ハイダル・アームリーは言います。

> 知れ。絶対的存在、あるいは神、は限りなき海に似る。それに対して限定された事物、個別的な諸存在は無数の波であり、河である。波と河が、海が水として所有する海自体のさまざまな完成態、並びに海が海として所有する海自体のさまざまな特性、の要請する形態に応じた海の自己展開に他ならぬのと同じく、限定

された諸存在者は、絶対的存在自身のさまざまな本質的完成態、並びに絶対的存在の内的分節作用として絶対的存在に帰属するさまざまな特性、が要請する形態のもとでの絶対的存在の自己展開である。

さらに言えば、波と河は或る視点から観れば海でないのだが、別の視点から観れば、波と河は海と全く同じである。事実、波と河が限定されて特殊な形態を帯びるという視点から観れば、波と河は海と違う。だが、波と河自身の本質と実在に即して観れば、つまり、それらが純粋な水だという視点から観れば、波と河は海と違わない。それと全く同じく、限定された諸存在者は、限定され条件づけられていることにおいて絶対者と違うが、それら諸存在者自身の本質と実在が純粋な存在だという視点から観れば、それらは絶対者と違わない。後者の視点から観るならば、それらは皆、存在そのものに他ならないからである。(31)

ハイダル・アームリーがさらに、この存在論的状況を或る類の意味論的視点から観た分析を行うのは興味深い。彼は言います。

海は、波の形により限定されたならば、波と呼ばれる。自己同一的な水が、河の形により限定されたならば、河と呼ばれ、小川の形により限定されたならば、小川と呼ばれる。同様にそれは雨と呼ばれ、雪と呼ばれ、氷と呼ばれる、等々。しかしながら、実際には、海や水以外には絶対的に何もない。波、河、小川等は海を指し示す名にすぎないからだ。真実においては（つまり、絶対的に条件づけられていない実在においては）それは名を担わない。それを指し示すいかなるものもないからである。否、海という語そのものによってそれを意味表示するのは単なる言語的慣習にすぎないのだ。(32)

そして全く同じことが「存在」ないし「実在」にも当てはまるとハイダル・アームリーは附言します。

鏡と鏡像《イメージ》のメタファー、一と、一を繰り返すことで形成される数のメタファーなどの有名なメタファーがなおもあります。それぞれ、一性と多性の連関に関して他のメタファーが明瞭にしない何らかの特殊な側面に光を当てる、という点で重要です。しかし、この講演に定められた目的にとって既に十分なだけ説明が為されたと私は思います。

これまで提示してきたメタファー群を注意深く考察することから得られるもっとも重要な結論は、形而上的実在、ないし絶対者そのものには、二つの異なる次元が見受けられることです。実在が形而上学的に究極の段階である第一の次元では、絶対者は絶対性の状態にある絶対者、すなわち、絶対的非限定の状態における絶対者です。それは高次ブラフマン（parabrahman）、すなわち「最高ブラフマン」（Supreme Brahman）というヴェーダーンタ哲学の概念、並びに、朱子学の無極すなわち「極まりなし」に対応します。ヴェーダーンタとイスラームの双方において、この至高の段階の絶対者は神ですらありません。結局のところ、「神」は、少なくとも、それが創造された世界から絶対者を区別する限りにおいては、絶対者の限定化にすぎないからです。

第二の次元では、絶対者がなおも絶対者であるものの、それは世界と連関する絶対者です。現象世界の究極の起源と見なされる絶対者、多性という形態のうちに己れを顕す「何か」としての絶対者がそれです。この段階においてのみ、神という名――イスラームではアッラー――が絶対者に適用できるようになります。ヴェーダーンタでは最高神（parameśvara）、至高の主の段階です。朱子学の世界観では、太極、「至高の極まり」。それは、創造作用の永遠なる原理としての無極、「無であることの極み」に他ならない位置に当たります。

「存在一性《ワフダト・ウジュード》」と一般的に知られる立場はこうしたものであり、イラン人ムスリムの哲学的かつ詩的な心性の形成過程に甚だしく影響を及ぼしたものです。その基本構造を私はこの講演で説明しようとしました。ここに至って、この立場がしばしばそう見做されるように、純粋な一元論と考えるのは深刻な誤りであり、「存在的一元論」とすらも考えられないことは明瞭でしょう。この立場は、絶対者の形而上的構造に二元論の要素を認めるという意味において明らかに二元論の要素を有するからです。無論、それを単なる二元論と見做すのも正しくない。なぜなら実在の二つの異なる側面は、究極には、つまり対立物の一致の形態においては、同一だからです。「存在が一であること」は一元論でも二元論でもないのです。多性のなかに一性を、一性のなかに多性を見ることから成る特殊な実存的経験に基づく、実在の形而上的ヴィジョンとして、この立場は、哲学的一元論ないし二元論よりも遥かに精妙で動的な何かです。

さらに、興味深いことに、そうした実在の観方はあらわな構造としては、イランの哲学者たちに固有のものでは全くない。反対に、多少なりとも東洋の主要な哲学派の多くがそれを一般的に共有します。重要な点は、その構造のどの側面を強く主張するかにより、そして、いろいろな特定の主要概念をその構造が強調する程度により、各学派、各体系が互いに異なるという仕方で、この基本的な共通構造がさまざまに色づけられることです。

さて、さまざまな体系に見られる違いを考慮に入れながら、この基本構造の概念分析をさらに練り上げるならば、少なくとも東洋哲学のもっとも重要な型の一つについての包括的観点に至り、これを西洋の類似する型の哲学と比較するならば、実り豊かなものとなるでしょう。西洋と東洋の双方の哲学におけるさまざまな分野で、こうした性格の具体的研究が多く遂行されることによってのみ、西洋と東洋のあいだで真のそして深い哲学的理解が可能になるというのが、私の個人的な確信です。

注

（1）この論考は、ハワイで開催された「第五回東西哲学者会議」（一九六九年六月—七月）での公開講演の原稿である。ここで言及しているのは、会議のメインテーマ「現代人の疎外」（"The Alienation of Modern Man"）である。

（2）ムッラー・サドラー『神的明証』（Mullā Ṣadrā, *al-Shawāhid al-Rubūbīyah*, ed. Jalāl al-Dīn Āshtiyānī, Mashhad, Tehran, 1967, p. 14）。

（3）ハイダル・アームリー『諸神秘の統合点および諸光明の発出点』所収の小論考「存在を知ることの徹底的吟味」（Ḥaydar Āmulī, *Kitāb Jāmiʻ al-Asrār wa-Manbaʻ al-Anwār; bih inḍimām-i Risālat-i Naqd al-Nuqūd fī Maʻrifat al-Wujūd*, ed. Henry Corbin et ʻUthmān Yaḥyá, Téhéran-Paris, 1969, p. 625）。

（4）ムハンマド・ラーヒージー『薔薇園注』（Muḥammad Lāhījī, *Sharḥ-i Gulshan-i Rāz*, Tehran, 1337 A.H., v. 117, p. 92）。

（5）ハイダル・アームリー『諸神秘の統合点』（*Jāmiʻ al-Asrār*, pp. 259, 261）。

（6）ムッラー・サドラー『神的明証』（*Shawāhid*, p. 448）。

（7）シャンカラ『ヴィヴェーカ・チューダーマニ』（Śaṅkara, *Vivekacūḍāmaṇi*, 522）。

（8）シュリーヴァスタヴァ『シャンカラとブラッドリー』（S. N. L. Shrivastava, *Saṃkara and Bradley: A Comparative and Critical Study*, Delhi, 1968, pp. 45–47）。

（9）アブドゥッラフマーン・ジャーミー『閃光』（ʻAbd al-Raḥmān Jāmī, *Lawāʼiḥ*, ed. M. H. Tasbīḥī, Tehran, 1342 A.H., p. 19）。

（10）アブドゥッラフマーン・ジャーミー『閃光』（*Lawāʼiḥ*, p. 19）。

（11）ニハット・ケクリク『サドルッディーン・クーナウィーの哲学——神、宇宙、そして人間』（Nihat Keklik, *Sadreddin Konevî'nin Felsefesinde Allah, Kâinat ve Insan*, Istanbul, 1967, pp. 6–9）。

（12）これと次の段落にみえる「脱落心身《だつらくしんじん》」の表現は、日本の名高い禅師道元（一二〇〇—一二五三）の術語である。

（13）次の段落から続く説明は、これらの術語についてラーヒージーが『薔薇園注』（*Sharḥ-i Gulshan-i Rāz*, pp. 26–27）で述べた内容の論旨である。

（14）老子の概念「渾沌」の分析は、私のエラノス講演「道教における絶対者と完全な人間」（"The Absolute and the Perfect Man in Taoism," *Eranos Jahrbuch* XXXVI, Zürich: 1968, pp. 379–441〔Toshihiko Izutsu, *The Structure of the Oriental Philosophy: Collected Papers of the Eranos Conference*, vol. 1, Tokyo: Keio University Press, 2008, pp. 1–74〕）参照。

（15）東洋哲学では似た目的のためにかなり頻繁にこの同じ喩えが用いられる。もう一つ例を挙げると、宋代の有名な儒家哲学者、朱子（一一三〇―一二〇〇）は、太極が物理世界において己れの顕れ出たさまざまな姿といかに連関するのかとの問いに対して、多性との連関では太極はちょうど多くの河や湖に映る月のようなものであって、月は現実には多数に分かたれずしてどこにでも見えると言う（『朱子語類』九四巻）。

〔訳注〕『朱子語類』巻第九十四の該当テクストは以下参照。『朱子全書』朱傑人・厳佐之・劉永翔主編、上海古籍出版社／安徽教育出版社、二〇〇二年、第一七巻〔朱子語類（四）〕、三一六七―三一六八頁。

（16）シャビスタリーの詩句はラーヒージー『薔薇園注』（*Sharḥ-i Gulshan-i Rāz*, v. 128, p. 100）参照。また、これに付されたラーヒージーの注釈（同書次頁）参照。

（17）ハイダル・アームリー『諸神秘の統合点』（*Jāmiʻ al-Asrār*, pp. 113, 591）。

（18）アブドゥッラフマーン・ジャーミー『閃光』（*Lawāʼiḥ*, p. 61）。

（19）メタファーの文飾と認識機能の違いについては、マーカス・B・ヘスター『詩的メタファーの意味』（Marcus B. Hester, *The Meaning of Poetic Metaphor*, The Hague-Paris, 1967, Introduction）を見よ。

（20）ヴィトゲンシュタイン『哲学的探究』（Ludwig Wittgenstein, *Investigations*, tr. by G. E. M. Anscombe,〔Oxford: Blackwell, 1953,〕p. 213）。

（21）ハイダル・アームリー『諸神秘の統合点』（*Jāmiʻ al-Asrār*, pp. 217, 221）。

（22）ハイダル・アームリー『諸神秘の統合点』（*Jāmiʻ al-Asrār*, p. 113）。

（23）ハイダル・アームリー『諸神秘の統合点』（*Jāmiʻ al-Asrār*, pp. 113–115）。

（24）拙著『スーフィズムとタオイズムの哲学的鍵概念の比較研究』第二巻「タオイズム」（*A Comparative Study of The Key Philosophical Concepts in Sufism and Taoism*, vol. II, Tokyo: Keio University, 1967, pp. 122–123）参照。

（25）ラーヒージー『薔薇園注』（*Sharḥ-i Gulshan-i Rāz*, v. 15, p. 19）。

（26）禅師道元が『正法眼蔵』（三、現成公案）で同じ状況について言うことと比べてみよう。

舟に乗った人が岸に目をむけたならば、動いているのは岸だと間違って思うだろう。だが乗っている舟をよく調べるならば、動いているのは舟の方であるとわかるだろう。ちょうど同じように、もし人が自分に対して自分自身の我の正しくない見方を作り出し、それに基づいて世界の事物を思い描くなら、あたかも自分自身の心の本性は独立自存のものであると間違った見方をしてしまいがちである。しかしながら、（イスラームにおけるファナーの経験に対応する）直接経験を通して事の真実を知ることになり、そして（「一性」というその根源的状態における「存在」のイスラームの観念に対応する）すべてのものの源泉そのものに戻ることになれば、一万の事物（すなわち、すべての現象的事物）は我の無いこと（すなわち、独立自存でないこと）が明らかにわかるだろう。

〔訳注〕以下、原文を挙げる。

人、舟にのりてゆくに、めをめぐらして岸をみれば、きしのうつるとあやまる。目をしたしく舟につくれば、ふねのすすむをしるがごとく、身心を乱想して万法を辨肯するには、自心自性は常住なるかとあやまる。もし行李をしたしくして箇裏に帰すれば、万法のわれにあらぬ道理あきらけし。（『道元（上）』日本思想大系12、岩波書店、一九七〇年、三六頁）

（27）ラーヒージー『薔薇園注』（*Sharḥ-i Gulshan-i Rāz*, p. 19）。

（28）ハイダル・アームリー『諸神秘の統合点』（*Jāmiʻ al-Asrār*, pp. 106–107）参照。

（29）これは、「存在」がラー・ビ＝シャルト・マクサミー（lā bi-sharṭ maqsamī）、すなわち絶対的無条件性として言い表されている境位として知られている。絶対的無条件性において、「存在」は、条件づけられてあるという性質によってさえ限定されることはない。この境位は、老子が「玄之又玄」（玄のまた玄）と呼び、荘子が「非存在」（non-existence）を意味する「無」という語の反復、つまり「非非存在」を意味する「無無」で示したものに対応する。

（30）ハイダル・アームリー『諸神秘の統合点』（*Jāmiʻ al-Asrār*, pp. 161–162）。

（31）ハイダル・アームリー『諸神秘の統合点』（*Jāmiʻ al-Asrār*, pp. 206–207）。

（32）ハイダル・アームリー『諸神秘の統合点』（*Jāmiʻ al-Asrār*, pp. 207–209）。

II　東西の存在主義

私の講演の主題は、マルティン・ハイデガーとジャン＝ポール・サルトルに代表される西洋の現代の実存主義と、イランのサブザワーリー並びに彼の先駆者たちに代表されるワフダト・ウジュード〔存在一性〕型の哲学を比較検討することです。

ハイデガーやサルトルといったヨーロッパの実存主義者たちとムッラー・サドラーやサブザワーリーといったイランの神智学者たちを一つの比較の土俵に上げるということの主題設定そのものが、一見したところいささかこじつけで不自然との印象を与えかねないでしょう。これらの東洋と西洋の思想家たちをみな、ただ、二つの思想学派の代表者たちがたまたま「存在」という同一の語を自らの哲学体系の中心的鍵語として用いたという理由だけで、存在主義というタイトルのもとで一緒に扱うことが妥当であるかどうかを当然疑うべきだと考える方もおられるでしょう〔1〕。

さらに歩を進めて、二者のあいだには重要な連関などありそうにないと言う方もおられるでしょう。確かに、ワフダト・ウジュード哲学の鍵語は存在《ウジュード》（wujūd）であり、そのアラビア語はexistenceという英語（ドイツ語ではExistenz, フランス語ではexistence）に精確に対応します。しかし、この言語的一致のみに基づいて、私たちがイランの哲学者たちの立場を「存在主義」と呼び、それをハイデガーやサルトルの実存主義と併置して、それらが単一の基本的な哲学潮流をなす二つのヴァリアントであるかのごとく扱うなら、深刻な過ちを犯すでしょう。そのようなことをしたら、十分にイシュティラーケ・ラフズィー（ishtirāk-i lafẓī[1]〔アラビア語で「同音意義」〕）に該当するやもしれません。西洋の実存主義とイランの存在主義には、言葉を超えて通じ合うものはごくわずかではないか。「存在主義」（existentialism）という術語を、したがって「存在」という語そのものを、私たち自身が作り出しているかもしれない意味的混同に気づかずに、二つの違う意味で用いていることも十分にあるのではないか。しかし、実はそうでないことを、私は以下で示そうと考えています。

そうは言いましても、私は西洋の実存主義とイランの存在主義を互いに分かつ大きな裂け目の存在を否定しないことを、まずはっきりさせねばなりません。その裂け目は、あまりにも明瞭なので誰もが気づかずにはおられません。

西洋の現代的実存主義は、疑いなく、物理科学と人間によるその受容、つまりテクノロジーが支配的であることを特徴とする歴史的に特殊な私たちの時代の産物です。高度に産業化された西洋の現代社会では、生の秩序がテクノロジーの集まりとなり、そのことがひとを癒やしがたい孤独に投げ込みます。テクノロジーによって創出された生の秩序は、それが、意味を欠いた、ないし、理不尽な広大で精緻な体系だという意味において、実のところ無秩序です。その意味を己れが理解しない、さらに言うと、自己の個性と人格への脅威として立ちはだかる巨大な脱人間的機構のうちにひとは生きざるをえない。そうした状況にあれば、必然的に、現代人は自然から疎外され、己れ自身からも疎外されることになる。

現代西洋の実存主義は、アルベール・カミュの有名な小説『異邦人』の主人公ムルソーを典型とする疎外された人間の哲学です。そうした状況では、現代の実存主義者が主として関心を抱く類の「存在」が、存在一般でないことは何の不思議もありません。それは、自分自身の、個別的、個人的な存在であってそれ以外のものではありません。ここでの存在は常に第一次的には、私の存在です。そして第二次的に、あなたの存在、彼や彼女の存在です。この意味での実存主義は、還元しえない仕方で私のものであるこの特殊な存在、私が好むと好まざるとに拘わらず、私自身が生きることを定められたこの特殊な存在を出発点とし、それの周りに展開する哲学的世界観です。

かくして、西洋の実存主義は、「不安」「懸念」「心配」「投企」「死」「自由」などの特徴的な鍵語群を通じて、形成されてゆくことになります。そして、その哲学化は、自然と、後期ハイデガーの諸著作に見えるように、非人間的な事実的環境世界のただなかで、人間の感情を叙情的に表現するに至る傾向にある。

この型の哲学と並べてみるならば、イランの思想家たちの存在主義は、抽象概念群が複雑に入り組んだ体系の鎧を身につけており、一見したところ、かなり色彩に乏しく、寒々として、冷たく見える。ドイツやフランスの実存主義者たちに特徴的な情熱や叙情の香気ではなく、私たちはそこに、日常生活のありふれた問題と全く係わらず、理性と知性の高尚な雰囲気のなかで、抽象思考や論理思考が静かにそして体系的に展開するのを見ます。イランの思想家たちの存在主義の中心的問題は、私のあるいはあなたの個人的存在でなく、存在一般です。個人を超えた普遍的な何かとしての存在、したがって本質的に抽象的性格を帯びるように見えるやもしれません。かくして、私たちは簡単に、西洋の実存主義者たちが語る「存在」はイランのワフダト・ウジュードの哲学に見える「存在《ウジュード》」という語が意味することと全く違うとの結論に導かれてしまうかもしれないでしょう。

しかしながら、この問題に関して性急に結論を出す前に、西洋の実存主義と東洋の存在主義が、これまでに挙げた違い、さらには他の外面的違いがあるにもかかわらず、存在経験そのものの最深層をめぐるという一つの本質的な点で、二つの学派が一致するというきわめて重要な事実を、私たちは考察しておかねばなりません。この点に気づくためには、これら二つの学派の代表的な思想家たちが理論的なかたちで展開したことに、私たちはエポケー（epochē）という初歩的な現象学的手続きを適用しさえすればよいのです。

この目標のために、現象学的に括弧に挿入することで西洋の実存主義から第二次的要素を全て取り除き、もっとも根柢的な「存在」ヴィジョンないし「存在」経験の構造を取り出すことに努めましょう。他方で、サブザワーリーなどの形而上学の全表面を覆う概念化の、見かけ上は毀れそうもない殻を砕き、ワフダト・ウジュード型の哲学化が礎とする神秘主義的すなわちイルファーン的（ʻirfānī〔神秘主義的哲学〕）な経験そのものの深みに入り込むよう努めます。そうすれば、これら二つの類の哲学が、それらのもっとも基本的な構造において互いにどれほど近いか、私たちは気づき、驚くでしょう。両者がともに、存在の実在性をめぐる同一の根源的経験、原初的ヴィジョンへと遡ることが明瞭になるからです。この原初的ヴィジョンは、イスラームではアサーラト・ウジュード（aṣālat al-wujūd）、つまり「存在が根柢的な実在性であること」として知られます。このアサーラト・ウジュードがサブザワーリー形而上学の全体系の中核そのものを成します。この講演で問題とするところを議論するための適切な出発点とするために、まずは、平明な言葉でこの概念を説明することにします。

私たちはこの世界で無数の事物に囲まれて生きています。机があり、椅子がある。山があり、谷があり、石があり、木がある。私たちを取り囲む事物の各々は、哲学的ないし存在論的にマウジュード（mawjūd）と呼ばれます。マウジュードは「存在者」、「……であるところのそれ」、「存在するところのそれ」を言い、ハイデガーの用語ではダス・ザイエンデ（das Seiende）に相当します。アリストテレス形而上学は、精確には、この意味で理解された「事物」の哲学です。それは机、石、山、木こそが究極的に実在する事物である、という前提の上に立っています。それらは真の実在性であって、それらこそが優れて実在的なものである。これは、術語的にアリストテレス的概念「第一実体」として知られています。そして「事物」を第一実体として見るこの観方は、私たちの常識にとてもよく合致しています。私たちの常識もまた、私たちを取り囲む具体的個物を究極的に実在的なものだと考える傾向にあるからです。

アリストテレスの形而上学は、中世のスコラ学から現代に至るまで、西洋であれイスラームであれ、存在論の歴史的形成に甚大な影響を及ぼしました。東洋の存在主義者たちも西洋の実存主義者たちも、精確にはこのアリストテレス的伝統の存在論に対立しています。かくして、私たちの時代、ハイデガーは、西洋の存在論の伝統全てが、「……であるところのそれ」、ダス・ザイエンデ、マウジュードだけに注視し、「……であるところのそれ」という語句に現れる小さな動詞「……である」(is)に附された決定的重要性を完全に忘れ去っていると強く主張して、公然と批判します。存在論の中心的主題であるべきは、「……であるところのそれ」でなく、むしろ、この語句のなかで取り立てて意味があるように見えない動詞「……である」、ダス・ザイン(das Sein)なのだとハイデガーは論じます。

動詞「ある」(be)が真に重要だとの見地からジャン＝ポール・サルトルが採ったのは、根柢的にはそれと同じ性格の立場です。「存在」は哲学の術語です。通常の語り口で、私たちはその「存在」と同じ観念を「……である」という動詞で表現します。私たちは例えば、「空は青い」(The sky is blue)と言う。だが、この動詞「……である」(is)はとても小さな語です。きわめて乏しい意味内容の語であり、あまりに乏しい意味しかないため、確かにそれ自体ほとんど実質的な意味を担わない。「空は青い」と私たちが言うときに、動詞の「である」は述語(青い)を主語(空)と結びつける以外の役割を担わない。動詞の「あること」は「存在すること」を意味すると私たちは理性的に知っているかもしれません。しかし、サルトルはこう指摘します。私たちが「ある」のむこうに曖昧に考えるか想像する「存在」は、ほとんど無、サルトルの言葉によれば、ちょうど「私の頭は空っぽだ」(My head is empty)というときの無です。

しかし、実際は、サルトルが続けて主張するように、「空は青い」に現れる見かけは取るに足らぬ無意味な動詞「……である」のうしろに、存在の豊穣さ全てが隠れている。ところが、ひとは通常その事実に全く気づかない。気づきが欠如していることは、「空は青い」という命題の形式そのものによって、明瞭に示されています。この文では、存在が想像しうる最小の形態「……である」の中にあたかも縮こまり、「空」と「青い」のあいだに埋もれたままです。サルトルによると事の真相はこうです。この命題、あるいはこれと同じ論理的ないし文法的構造をもつ他の命題において、絶対的な実在性を指し示すのが、まさに動詞「……である」であって、「……である」だけが絶対的な実在性を指し示す。いうなれば、存在のみ、存在だけが、実在性なのです。サルトルが言うように、私たちの周りにも内にも「存在」があり、それが私たちなのです。「私は息を詰まらせた。存在は至るところで私を貫く、眼を通して、鼻を通して、口を通して」。それでもやはり、存在は隠れたまま。私たちは通常の方法ではそれを摑むことができません。

この意味での存在への気づき、究極の実在性としての存在に気づくことこそが、現代の実存主義の出発点となります。ささいな動詞「ある」で実際に意味されていることの意義が発見されたことは、西洋の存在論の歴史において決定的に重要な出来事でした。かくして、再びハイデガーに戻りますが、己れこそ西洋哲学における存在論の伝統全体を打ち破る革命、重要性においてはカントのコペルニクス的転回に匹敵する革命を成し遂げたとハイデガーが誇らしげに公言するのは、西洋の哲学者たちのなかで己れこそ、「存在者」、ダス・ザイエンデから区別されたものとしての「存在」、ダス・ザインの意義を発見することで、真正な存在論への新しい鍵をついに発見したとの確信によります。

しかしながら、興味深いことに、存在論のアリストテレス的伝統を突破する革命は前例がないとハイデガーはみなしましたが、イスラームにおいて遥か昔にワフダト・ウジュード学派の哲学者たちはこの突破をすでに成し遂げていたことが見てとれます。こうした哲学者たちを私はここで暫定的にイランの存在主義者たちと呼ぼうと思います。

イランの存在主義者たちは、まず、世界に見出される具体的事物すべてを、二つの基本的な概念的構成要素、「何性」と存在に分析します。世界にはこれら二つの要素に分析しえないものはありません。

例えば、私たちの眼の前に山があるとします。「山」は「海」と違います。「机」とも違うし、「ひと」とも、他のどんなものとも違います。「山」が他のあらゆる事物と違うのは、「山」が己れ自身の本質をもつからで、それを私たちは「山であること」と呼ぶでしょうし、それは山以外の何にも帰属しません。この「山であること」は術語的に山の「何性」と呼ばれます。同時に、この山はここに、私たちの現前に、私たちの眼に己れ自身を現しています。今、ここで、山がこうして現実的に現前していることが、「存在」と呼ばれます。かくして、世界のありとあらゆるものは存在論的に、何性と存在の組み合わせとして理解されます。例えば、現実的に存在する或る山は「山であること」と、それが今ここで現実的に現前していることとの組み合わせです。「山であること」（これはその「何性」です）により、その山は、椅子、机、河、谷などの他のあらゆる事物から差異化される。その山はその「存在」により、まさにここ、私たちの現前にあり、それ自体を私たちの眼に現している。

しかしながら、この分析はただ事物の概念的な構造だけを扱うにすぎません。その分析が私たちに告げるのは、概念的分析の次元において、事物は、何性と存在という二つの要素から成ることだけです。その分析は、私たちが既成の概念を用いてそれを分析し始める前に、それが外的世界で実際に存在しているままの実在性の先概念的構造について、何もはっきりとしたことを言いません。

時間がないので、この重要な問題の詳細に立ち入ることはできません。詳細に立ち入るならば、それはかなり長い話になります。手短にいいますと、事物の先概念的秩序において、本当に実在的なのは、存在であって、存在のみであるとの立場をイランの存在主義者たちは採ります。存在こそが唯一絶対的な実在、全宇宙を貫いて流れる全包括的な実在です。あるいはむしろ、全宇宙は存在の実在に他ならない。いわゆる、何性の全ては、この絶対的な実在性が己れを展開しつづける限りの絶対的な実在により投げかけられた影のようなもの。それら何性は、内的変容もしくは現象的形態に他ならず、そのもとで絶対的な実在は、時空的限界によって特徴づけられた人間的体験の経験的次元において自己を開示する。

こうした観方によれば、「山は存在する」という命題を——アリストテレスなら確実にそうするでしょう——

或る物がここに存在していて、それは「山」と呼ばれる第一実体であり、「山であること」という「何性」をもつことを意味すると理解してはなりません。この命題が実のところ意味するのは、究極の実在性であり、絶対的非限定者である存在が、「山」と呼ばれる自己限界づけまたは自己限定という特定の形態において、今ここに自己を顕現させていることに他なりません。

しかしながら、事物をこのように観るのは、明らかに私たちの常識に反しています。ただ事物を観る普通の常識的な仕方を哲学的に拡張、ないし洗練させただけのアリストテレスの形而上学と違って、イランの存在主義者たちが採る立場は、普通のひとの醒めた知性の及ぶ範囲を遥かに超えています。絶対的な存在論的真理の神秘が人間の意識に露呈されるのは、人間の意識が尋常ならざるほどに高められた精神状態にたまたま至ったとき、イルファーン的経験の酒に酔いしれたときに限られるのです。

イランで哲学が発展する最初期から、形而上学と神秘主義は不可分に結びついていました。早くも西暦十二世紀に、ヤフヤー・スフラワルディー（Yaḥyā Suhrawardī, 1155–1191）は、哲学者と神秘家の両者が意識的に追い求めるべき理想、つまり精神的鍛錬と厳密極まりない概念的思考を有機的に統合する理想を次のように定式化しています。すなわち、絶対的な実在を直に体験するに極まっていかぬ哲学は無駄な遊戯にすぎず、他方、厳密な知的鍛錬に基づかぬ神秘体験は全き逸脱へと堕するのを免れないと。

スペインから東洋にやって来た、同時期のもう一人の偉大な神智学者イブン・アラビーは、この問題に対して全く同じ態度を採ります。爾来、この理想がイランに確固たる伝統として根づき、多くの傑出した思想家たちを産み出してきました。サブザワーリーはこの精神的伝統の十九世紀における代表者です。

事実、サブザワーリーは非凡な才能をもった神秘主義の師であって、同時に厳密に論理的な仕方で哲学的思索を行いえた。主著『形而上学詩注』でサブザワーリーが展開した形而上学体系には、彼のこころの後者の側面、すなわち、彼の論理的で理性的能力が第一次的に際立っており、不注意な読者であるならば、これが神秘主義の師の作であるとは気づきもしないでしょう。だが、存在の実在性のまさに生きたイルファーン的体験がその表面下で脈動するのを知ることはさして難しくありません。事実、サブザワーリーの形而上学の全体系は、存在の独自の見方、つまり絶対的に絶対的な実在性が、段階ごとにそれ自体を変容させ無限に多彩な現象的形態――私たちが前に見たように、術語的には何性〔マーヒーヤ〕として知られる――となって展開しつづけること、この見方を哲学的、ないし概念的に練り上げたものに他なりません。

イランの存在主義者たちが採るアサーラト・ウジュード、「存在の根柢的実在性」の立場は、存在の実在性を根柢的に観ることに関して、現代西洋の実存主義が採る立場と驚くほど似ています。無論、西洋の実存主義はかなり最近の現象であり、他方、イランのワフダト・ウジュード哲学は何世紀にも亙る古い伝統を背後にもちます。イランの哲学を特徴づける概念的に完成した体系を西洋の実存主義が欠くのは驚くに値しない。だがなおも、粗野でありながらも新鮮である、まさにそれ故に、西洋の実存主義は、サブザワーリーの形而上学体系では概念的思考の表面下に隠されていた存在の本源的体験がいかなるものかを生のままに私たちに露呈してくれます。

例えば、ジャン＝ポール・サルトルは、哲学小説『嘔吐』のなかで実存的体験を恐ろしいほど鮮やかに描きます。或る日、小説の主人公ロカンタンは公園のベンチに坐っている。巨大な栗の木がちょうど彼の眼の前にあって、節くれだった根がベンチの下の地面へと潜りこんでいる。ロカンタンは尋常ならざる精神的な緊張状態に陥ります。その精神状態は、さまざまな神秘的伝統において、意識を集中させる修練を長く積んだ後にしばしば経験される精神状態に比べうるものです。突如、ロカンタンのこころにあるヴィジョンが閃きます。具体的で客体的な個物への通常の意識が消え去り、堅固な自存する事物から成る良く知る日常的世界が彼の眼の前で粉々になります。彼の眼の前にあるのは木の「根」でない。そこにあるのはもはや「栗の木」と呼ばれる実体でないのです。全ての言葉が消える。言語的習慣によりありとあらゆるところに書き散らされた全ての名が立ち消え、それらの名とともに、事物のもつ意味、事物の用い方、事物の概念的連合もまた立ち消えます。代わりに、ロカンタンは、柔らかく途方もない塊、ひどく混沌としており、恐ろしくみだらなほどに裸の、生地〔無定形の塊〕のような何かだけを観る。彼はそこで存在そのものを眼のあたりにするのです。

己れの実存的体験、つまり、全ての事物の「生地」との最初の出会いを活写しながら、ロカンタンが「全ての言葉が消え去る」と言うのは非常に重要な点です。全ての言葉が消え去る。言うなれば、これまで全ての事物のそれぞれを独立した実体として区別してきた全ての名が彼の意識から突如、脱落してなくなる。イラン哲学に独特の用語法を用いると、次のように言うことでこの出来事を的確に記述することができます。何性が、見かけ上の堅固さ、ないし実在性を彼の眼の前で喪い、何性がイウティバーリー（i'tibārī）としての性格、つまり何性の本来的な虚構性を露わにし始めると。言語的形式により堅固とされた「栗であること」「木であること」「根であること」などの何性は、過去に、彼と、全てに行き渡る存在を直に観ることとを絶縁する、いわば遮壁を形成していた。これらの障碍が取り除かれた時に初めて、存在の実在性が裸のままでひとの眼に現れるのです。東洋の存在主義であれ、西洋の実存主義であれ、存在主義は、そうした事物の「生地」という尋常ならざるヴィジョンに基づきます。

西洋の現代実存主義とワフダト・ウジュード型のイラン哲学の双方の根柢に潜むように見えるもっとも根源的な存在論的直観に光を当てようと私は努めてきました。同一の存在論的直観がこれら二つの形態の存在主義にとって全ての哲学的営為のまさに礎を成し、出発点を成すのは記しておくべき実に興味深いことです。

基本的に同一の、存在のヴィジョンから出発して、一つは東洋の、そしてもう一つは西洋の二つの学派の哲学者たちがほとんど全く違う二つの型の哲学を産み出したこともそれに劣らず見ておかねばならない興味深い点です。だが、それには何の不思議もありません。冒頭で私が述べましたように、西洋の実存主義はこの特殊な私たちの時代の子供です。この時代に、テクノロジーの途方もない発達は、人間の生を根柢から覆すような変動を産み出した、そして現に産み出しています。この時代では、人間の生そのものが、人間の頭脳が作り出したまさにその生産物により、扼殺《やくさつ》されるという差し迫った危機に瀕しています。さらに言えば、主要な実存主義者たちのほとんどは無神論者だと公言しています。

対して、ワフダト・ウジュード哲学はその誕生と形成をそれとは全く違う歴史的状況に負っています。それは、際立って宗教的な背景に支えられた、過去のさまざまな時代の産物、長い精神的伝統の産物です。無論のこと、それは、イランの存在主義者たちが澄み渡った精神状態で常に生きてきたことを言うのだと解されるべきでありません。殉教者たちの記された長い名簿だけでも、彼らもまた甚だ恐ろしい危機を何度も潜り抜けてきたこと、彼らは、彼らの時代につきまとう絶望的な難局と対峙してきたことを雄弁に物語ります。だが、彼らの実存的――ここでは現代西洋における語の用法にしたがう――不安は、彼らの哲学的営為の産物に本質的な仕方では影響を及ぼさなかった。往時の哲学は日常生活のありふれた問題にまだ積極的に係わっていなかったのです。哲学する際に、哲学者たちの眼ははっきりと事物の永遠の秩序に直に向けられていたからです。

現在の世界的な知的状況のなかで哲学が担う機能という視点から観れば、二つの型の存在主義のそれぞれにはそれ固有の長所と短所があります。西洋が生を機械化しようとする破壊的な力のもとで為すすべなく引き込まれてゆくようにみえる文化的ニヒリズム克服の方途をめぐって、西洋の実存主義は東洋の存在主義から多々学ぶことがありましょう。

しかし、東洋哲学の側は、もし、過去にそうであったままでありつづけるのであれば、私たちの時代のさまざまな現実からおのずと生起する差し迫った諸問題に対して、その精神的な価値を維持できるようには見えません。

同時代的な問題を眼の前にして、東洋哲学は酷く無力であることを感ずるでしょう。テクノロジーはもはや西洋の現象ではないからです。それは急速に全地球規模で勢力を拡張させています。そして、この現実の状況が、歴史上かつてひとが決して直面しなかった無数の歴史的問題を創り出しています。サブザワーリーの哲学が中世の形態そのままに残されたならば、もはやそれはこれら新たな問題に対処する立場にないように思えます。

私たちが今まさにそのなかに足を踏み入れた新たな歴史的時代に固有の新たな問題に、十分に力強く活き活きと対処するため、新たな哲学的世界観の形態において、この類の哲学の精神が復興するような仕方で、この類の哲学に含まれていた創造的エネルギーを回復するよう努め始めねばならない時が来たと私は確信しています。私たちに課された知的作業はそういうものだと思われます。そしてこの作業を実行する過程で、現代社会が脱人間化しつつ、かつ脱人間化されている構造のただなかにあって、現代西洋の実存主義が人間存在の問題を解こうともがいている仕方から、貴重な教訓を私たち東洋の人間は学ぶべきなのであり、学ばねばなりません。この類の知的協力を通じてのみ、多くのひとが期待する東洋と西洋の哲学的合流が実現するのではないか。そのように私は信じております。

注

（1）イシュティラーケ・ラフズィー（ishtirāk-i lafẓī）は同音異義を意味する。つまり、同一の語が、意味内容に即せば実際には二つの違う語である場合を言う。

訳註

〔1〕本稿の原題は“Existentialism East and West”で、「東西の実存主義」とも訳しうる。

III

ワフダト・ウジュード（waḥdat al-wujūd）の分析
東洋哲学のメタ哲学に向けて

「存在が一であること」ないし「存在一性」と訳しうる「ワフダト・ウジュード」(waḥdat al-wujūd)は、十二・十三世紀スペインの傑出したアラブ人神秘家・哲学者、イブン・アラビーに遡る形而上学的概念です。しかし、少なくともこの講演で扱うのは、モンゴル侵攻直後の時代から、十六・十七世紀までの時代までにイランでこの概念が被った哲学的な洗練および展開です。十六・十七世紀とは、一般的にはムッラー・サドラーと呼ばれるサドルッディーン・シーラーズィーが、まさにこの概念に基づいてイラン・イスラーム哲学の大統合を達成した時代です。

イラン・イスラームの歴史が提供する興味深い問題群のなかで、この特定の問題のこの特定の側面に私が興味を抱くのは、必ずしも私個人の哲学的態度によっているわけではありません。むしろ第一次的には、ワフダト・ウジュードの概念が、適切な仕方で構造的に分析され洗練されるなら、東洋哲学一般——イスラーム哲学だけでなく東洋思想の主要な歴史的形態のほとんど——を特徴づけるもっとも根柢的な思考様式の一つを明瞭にするという観点から、理論的枠組みを提示できるだろうと、私が確信しているからです。そうすることで、東洋の哲学的心性という立場から、西洋と東洋の精神的知的遺産に基づきながら、切望される新たな世界哲学の展開にむけて、私たちは積極的に貢献できるでしょう。

私たちは人類史のなかで決定的な瞬間を生きており、おのずと喫緊に多くの必要を感じています。これらの一つは、多くのひとがさまざまな視点からしばしば指摘するように、世界の諸国のあいだでのより良い相互理解でしょう。これは、しばしば、東西間におけるより良い相互理解の促進という課題としても語られます。東洋と西洋の国々のあいだにおける相互理解は、さまざまな次元で考えられます。ここで私が興味を抱く次元は、そのうちのたった一つ、哲学的思考の次元です。

比較哲学の名のもとに、哲学思考の次元での東洋と西洋のより良い相互理解を実現しようとする試みが、過去に幾度か為されたことは否定できません。しかし、今に至るまで比較哲学は、どちらかと言えば、哲学者たちの知的活動の周縁部にとどまっていることも否定できません。ほとんどの場合、比較する際の術語の選び方がまずもって恣意的であり、その結果、比較哲学の作業自体が体系立てられなかった。簡単に言うと、私の考えでは比較哲学はそれほど成功しておらず、そうされてしかるべきようには本格的な関心が払われてきませんでした。そしてこの誤りの主要因は方法論の貧困にあると私は考えます。

比較哲学の本当の意義を完全に理解してもらうには、ことに東洋と西洋の真の深い哲学的理解を推進する目的にとっては、比較哲学がより体系的な仕方で、諸哲学の「メタ哲学」とでも呼ぶべきものに展開されねばなりません。私は、メタ哲学という語を、異なる諸水準におけるさまざまな下位構造をもった包括的な構造的枠組みと理解します。その際、そこに含まれる次元の各々は、東洋と西洋の双方の主要な哲学的伝統に見出される基本概念群から分析的に取り出され、鍛え上げられた、多少なりとも広大な哲学的概念網から成るでしょう。こうした性格をもつメタ哲学に至る過程においてとられるべき実践的な第一歩は、少なくとも私個人の場合ですが、各々の哲学体系がもつ鍵概念《キー・コンセプト》の構造を注意深く意味論的に分析することにありましょう。そして期待通りに事が進めば、その結果は、広大でとても複雑な、しかし、良く組織化されていて、かつ柔軟な概念体系となりましょう。

その体系内では、個々の体系の各々が適切な場所を与えられており、その観点から東洋と西洋の主要哲学諸派の違いと共通の土台が体系的に明瞭となるでしょう。

実際、私が東洋諸哲学の鍵概念の分析に携わっているのは、こうした究極の目標を見据えてのことです。ただし、私がいまだ、このように意図された作業のごく初期の段階にいることを告白せねばなりません。この広大な視野のなかで、ワフダト・ウジュードの概念は、狭く限られた領域を代表するにすぎない。しかし、ワフダト・ウジュードは、次のような性格のものです。すなわち、その概念の根柢的構造を明るみに出すことに成功すれば、この概念は、概念的基本範型を提供するでしょう。そして、これによって、東洋諸哲学の大部分は、少なくともそのもっとも根柢的な側面の一つに関して、一定水準の構造的統一性にまで曳き上げられるであろうものなのです。

この態度からおのずと、私がワフダト・ウジュードを、排他的にイスラーム的な、ないしイラン的な何かと考えているのではないことが、おわかりいただけるかと思います。むしろ、ヴェーダーンタ思想、仏教思想、道家思想、儒家思想といった、さまざまな歴史的起源に遡る東洋諸哲学の多くが共有する或る基本構造を表現するものとして、この概念およびこの概念が含む哲学的可能性に、私は現時点で興味があるのです。東洋のさまざまな文化諸伝統に帰属する傑出した思想家たちが多少なりとも違った形態でさまざまに展開した哲学的思考と考えられているものに対して、この展望では、ワフダト・ウジュードの哲学の構造が、その一つの典型的なパタン、或る原型的な形態と言ってもよいものを代表すると見ることができます。

ワフダト・ウジュードの構造分析に着手するにあたって、まずはじめに、「構造」という語を純粋に形式的な意味で理解しようとするひとびとに私が同意しないことを強調せねばなりません。単なる形式、形式的で外的な体系の意味で理解される構造は、私が目指す類《たぐい》のメタ哲学を構築する目的にとって、ほとんど価値をもちません。無論、私も「構造」という語を何らかの形式、ないし体系の意味で用います。私の特殊な目的にとって、「構造」

は内的分節をもつ体系を意味します。より具体的な用語でその考え方を表現するならば、「構造」は一つの言語的体系、ないし概念的体系と理解されるべきであり、多少なりとも良く組織化されて良く配置された多数の哲学的鍵概念が構成するより高次の階層に属するものです。しかしながら、重要な点は、体系が、その背後にあってその特定の形態において自己顕現させる内的精神ないし哲学的な根源的ヴィジョンの外的形態と把握されねばならないことです。方法論的に、私たちにとって本質的なことは、まずは、体系全体の中心的ヴィジョン、内側から体系に命と形を与える精神を把握することであり、その上で、その中心的ヴィジョンの有機的な発展として体系を記述することです。

そうした観点から、新しくワフダト・ウジュードに取り組もうとすると、私たちは実在の或る特殊なヴィジョンに基づいて構築された形而上学の壮麗な体系を見出すことになります。ワフダト・ウジュード、すなわち「存在が一であること」という語そのものが示すように、この基本的なヴィジョンは「存在」を中心とします。言い換えると、ワフダト・ウジュードの哲学は、まさしく、根源的な形而上的ヴィジョンの理論的ないし理性的な再構成であり、形而上的ヴィジョンとは「存在《ウジュード》」の実在性を直観することであると理解されます。

こう述べた上で直ちに、私はとても重要なことに皆さまの注意を喚起せねばなりません。すなわち、この特殊な文脈における「存在」は、私たちがみな自然に常識的な考え方でもつ類の「存在」ではないということです。表現を換えますと、それは、私たちの通常の経験的意識に反映されているものとしての「存在」ではありません。むしろ、超越的意識にのみ己れを開示するものとしての「存在」です。ひとが認識の経験的局面を超越して、気づきの超経験的次元へと超え出るときに直観されるものとしての「存在」です。

これに関連して、「存在」をめぐる問題こそ、イスラーム哲学史の出発において、イスラームがギリシア哲学の伝統から継承した形而上学的問題の中でも第一の問題であったことを思い出してください。とはいえ、次のことを想起することが重要です。すなわち、キンディー、ファーラービー、イブン・スィーナー、イブン・ルシュドといった名が代表するイスラーム哲学前期において、ウジュードつまり「存在」は、存在する働き（*act of existing*）という意味では間接的にしか哲学的関心の対象にならず、いうなれば、昔から続くアリストテレス形而上学の伝統にしたがって、思想家たちの第一次的関心はウジュード〔存在〕よりもむしろマウジュード〔存在者〕にあるという意味で二次的でした。つまり、存在の働きそのものでなく「存在するもの」、存在する具体的な事物が関心の対象でした。ウジュードの問題はおもに「存在するもの」の、つまり存在する実在の事物の内的構成の一部として提起され論じられたのです。

第一次的な力点が劇的な仕方で「存在するもの」から「存在」へと初めて移ったのが、イブン・アラビーという人格のなかで深い神秘体験の溶鉱炉をイスラーム哲学が通過した後であったことは、おおいに意義深い。この視点から観るとイブン・スィーナーはちょうど転換点に立ちますが、存在論において主としてマウジュード（ens〔存在者〕）の構成要素としてのウジュード（actus essendi〔存在の働き〕）の問題にたずさわったという意味において、事実上、彼はアリストテレス主義の影響圏になおもとどまっています。しかし少なくとも、イブン・スィーナーは、「存在」がマーヒーヤ（māhīyah）、つまり「何性」の偶有ないし属性であると明示的に表明することにより、ワフダト・ウジュードの概念が後代に哲学的に精緻化されてゆくことに対し決定的な契機を与えたと確実に言って良いでしょう。とはいえ、この表明にイブン・スィーナーは、「存在」と呼ばれる偶有は通常の偶有でなく、きわめて特殊な類の偶有であると、もう一つの表明を付け加えます。これこそが、ワフダト・ウジュードの分析にとり、不可欠な前置きとして明瞭にしておかねばならないきわめて重要な点です。

体験の経験的水準では、私たちは常に自身が無限の数の事物、つまりさまざまな属性ないし偶有によって性質づけられた実体に囲まれているのを見出します。私たちは、或るものをその諸属性から区別するために、前者に後者のものとは違う存在論的地位を与えます。体験の日常的経験的水準では、私たちは自然にその特定の事物の存在が本質的にこの事物の属性の存在に先立つと考える傾向にあるからです。言わば、諸属性が存在するためには当の事物に依存するが、他方で当の事物が存在するためには己れの属性に依存しない。例えば「その花は白い」と言うとき、「白さ」という属性が現実化されうるのは、その当のもの、つまり花が既に存在しているときに限られます。他方で、花の存在そのものは、花が「白さ」を失い、色を変えたとしても影響を被りません。このことは明白と思われます。

しかしながら、この観察は属性としての「存在」自体には当てはまりません。例えば「その花は存在する」と私たちが言うとき、この「存在」という属性の現実化は花の現実化がそれに先立つことを前提としません。それとは全く逆に、この特殊な場合には、「存在」という属性こそが花を存在へと至らしめる属性なのです。要するに、これが、偶有としての「存在」に固有の本性としてイブン・スィーナーが強く主張したことです。「存在」は「偶有」であるが、通常の偶有でない。それは他の全ての偶有と全く違った仕方で振舞うとイブン・スィーナーは言います。

さて、ワフダト・ウジュード学派に属する人々の見解では、偶有としての「存在」のもつこの尋常ならざる、ないし例外的な本性は、「存在」が実際には何かの偶有では全くないというとても単純な事実に由来します。しかし、実際は偶有でない「存在」が、文法的にそして論理学的に偶有として扱われて、述語として機能すると見做されているが故にこそ問題が生じるのです。こうして、私たちは「その花は白い」と言うのと全く同じ仕方で「その花は存在する」と言います。あたかも、これら二つの命題が意味的に全く等しい立場にあるかのように。

だが、ワフダト・ウジュードのひとびとによれば、本当は、二つの型の命題を、それらの意味論的振舞い、つまり二つの型の命題が各々に指し示す実在の外的構造に関して、二つの型の命題のあいだには根柢的な違いがあります。「その花は白い」という型の命題の場合には、文法と外的実在とが構造的に一致します。別の仕方で表現すると、文の文法的ないし論理的形式が、その当の命題が指し示そうとする外的実在の構造を模して再現しています。しかし、「その花は存在する」という型の存在命題の場合には、文法的形式と外的実在のあいだに際立った不一致があります。文法的ないし論理的には、「花」は主語であり、そうである限り、「花」は自存する実体を直に指示しますが、述語である「存在する」は何らかの仕方でその実体を性質づけ、限定する性質を指示します。ですがワフダト・ウジュードのひとびとの見解では、実際には花は主語ではありません。真の究極的な主語は「存在」です。一方、花――この場合には他のいわゆる事物ならば何でもよい――は、「存在」たる永遠で究極的な「主語」をさまざまに限定する性質や属性に他なりません。文法的には、例えば「花」は名詞ですが、形而上学的には形容詞です。いわゆる事物は全て本性的に形容詞ないし形容詞的であり、「存在」と呼ばれる唯一の実在を変容させ性質づけているのです。

この立場が全く同じ問題に関して不二一元論ヴェーダーンタ哲学が採った立場に精確に対応することは容易に見て取れます。ヴェーダーンタ哲学においてもまた、ブラフマンの語によって指示される絶対者が、純粋なあること(being)すなわち「存在」(Sat)――全てに浸透し、非時間的、非空間的であり、絶対に限定されることも制約されることもないもの――と捉えられます。他方、いわゆる事物は全て、この絶対的「非限定者」がもつ無数の限定と個別化と考えられます。言わば、ここでもまた全ての本質は「存在」に対して形容詞的です。

かくして、「その花は存在する」という命題により指示される外的実在の構造は、その文の文法的形式が示唆するものとは全く違うことがわかります。語の十全な意味で存在するものは、花ではなく、絶対的非限定者としての「存在」です。「花である」は、この絶対的非限定者が或る特殊な仕方で己れを限定することに他ならない。それは、いわゆる外的な感覚世界の次元に「存在」が自己を開示するときの或る特定の現象的形態にすぎないのです。言い換えると、ここで「花」は「存在」を性質づけ、そして「存在」を或る特定の現象的形態に限定づけてゆく偶有です。「存在」それ自体、すなわち、純粋状態にある「存在」は属性を欠きます。そうした「存在」は絶対的に単純な一性、ないし絶対的無差別です。したがって、さまざまな事物に囲まれた感覚経験の水準で知覚される差異の全ては幻想と判断されるべきです。この意味で、シャンカラに代表される不二一元論ヴェーダーンタ学派は、全ての現象的事物は幻妄にすぎず、それらは全て、それらの根柢に潜むブラフマンの純一性に「付託された《アドャーサ》」（adhyāsa）幻妄的な形態だと主張するのです。

道家思想と大乗仏教も、見かけ上自存する、感覚世界の事物本来の性質に関して全く同じ立場を採ります。両者はともに、徹底した反本質主義と特徴づけられます。つまり、両者は、イスラームの形而上学伝統で、アサーラト・マーヒーヤ（aṣālat al-māhīyah）のテーゼとして知られる立場にきっぱりと反対するのです。このテーゼは、外的な世界で私たちが観察するさまざまな「何性」が根柢的実在性をもつというものです。一つ例を挙げると、大乗仏教思想のもっとも基本的な哲学的論書の一つである『大乗起信論（大乗における信仰の眼覚め）』の著者は次のように言います。

> いまだ蒙が啓かれざる者はみな、己れの妄念で瞬間瞬間に事物を識別し（つまり、実在の本源的な絶対的一性をさまざまな自存的事物へと差異化し）、それによって絶対的な実在性から逸れるのだ。[1]

こころの識別する働きによりこうして確立された現象的事物が「染法」（汚《けが》れを帯びたもの）と呼ばれるのは

きわめて意味深長です。言うなれば、現象的事物が存在論的な見地から、一なる実在の純粋性を「汚《けが》し」、損なう要素と見做されている。さらに同書にこの立場をかなり截然と述べる次の表明が見えます。

「心性」(つまり、絶対的な実在)として知られるものは一切の現象的な限定を超える。全ての事物が独立したものとして互いに区別されるのは幻想を通じてのみだ。一度、幻想を創り出す我々のこころの運動から切り離されれば、いわゆる客観的世界の現れはもはやそこにない。[2]

しかし、現象世界の事物が全くの幻想的な現れであるとするこの表明は部分修正が必要です。ヴェーダーンタ思想、仏教思想、イスラームにおいて等しく、たったいま言及された〔絶対的な実在への〕付託は、人間のこころがもつ相対的で本来的に限定された認識論的構造によってだけでなく、絶対的な実在の構造そのものによっても また惹き起こされる。いずれ、この点に私は立ち戻ることにいたします。

いま私が手短に説明したワフダト・ウジュード型哲学の基本的立場から、実在をめぐって二つの形而上学的観方が鋭く対立しているのがわかります。その対立を「本質主義」(essentialism)と「存在主義」(existentialism)の対立と暫定的に呼んでおきます。

この対立の第一項目である本質主義は、事物についての私たちの普通の常識的な見方を哲学的に精緻化、ないし拡張したものです。事実、私たちが日常的に世界と出会う水準では、私たちは至るところで私たちの周りに、「事物」、つまり存在者である何性ないし本質を観ます。この観点では存在しているのは何性です。私たちが観るありとあらゆるものは、「存在する何か」、つまりマウジュード、すなわちエンスです。無媒介的で純粋な状態で観られうる純粋なアクトゥス・エッセンディとしての「存在《ウジュード》」そのものはどこにもない。それは、無数の何性の背後に常に隠れている。この観方では、存在するのは何性であって、「存在」は何性の属性ないし特性にすぎないのです。

反対に、「存在主義」という語で言い表そうとする事物の観方では、何性と「存在」の関係が完全に逆転するのがわかります。「存在」がここでは基盤となります。「存在」こそが唯一の実在であり、他方、何性は、「存在」に対して形容詞的であることが見出されます。何性は比類なき実在を性質づける属性と見做されているのです。

重要なのは、この特殊な文脈で理解された「本質主義」と「存在主義」は、人間経験の同じ一つの水準において、対立し合っていないことに注意することです。「本質主義」は私が前に述べたように、全てのひとが共有する通常の存在論的経験の自然な哲学的展開ですが、それと違って、この文脈における「存在主義」は、精神集中された瞑想の深みにおいて超越的意識に自己開示するままの実在を忘我的神秘的に直観することに基づき、そこから生み出された形而上学的体系という意味で、いわば超越的存在主義です。

この関連で、絶対者を言い表す仏教用語はサンスクリット語でタタター（tathatā）であり、これの漢訳が「真如」（日本語ではこれをシンニョと呼ぶ）ということが観察されるのは興味深いでしょう。タタターは文字通りには「そのようであること」[3]（suchness）、「真如」は「真にそうであること」を意味します。言うなれば、両方の場合において、「実際にあるがままにあること」、ないし「おのずからそうであるような存在」）を意味表示する語によって絶対者が指示されています。しかし、「おのずからそうであるような存在」という表現は、日常経験の水準で私たちが知る「存在」としての事物の「存在」を指し示しません。ここでの「存在」は、私たちが瞑想の状態にあるとき、私たちのこころの超越論的機能が発動することで私たちに自己を開示するままの「存在」の実在性を意味します。言うなれば、覚醒時の経験において日常意識が識別能力を発揮することで「汚され」、また変形されるに先立つ「存在」の実在性です。イスラームでは、こころの超越論的機能のこの発動を、さまざまな術語で呼称します。そのなかでももっとも重要な語はカシュフ（kashf）です。カシュフは文字通りには「除幕」、「覆いを取り去る」を意味します。そして、この経験の内的構造は普通はファナー（fanā'）とバカー（baqā'）という語で記述されます。

残念ながら時間がないのでこの問題の詳細に立ち入ることはできませんが、ファナー・バカー体験の分析は、これ自体、ヴェーダーンタ、仏教、道教、儒教において展開した類似の実践の分析と並んで、メタ哲学的な考察のとても興味深い主題です。ここでは、ごく手短に、ワフダト・ウジュードの形而上学的体系を構築する礎をこの類の体験がいかに提供するかに鑑みて、この問題の理論的側面を考察することに専念いたします。

ファナー・バカーのうちの最初の語であるファナーは、文字通りには「消滅」、ないし滅せられたものを意味し、仏教のニルヴァーナの概念に幾分か似ています。いま私たちが関心を抱く特殊な文脈では、ファナーは、深い瞑想においてこころの強烈な集中から結果するひとの自我意識の完全消滅を意味します。この体験において、ひとの経験的意識の見かけは硬い殻は融けて、自我という実体は、基底をなす「存在」の一性の中へ完全に吸収されます。

この主体の消滅が形而上学的に意味を有するのは、自我という偽の実体的形態のなかにその時まで現れていた「存在」がこの限定を失って、それ自身の本源的な絶対的非限定へと立ち戻る点にあります。そして人間のこころとは、何かが主体的に実現する唯一の場であるから、「存在」もまた、純粋な主体性において、ひとが己れの偽の主体性の完全融消を経験することを通じてのみ、現実化ないし実在化される。ヴェーダーンタ哲学において、アートマンとブラフマンの完全な同一化をひとが実現すると言われるのはこのことです。

この地点で私たちは純粋性における形而上的実在が絶対的非限定者であることを思い起こさねばなりません。そしてそうである限り、形而上的実在は全ての対象化を拒む。対象化は限定を当然伴うからです。「存在」が対象として摑まれた瞬間に、「存在」は己れ自身であることをやめる。もともとの非限定の状態での「存在」を対象として捉えることは決してできません。そうした「存在」は、ひとの自己実現というかたちのなかで全ての知の主体として、実在化されるだけです。なぜならば、そうしたひとの自己実現こそが「究極の主体」だからです。ついでに述べておくならば、絶対的非限定における「存在」が、仏教においてしばしば「心の本性」（『大乗起信論』の「心性」）ないし、「心の実在」（『大乗起信論』の「心真如」）と呼ぶのはこのことに由来します。

ひとの狭く限られた自我意識がこのように融消して、絶対的「意識」の限界なき拡がりに融け込む。そして自我実体という限定づけられた形態に結実していた「存在」がもともとの全てに行き渡る非限定状態に戻る。そうすると、客観世界の限定された諸形態もまた、もともとの存在的非限定に戻ります。こころの主体的状態と外界の客体的状態とのあいだには、根源的機能連関があるからです。認識主体、つまり事物を観る自我実体のないところ、もはや対象として観られるべき何ものもない。多くの東洋の思想家たちが共通して用いる有名なメタファーに次のようなものがあります。海面に荒れ狂う波が全て静まりかえるならば、限りなき海だけが永遠の静けさのなかで眼に入ると。

形而上学的には、主体も客体もないのですから、これは無の段階です。ですが、「無」という語は純粋で絶対的な非限定の「存在」を指しますので、その段階もまた、より積極的な性格をもつ別の名、すなわち、「一であること」（Oneness）、または一性（Unity）と呼ばれます。仏教思想家はしばしばそれを「分節なき一片」と表現します。道家の哲学者、荘子は、それを「渾沌」（ないし「渾敦」）と呼びます。経験世界で識別されるさまざまに違う事物が全て幻妄だと宣言されるのは、まさにこの段階において、ないしこの段階の視点からのみです。またこうした特殊な視点から、ムスリムの哲学者、ムッラー・サドラーは、いわゆる経験的事物を、己れ自身の自立性を欠いた「純粋な連結性《ラワービト・マフダ》」（rawābiṭ maḥḍah）だと見做します。ヴェーダーンタ哲学を代表する哲学者シャンカラはそれらを無明《アヴィドヤー》により付託された「名《ナーマ》と形《ルーパ》」という多性と考えます。しかしながら、次の段階で、この幻妄という覆いが再度、経験世界の事物から剝ぎ取られます。次の段階はバカーという体験の段階です。

バカーは「留まること」「残存すること」を意味します。術語的に、バカーは、ひとたび「無」に融消して、「存在」の絶対的無差別的一性のうちに失われた世界の事物全てが「無」の奥底から回復する精神状態を指します。無限にさまざまに多様化した諸形態をもつ多性の現象世界全体が、再び、ひとの眼の前で自己を展開し始めるのです。


しかしながら、この段階で観られる多性の世界と、ひとがファナーの段階を通過するより前に眼に現れていた多性からなる経験世界とのあいだには根柢的な違いがあります。ファナーの段階でひとは、世界の全ての事物が見かけ上の存在論的堅固さを失って、流動化し、終《つい》には「存在」のもともとの絶対的な無差別へと消えゆくさまを観る。今やこのバカーの段階では、全く同じ事物が先ほどの絶対的無差別というまさしく根底から浮きあがり、〔通常の〕覚醒時の経験の次元で諸事物が実在性を回復します。

かくして、それら事物は明瞭に互いに識別される多なる違った事物として再び確立される。そうではあるが、今度は自立性を欠いて現れます。諸事物はそこにあるが、自立したものとしてではない。むしろそれらは、絶対的無限定者がそれだけ多く個別化したもの、自己限定したものとしてそこにあります。この視点から観れば、それら事物は全くの幻想と見做されるべきでない。それらの各々は、絶対者が自己を限定し、自己を顕現した個別的形態としてある限りにおいて、実在的だからです。しかし、それらの事物が多様な顕現として出てきたもともとの形而上的基底を参照せずに考察されるなら、それらはまさしく虚や幻なのです。それらの事物は、自立して自足的な個別的「事物」と考えられる限り、幻なのです。

現象的事物の存在論的地位に関して、ワフダト・ウジュード学派のムスリムの思想家たちは、ウジュード・イウティバーリー（wujūd i'tibārī）、すなわち「仮構的存在」や、ウジュード・マジャーズィー（wujūd majāzī）、すなわち「メタファー的、ないし転義された存在」という表現をしばしば用います。これらや他の類似の表現は、単に、経験世界の事物は、基礎となる「存在」の一性から切り離して考えられれば全くの無であるが、それら事物が「存在」の一性と連関させて考えられるならば、諸事物は実在することを意味します。ムッラー・サドラーが経験世界の事物を「純粋な連結性」、つまり全くの関係と呼んだことは前に見ました。しかし、「関係《イダーファ》」（iḍāfah）という語は、それぞれが自存したものと考えられる二項のあいだに存立する通常の関係の意味で解してはなりません。この特殊な文脈では、「関係」は「照明的関係《イダーファ・イシュラーキーヤ》」（iḍāfah ishrāqīyah）を意味するからです。言うなれば、経験世界の事物は、一なる絶対的な実在が照らし出す働き、ないし自己顕現する働きを通じてのみ確立される不完全な諸実在なのです。

このイスラームの見解は、経験世界の実在と非実在の問題に関してシャンカラが採った立場と完全に一致します。ムスリムの思想家たちと同様に、シャンカラは、経験世界は究極的かつ絶対的には実在でなく、相対的に実在であるとの立場を採ります。究極に実在でないのは、ブラフマンが、絶対的非限定という究極的かつ絶対的な局面において、経験世界で経験されず、またされえないからです。しかしなおも、他方で、経験世界は実在という客観的基礎を全く欠くわけでない。シャンカラは次のように論じることでしょう。或るひとが地面に横たわる縄を見て、それを蛇だと思ったとしよう。そのひとの眼に現れた蛇は幻妄である。実際、それは縄に他ならないからだ。しかし、蛇は、実際に存在する縄のうちに客観的基礎をもつ限りにおいて、決して全くの無でない。それと幾分か似た仕方で、私たちが経験世界で見る個々のものは、ブラフマンのうちに客観的な存在論的基礎を有します。シャンカラによると、私たちの覚醒時における経験その都度その都度の位相は、まさにブラフマンの実在体験なのです。『ヴィヴェーカ・チューダーマニ』（五二二）の有名な文章のなかで、「世界とは、ブラフマンの認識の絶え間ない継起である、だから世界はあらゆる点においてブラフマンに他ならない」とシャンカラは言います。いうなれば、私たちがこの世界で何かを知覚するときはいつも、実際にはブラフマンそのものを知覚している。確かに、その絶対的な局面においてではないですが、その特定の現象的形態において。この意味で、経験世界は幻妄でなく、経験世界は「相対的《ヴャーヴァハーリカ》」(vyāvahārika)なる実在性をもっています。「相対的」な実在性とは、経験的次元に固有の相対的な実在性のことです。絶対的な視点、つまり、絶対的純粋性におけるブラフマンの視点からは、経験世界は本質的に幻妄的であるものの、経験世界はこの相対的な実在性をブラフマンの自己限定たる資格をもって獲得します。

シャンカラの場合、この議論を支える理論的基礎は、「因中有果論」(sat-kārya-vāda)として知られるテーゼです。これは、結果が原因の或る相対的で条件づけられた顕現にすぎず、原因と結果のあいだが実際には分かれていないという学説です。この見解では、経験世界は「世界としてのブラフマン」に他なりません。

ワフダト・ウジュード学派の哲学者たちがハック(ḥaqq〔真実在〕)とハルク(khalq〔創造・被造物〕)、つまり絶対的な実在と創造された世界とのあいだの連関に関して採った観方に、シャンカラの説に附したのと全く同じ解説を附すことができます。ここで、『完全人間』(*al-Insān al-Kāmil*)の著者として有名なアブドゥルカリーム・ジーリー(ʻAbd al-Karīm al-Jīlī, 1365– c.1428)により一例をあげましょう。この世界の事物を「被造物」、「造られたもの」と呼ぶのは、単に「借りた」名でそう呼ぶにすぎない。これは、この世界に観られるさまざまな事物や特性が、「借りもの」ということではありません。それらは「借りもの」でない。なぜならば、それら事物や特性は、自己をひとの経験的体験の水準に顕現する限りで絶対者が帯びる現象的形態であるという意味において、神そのものであるからです。〔この世界に観られるさまざまな事物や性質ではなくて、〕「被造物性」(ハルキーヤ、khalqīyah)を指す名のみが、借りものです。神はこの名〔つまり、「被造物」、「造られたもの」〕を、経験世界に現れる限りでの神自身の属性〔つまり「被造物性」〕に「貸す」のです。ジーリーは言います。

かくして、絶対者（ḥaqq〔真実在〕）は、あたかもこの世界の第一質料のごとくである。世界はこの意味で氷に喩えられ、絶対者は、氷の質料的基盤である水に喩えられる。水の凝結した塊が「氷」と呼ばれ、「氷」という名は借りものの名にすぎない。本当の名は「水」である。

ワフダト・ウジュード学派の哲学者たちはこうした観方からおのずと、この世界に観察されるものは何であれ、例外なく、次の二側面をもつとの結論に導かれます。二側面とは、(1) 神的側面、ないし、その側面において、ものが絶対的な実在であるところの側面、(2) 被造物的側面、ないし、その側面において、ものが相対的な何かであり、絶対的な実在以外の何かであるところの側面です。この事態を次のような平易な言葉で描写できましょう。この世界のありとあらゆるものは或る意味で神であるが、別の意味では被造物である。被造物である限りの被造物は神から区別することができますし、神から区別されねばなりません。しかし、被造物性は、それが神の本性そのものの「照明的関係」である限り、究極的に神の本性に還元しうるものなのです。

どんなものにも見分けることができるこれら二つの側面のあいだの微妙な連関を説明するために、ムスリムの思想家たちは数多のメタファーを提示しました。一般的によく用いられるものの一つは水と波のメタファーであり、大乗仏教の思想家たちにとってもお気に入りのメタファーです。ここでは、十四世紀の傑出したイラン人哲学者ハイダル・アームリーが『諸神秘の統合点および諸光明の発出点』で説明に用いるもう一つの典型的なメタファーをとりあげます。[1] それは、インクと、インクで書かれた文字のあいだの或る特殊な関係に基づくメタファーです。構造的に観て、インクが全てに行き亘る比類なき「存在」の実在性に相当するのに対して、インクで書かれた文字は、経験世界でさまざまな事物の形態において現実化されたものとしての「何性《マーヒーヤ》」に相当します。以下、ハイダル・アームリーがこのメタファーについて語ったことの要点です。[2]

私たちが本を読んでいるとします。私たちの注意はおのずと書かれた文字に注がれます。私たちの眼に入るのは第一次的に文字です。私たちは文字しか注目しない。文字を記すに用いられたインクを見ない。インクに気づくことすらない。しかし、実際には、インクが帯びるさまざまな形態を見ているにすぎません。視点を少しずらすと直ちに、文字が「仮構的《イウティバーリー》」(iʻtibārī) な性格とわかります。私たちの眼の前に実際に存在するのはインクであって、それ以外の何ものでもない。文字という見かけの実在は、詰まるところ、社会的慣習によります。文字はもっとも根柢的な意味においては実在《ハカーイク》(ḥaqāʼiq) ではない。しかし、他方で、この場合の唯一の実在たるインクの帯びたさまざまな形態である限り、文字が存在すること、文字が実在的であることも同じく否定できません。

この世界のありとあらゆるものはたった今説明した二重の性格をもった文字に喩えられます。インクという基底的な実在に気づかずに文字のみを認識する者は、文字により目が「覆いで隔てられた」ひとです。このことを「神は七万の光と闇の覆いの背後に隠れている」という有名なハディースが指しています。この類のひとびとは覆いだけを認めて、それらの背後に隠れた神を認めない。神学的に言えば、露骨なまでの不信仰者です。少なくとも曖昧には、可視的な覆いの背後に、そしてその覆いを超えたところに、不可視の神の存在を知る者は、通常の意味において信仰者であり一神主義者です。しかし、彼らは不完全な一神主義者、ないし不完全な「一化の徒《ムワッヒドゥーン》」(muwaḥhidūn) です。なぜなら、現実にはインクがかくも明瞭にかくも露わに、文字のなかに見えているのに、彼らが実際に知覚するのは、文字以外の何ものでもないからです。文字は覆いですらない。文字はまさにインクだからです。この点を指してイブン・アラビーは言います。

> 秘密であり、永遠に隠れている何かは、経験世界である。対して、絶対者は永遠なる「現れ」であり、これは決して自らを隠したことがない。普通のひとびとはこの点で完全に間違えている。彼らは、世界こそが現れており、絶対者の方が隠れた秘密だと思っている。[4]

ハイダル・アームリーはさらにこう言います。文字に気づくことなくただひたすらインクだけを観る者もまた不完全な一神主義者です。というのも、インクそのものが帯びた具体的形態というヴィジョンが、インクにより彼らの眼から覆い隠されているからです。本当の「一化の徒」は「双眼の士《ズ・アイナイン》」（dhū ʻaynayn）でなければならない。双眼の士のヴィジョンは、インクであれ文字であれ、何ものからも覆い隠されることがない。言い換えると、双眼の士は、多性のなかに一性を観て、かつ一性のなかに多性を観る者なのです[5]。

インクと文字のメタファー、ならびにそれより前に述べたことから、ワフダト・ウジュード学派の思想家たちによると、「存在《ウジュード》」は、単一の実在《ハキーカ》（ḥaqīqah）であり、かつ、多様な顕現形態《マザーヒル》（maẓāhir）をもつ何かだということが十分に明瞭になったと思います。この立場は、宇宙にある全ての事物を貫き流れている唯一の絶対的実在たる「存在」の働きの根源的ヴィジョンに基づいて確立されます。これは、サラヤーン・ウジュード（sarayān al-wujūd）、「存在の貫流」、ないしインビサート・ウジュード（inbisāṭ al-wujūd）、「存在の拡散」と呼ばれます。この学派の思想家たちの根源的ヴィジョンは、全宇宙を貫く存在の実在性、あるいはむしろ、自己展開のさまざまな形態として「ある」（Being）の世界全体を産み出す存在の実在性で、彼らはそれを次のような形而上学体系の構築に導きました。その体系では、「存在」という同一なる実在に、自己展開ないし自己顕現のさまざまな度合いに応じて、数多の度合いもしくは段階が与えられます。以下、この体系の基本構造を、そのもっとも典型的な形式で分析しようと思います。そうすることで、私たちは問題の概括的な輪郭だけに関心を限定せねばならないでしょう。この問題は、実際には、特に思想の歴史的展開の詳細を考慮に容れるなら、甚だしく複雑です。事実、「存在」の神秘へのもっとも根柢的な形而上的洞察という観点から見ない限り、並びに、この学派の思想家たちがさまざまな体系を構築した際の一般的な構造的諸原理という観点から見ない限り、この学派の代表的思想家たちが提唱してきたさまざまな体系のあいだには、完全な一様性は全く認められません。そうしなければ、識別されるべき主要な段階や度合いという観点から見てさえ、みなが一致して認めるものは全くありません。私がここで分析の対象とする特定の体系は次の意味において元型たる体系です。(1) その基本構造が諸体系の大半によって多少なりとも一般的に共有され、(2) 形式的には、メタ哲学的検討という、より広い視野のなかではこの元型としての体系がもっとも広く適用されることを許容するという性格をもつ。

ワフダト・ウジュード学派の全ての思想家たちが完全に合意する基本的ポイントの一つは、絶対者そのものが、互いに反対方向に向かう二つの側面、バーティン (bāṭin) とザーヒル (ẓāhir)、つまり「内側」と「外側」をもつことです。第一の側面、つまりバーティン、「内側」が、絶対者が己れを隠す側面であり、第二の側面、ザーヒル、「外側」は絶対者が己れを開示する側面です。

第一の側面において、絶対者は、絶対的に知られないし知られえない。そうした絶対者は永遠の形而上的神秘です。宗教的に言えば、ここでの絶対者は隠れた神です。したがって、人間の認識の視点から観れば、それは絶対者の純粋に否定的な側面です。ただしそれは、絶対者そのものの視点から観れば、絶対者が帯びうる全ての側面のなかでもっとも肯定的な側面です。それは、この側面が「存在」の無条件的な充満であるからです。

ザーヒル、「外側」という第二の側面は、反対に、人間のこころにとっての絶対者の肯定的な側面を言い表します。この側面において絶対者は現象世界の形而上的「源泉」です。神学的に言えば、ここでの絶対者は己れを開示する神です。この側面を通じて、我々がこれから観てゆくさまざまな段階にさまざまな事物として絶対者は己れ自身を顕します。

絶対者を形而上学的に構成する際に肯定的《ポジティブ》な側面と否定的《ネガティブ》な側面を根本的に区別するのは、イスラームの哲学者たち以外にも主要な東洋の哲学者たち全てに共通しています。例えば、ヴェーダーンタ哲学に「二重のブラフマン」（dvi-rūpa Brahman）という有名なテーゼがあります。「二重のブラフマン」とは、無属性ブラフマン（nirguṇa Brahman〔無相の梵〕）と有属性ブラフマン（saguṇa Brahman）、すなわち絶対的に属性を欠いたブラフマンと、すべての類の属性を帯びたそれと同じブラフマンの違いを言います。仏教思想には、「絶対無としてのあるがまま」と「無たらざるあるがまま」の区別があります。道家の思想家たちは「……でないこと」（無有）と「……であること」（有）を区別しますし、儒家の思想家たちは「無極」、極まりなきさま、と「太極」、「至高の極まり」を区別します。

私たちが理論的に「存在」の全領域を幾つかの数の形而上学的諸領域や諸段階に区別しようとするならば、バーティン、「内側」の側面にある絶対者が最高の位置に配されるであろうことは明瞭でありましょう。「内側」の側面にある絶対者が純粋で単純な絶対者そのものであるからです。存在論的に言えばそれは、ザート・ウジュード（dhāt al-wujūd）、つまり「存在」そのもの、ないし絶対的な純粋状態にある「存在」です。神学的に言えば、ザート・アッラー（dhāt Allāh）、神が何らかの「属性」によって描き出される以前にそうであったと想定される、神の本質中の「本質」です。

だが、この段階で既にワフダト・ウジュード学派の思想家たちのあいだに見解の違いが見え始めるのは記しておく価値があります。かなりの数の代表的な思想家たちによると、「存在」そのもの、つまり、最高段階の「存在」は絶対的に超越した状態にある「存在」です。それは、これより前の文脈で言及した、全くの形而上学的無差別、ないし絶対的無限定です。そして、それが全ての相対的区別を無限に超越するが故に、それは、どんな性質でもっても描けないし、どんな言葉でも表現することができない。したがって、本質的に知られず、知ることもできない。それは大いなる「神秘《ガイブ》」（ghayb）です。この段階について私たちがせいぜい言うことができるのは、それが「一」（One）だということ、それも数的な意味においてでなく〔つまり、一、二、三、四と数えるときの一ではない」）、何も見えない、何も識別されないとの意味で絶対的に「一」だということだけです。術語的にこの段階は、アハディーヤ（aḥadīyah）、「絶対的に一であること」という段階として知られます。

しかしながら、この見解に満足しない若干の思想家がいます。彼らは、「存在」の最高段階をアハディーヤの段階をさらに超えたところにまで推し進めることを主張します。アハディーヤに形而上的究極段階を見る思想家たち――ダーウード・カイサリー（Dā'ūd Qayṣarī, d. 1350）がその一人です――に抗して、彼らは、アハディーヤを、絶対純粋状態にある「存在」そのものにそのまま等しいとするのは完全に正しいわけでないと考えます。確かに、アハディーヤが、ザート・アハディーヤ（dhāt al-aḥadīyah）、つまり純粋状態にある「存在」そのものという形而上的領域の範囲に含まれることを彼らは認めます。というのもアハディーヤとは全き未分化状態であり、外的な分節は言うまでもなく、内的分節化すらもないからです。それが絶対的な超越であるとの意味での絶対者であることも認めます。だが、この段階の「存在」が少なくとも「超越」によって決定づけられている限りにおいて、それは絶対者でない。それは少なくとも、全ての条件を超越しているという条件により条件づけられているのです。このように考える思想家たち――アブドゥルカリーム・ジーリーはその一人――は、「存在」の絶対的な究極段階は、無条件性や超越性といった条件すらをも超えてあらねばならないとの立場を採ります。そして、この段階の「存在」は、「無条件なるものとしてある」によっても限定づけられないまでに無条件的なので、それは人間の認識という視点から観れば絶対的な「無」に他ならない。この意味において、それはガイブ・グユーブ（ghayb al-ghuyūb〔原義は「不可視の不可視」〕）、「さまざまな神秘のそのまた神秘」と呼ばれます。これは、精確に老子の「玄之又玄」――これもまた「さまざまな神秘のそのまた神秘」、ないし「さまざまな神秘を超えた神秘」と訳すのがもっとも相応しい言葉です――に対応します。道家の哲学者、荘子（前四世紀）が「無の無の無」（「無無無」）すなわち「「「……でない」でない」でない」（Non-[Non-(Non-Being)]）を考案したのは、この「玄之又玄」に論理的形式を与えるためです。最初の「……でない」は、現象的事物の経験的存在の単なる否定です。第二の「……でない」、つまり「「……でない」でない」のうちの後ろの「でない」は、第一の「……でない」という最初の相対的否定を絶対的に否定することが目論まれています。したがってそれは、アハディーヤに相当する、「存在」の包括的な無条件的無識別性を指します。第三の「でない」――つまり「「「……でない」でない」でない」の最後の「でない」――はまさにこの無条件性の否定です。かくして、第三の「……でない」は「さまざまな神秘のそのまた神秘」というイスラームの概念に相当します(3)。

より後のイスラーム形而上学の術語において、「さまざまな神秘のそのまた神秘」〔ガイブ・グユーブ〕は「絶対的に条件づけを欠いた存在」（lā bi-sharṭ maqsamī）と呼ばれます。これは、「否定的に条件づけられた存在」（bi-sharṭ lā）と呼ばれるアハディーヤの段階と対置されます。「否定的に条件づけられた」が意味するのは、この段階の「存在」が少なくとも、いかなる限定によっても条件づけられずにあることにより条件づけられている、そのことです。

この第二の体系、つまり、「さまざまな神秘のそのまた神秘」が最高の、そして究極の位置に配される体系では、アハディーヤがおのずと第二位へと格下げされます。第一の体系と違って、アハディーヤ、ないし「絶対的に一であること」がもはや、いかなる自己限定にも先立つ、「存在」の純粋な実在性とは見做されない。それと反対に、ここでのアハディーヤは、絶対者の第一次限定作用《タアユヌ・アウワル》（taʻayyun awwal）の段階です。これは「存在」の形而上学的諸段階の第二段階であり、おのずから一歩分、創造された事物の世界に近づいている。この視点から観て興味深いのは、「道」の絶対的に条件づけられない側面を「さまざまな神秘のそのまた神秘」（「玄之又玄(6)」）として指し示した老子が、直にその肯定的側面に眼を向けて、その側面にある道を「無数の不思議が出で来る門」（「衆妙之門(4)」）と言い表すことです。「衆妙之門」とは、全ての事物が現象世界へと溢れ出てゆく門のことです。イスラームにおいても、アハディーヤは全ての現象的事物の源泉です。

実際、絶対者の創造的働き、つまり、純粋「存在」が己れを顕す働きが湧き起こるのはアハディーヤの真只中

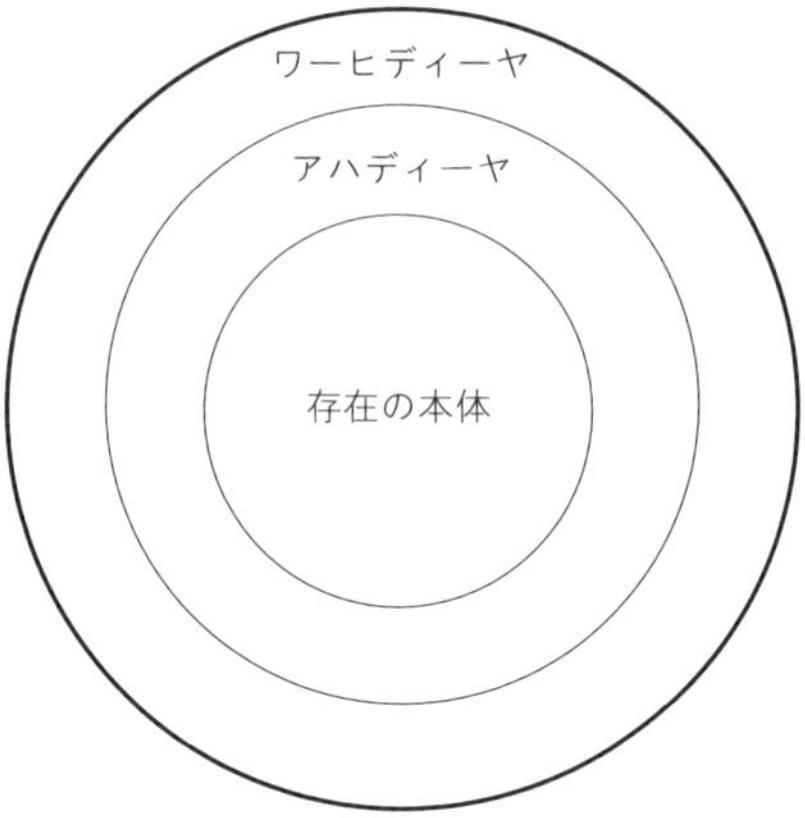

存在の本体＝存在そのもの、
ないしさまざまな神秘のそのまた神秘

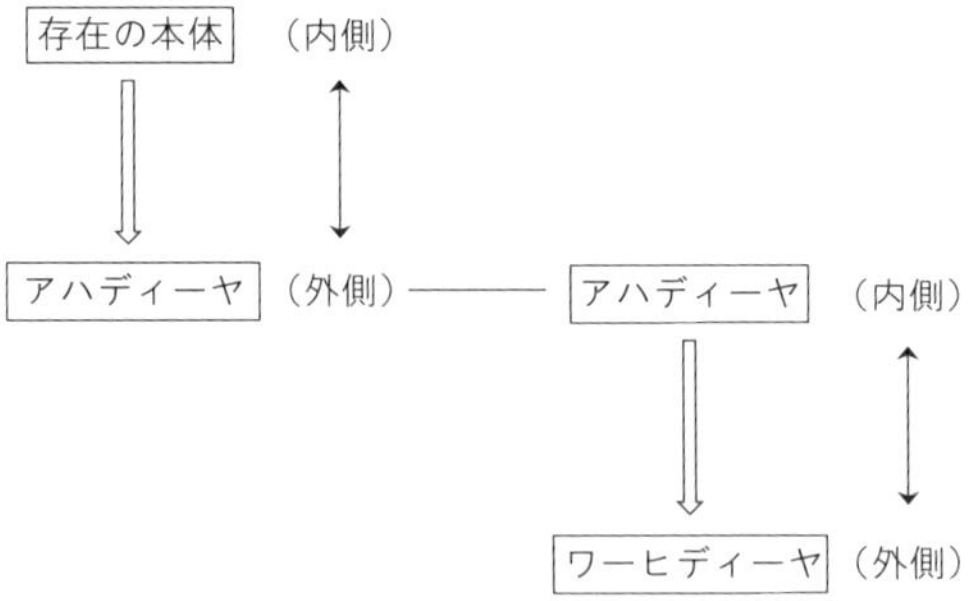

からです。「存在」のこの自己顕現の働きは、術語的に「至聖溢出《ファイド・アクダス》」(fayḍ aqdas) の名で知られます。この「溢出」の結果が、次の形而上的段階、ワーヒディーヤ (wāḥidīyah)、ないし「統合的一者〔一性〕」の段階での現れです。

アハディーヤとワーヒディーヤがともに統合であること、ないし一であることを意味するのを指摘しておかねばなりません。だが術語的に、それらは互いに違う形而上的状況を指します。まず、二者のあいだには特殊な内外関係があります。言わば、アハディーヤがワーヒディーヤの「内側」ないし隠れた側面であり、他方、ワーヒディーヤがアハディーヤの現れた側面です。それはちょうど、アハディーヤそのものが「存在」の絶対的に純粋な実在との連関では「外側」の位置を占めるのと同じです。

ワーヒディーヤの段階では、「存在」の実在性はなおも本源的一性が損なわれておらず、外側の多がまだ顕れていません。しかし内側では、一性が明瞭に分節化されています。ただし、これはまだ現象世界が現れる段階ではありません。

私たちが逆の方向からその事態に接近するならば、ワーヒディーヤの実況が明瞭になります。逆の方向とは、現象的事物の喧騒から出発して、深い瞑想のうちにこの段階へと昇りゆく人間意識の視点からということです。この視点から観れば、ワーヒディーヤは、現象世界で起こる普遍的喧騒で荒れ狂っていた全ての事物、性質、出来事が、広大な一塊のなかに融け入った段階として現れるでしょう。かくして、ワーヒディーヤは、アハディーヤの場合のようにたんに純然として存在する一塊でなく、むしろ、無限のさまざまな事物を包括する一塊なのです。この意味でワーヒディーヤは内的分節を帯びた一塊です。だが、たった今見たように、ワーヒディーヤはアハディーヤの「外側」にすぎないのですから、ワーヒディーヤの内部分節は、アハディーヤそのものに内在する隠れた分節が外側に現れたものと見做されねばなりません。アハディーヤそのものだけを考えた場合には、それは純粋で絶対的な「一」なのであって、多の影すらそこにない。だが、ワーヒディーヤの段階と連関づけて、その視点から考えるならば、アハディーヤそのものが己れのうちに多であることの原理を内包するのがわかります。

ヴェーダーンタ哲学でマーヤーの名のもとに、大乗仏教で「無知《アヴィドヤー》」（avidyā）、――この無知は宇宙論的な意味で理解されています――の名のもとに甚だ重要な役割を担う存在論的多性の原理が、ワフダト・ウジュードの哲学では、愛《フッブ》（ḥubb）に即して理解され、描かれます。愛のこうした特異な概念は次の有名なハディース・クドゥスィー[5]に基づきます。そのハディースにはこう見えます。「我は隠れた宝だった。そして我は知られることを愛した。かくして我が知られるよう、被造物を創造した」（kuntu kanzan makhfiyan, fa-aḥbabtu an uʿrafa, fakhalaqtu al-khalqa li-kay uʿrafa)[7]。

「隠れた宝」という語句は、特にアハディーヤの「外側」としての側面――アハディーヤが現象世界に向かう側面――を指しつつアハディーヤの段階に言及します。[6] この特定の側面において、アハディーヤこそが、引き続く存在論的な諸側面において具体的形態を帯びて出で来る事物一切の究極の源、ないし基盤だからです。とは言え、アハディーヤの「内側」の側面、つまり、「さまざまな神秘のそのまた神秘」たるアハディーヤ自身の源へという逆方向に向かう側面におけるアハディーヤは、純粋に一であることに他なりません。

このような仕方で、「外側」の側面に注目したときのアハディーヤが、ここでは「隠れた宝」と表現されます。「隠れた宝」という概念はその構造上、老子による「衆妙之門」の概念と非常に近い。「衆妙之門」が、全ての現象的事物の究極の「源泉」として考えられた「道」ないし絶対的な実在を表現するのは既に見たとおりです。同様に「隠れた宝」をタターガタ・ガルバ（tathāgata-gharbha）、「絶対者の宝庫」に比定することは正しいでしょう。タターガタ・ガルバもまた、サムサーラ（saṃsāra）、「生と死」つまり、現象的に移ろいやすい世界に向かう特定の側面にある「存在」の絶対的一性です。絶対者の「宝庫」はなおも、絶対的に一であり不動です。だが、それは何らか己れのうちに、いったん作動したならば、絶対者を現象的展開へと推し進める動機を含みます。

イスラームの体系で「愛」がもつ存在論的機能についても同じことが当てはまります。創造的運動、ないしワフダト・ウジュード哲学の術語を用いるなら、「愛」という原理によって駆動される絶対者の自己顕現《タジャッリー》（tajallī）が、アハディーヤの段階で初めて出現します。それが「至聖溢出」（上述七七頁参照）と呼ばれます。この「溢出」の結果、ワーヒディーヤの段階が確立されるに至る。ワーヒディーヤはまさに、「存在」の実在性がもともとの絶対的に一である状態が内的分節を伴って現れる存在論的段階です。神学の伝統的用語にしたがって、これらの内的分節が、神の「名」と「属性」と呼ばれます。この意味でワーヒディーヤの段階が「名」と「属性」の段階（asmāʾ wa-ṣifāt）と呼ばれます。この段階のもう一つの名は、「知《イルム》」（ʿilm）、つまり神の「意識」の段階です。ワーヒディーヤとは、神が、己れの「本体的な諸完全性《カマーラート・ザーティーヤ》」（kamālāt dhātīyah）の形態を帯びた己れ自身を意識するに至る段階なのだという考え方にこの名は由来します。明瞭な区画線を伴って神の意識のなかにこうして確立した、神の「本体的な諸完全性」は、「永遠なる元型《アアヤーン・サービタ》」（aʻyān thābitah）と呼ばれます。構造的には、各々の永遠なる「元型」は、神の特定の名の「外側《ザーヒル》」——逆に、神のその特定の「名」がその当の「元型」の「内側《バーティン》」——であると考えられます。永遠なる元型は、神の「意識」に永遠に確立された存在論的範型《モデル》であり、かつ、現象的事物が時空間という経験的局面に産み出されてゆくときに基づく存在論的範型《モデル》と見做されるべきものなのです。

存在論的に言えば、ワーヒディーヤの段階は、ウジュード・ビ＝シャルト・シャイウ（wujūd bi-sharṭ shayʼ）、つまり、何かであることとして条件づけられた「存在」と呼ばれます。ウジュード・ビ＝シャルト・シャイウは次のような存在を意味します。特定の事物たちの形態に限定されているけれども、それはいまだ外界においてではない。まさに、時を超えて空間を超えた永遠の局面で限定されている、そうした存在がそれです。永遠なる元型がそのように概念把握されることから、ワフダト・ウジュード学派の哲学者たちが「普遍」に係わる悪名高き問題に抵触する立場を採ることが明瞭でありましょう。彼らは、事物の前の普遍（universalia ante res）のテーゼを主張せざるをえない。というのは、そもそもワーヒディーヤの内的分節の外的現れが永遠なる元型であり、そのワーヒディーヤの内的分節がはっきりと実在的だから、永遠なる元型は実在的なのです。だが、具体的な経験世界に即して観ると、元型は実際に存在するわけではない。イブン・アラビーが「永遠なる元型は存在の薫りを嗅いだことがない」と言うのはこのことを意味します。イブン・アラビーの言のなかの「存在」はこの文脈では実際に私

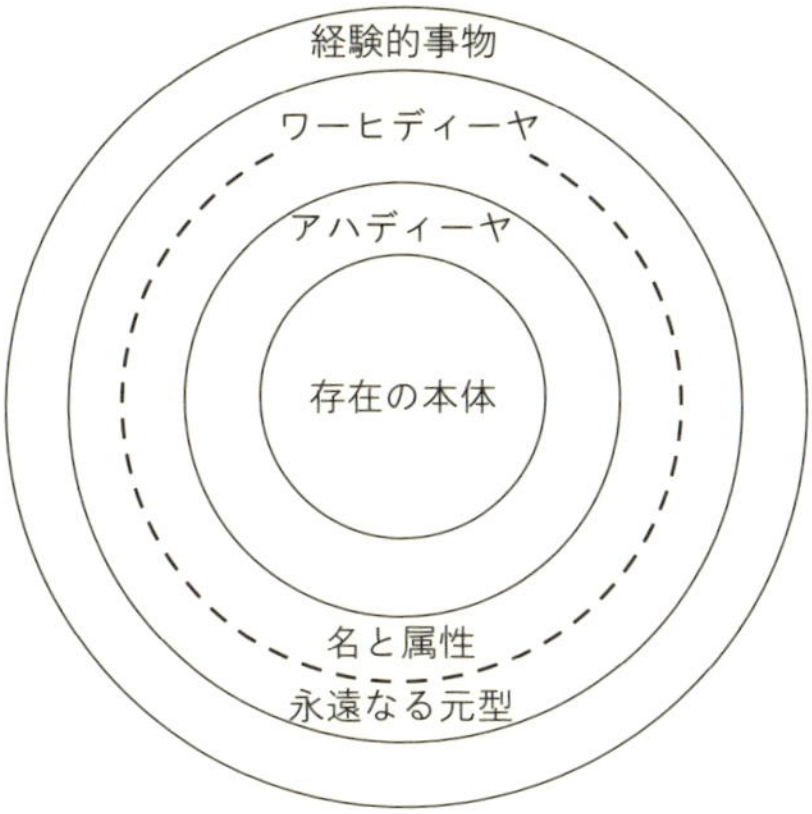

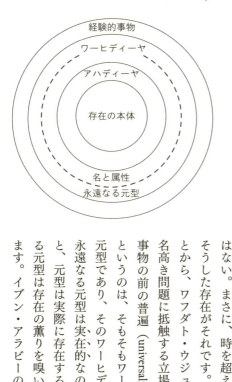

たちが経験する「存在」の意味です。
永遠なる元型が個別的な現象的事物として実現するに至るのは、次の段階である、具体的存在者の段階、ないし創造された事物の世界の段階においてです。この存在論的「降下」を現実化させる、「存在」という絶対的な実在の創造的働き、ないし己れを顕す働きが、「至聖溢出《ファイド・アクダス》」――アハディーヤがワーヒディーヤへと展開する働きでした――から区別されて、「神聖溢出《ファイド・ムカッダス》」（fayḍ muqaddas）と呼ばれます。

かくして、私たちは「無」の高みから経験的事物の世界まで降り来たりました。全体系を通じて観られるのは究極に、各段階で違った仕方で己れを顕しつつ、全ての段階を貫き流れているただ一つの「存在」の実在性であることを思い出しておくべきです。さらに言えば、ワフダト・ウジュード学派の思想家たちは時に関して、「さまざまな神秘のそのまた神秘」という最高の段階ないし絶対的に無条件の純粋性にある「存在」と、現象的事物、ないし経験的事物の段階である最低段階のあいだの距離を認めません。換言すれば、「存在」の実在性が己れを顕しつづける過程は、時間的に展開する過程でない。このことはこれまでの記述から察されましょう。「時」は最低段階、つまり経験的事物の世界のなかにしか現れない。実のところ、私たちが純粋「存在」を想定した瞬間に、私たちは同時に現象的「存在」を想定せざるをえません。それはちょうど、太陽の現れと光の現れのあいだに時間的な差が全くないのと同じことです。ただし、本質的にいうなら、光は太陽に依存する、つまり、本質的に太陽が先で光が後です。これと全く同じ本質的連関すなわち無時間的先後連関が純粋「存在」と現象的「存在」のあいだに認められます。ハイダル・アームリーはこの連関を海と波のメタファーで説明します。波は究極的に、海そのものが帯びたさまざまな形態に他ならないとハイダル・アームリーは言います。この意味においては、波は海から独立して自存するのではありません。また〔この無時間的連関の相において、〕海の側を観るならば、海は海である限りにおいて波なしにありえません。各々の波のなかに海が、他の波と違う形態を帯びて現れるのです。だが、各々に違う全ての波を通じて海の実在は一つでありつづけます。

ここで注意しなくてはならない重要な点があります。波が海なしに存在しえないのと同じように、海もまた波と不可分離だということです。非メタファー的な言語を用いていうなれば、「存在」の実在性が現象的事物から不可分離であることを意味します。「存在」の実在性が己れをさまざまな現象的形態に顕さざるをえず、もともとの「無」は己れを無限に異なる具体的事物へと限定せざるをえない。かくして経験世界が創造されます。神学的には、神が己れの際限なき「慈愛」から、そして己れの際限なき「慈愛」故に、己れ自身を全ての事物に与えざるをえないのだと、全く同じ概念把握を言い表すことができましょう。「存在」がさまざまな顕現形態を通じて己れ自身を拡げてゆく、そうした「存在」はこの視点から観て、「慈愛」(raḥmah) ないし「慈愛者の息吹《ナファス・ラフマーニー》」(nafas raḥmānī) と呼ばれます。存在論的には、同じものがウジュード・ラー・ビ゠シャルト・キスミー (wujūd lā bi-sharṭ qismī〔厳密には「何らかの分割という意味での条件づけを全くに欠いた存在」〕)、「条件づけを欠く存在」と呼びます。ウジュード・ラー・ビ゠シャルト・キスミーは、ラー・ビ゠シャルト・マクサミー、「絶対的に条件づけを欠いた存在」〔厳密には「分割がなされる場という意味での条件づけを欠いた存在」〕と区別しなければなりません。ラー・ビ゠シャルト・マクサミーは、「存在」そのものが、条件づけを欠いたという条件すらをも超越したところにある、さまざまな神秘のそのまた神秘、であることは前に言及しておきました。対して、「慈愛者の息吹」に適用されるラー・ビ゠シャルト〔・キスミー〕、「条件づけを欠く」が意味するのは、己れを顕し、己れを開示する側面にある「存在」が、何か特定の形態だけに附されていることで限定されても特殊化されてもいないということです。むしろ、それはまさに、何であれどんな限定された形態にも現れうる、そして現れんと身構えていると考えられる「存在」の実在性です。ここでの「存在」は、無数の可能な限定の中心に位置するとの意味において、特殊な非限定の様態にあると捉えられます。

だがなおも、私が繰り返し指摘しましたように、「存在」はいかなる限定された形態のうちに現れようと一つです。この特殊な意味において、「……としてある」世界全体——眼に見える領域と眼に見えない領域を含む——はたった一つの「存在」の実在性です。ワフダト・ウジュードの徒が「神があった、そして彼の他には何もなかった」（kāna Allāh wa-lam yakun maʻa-hu shayʼ）との有名な言を理解するのは、精確にこの意味においてです。通常、この言は、神が世界を創造するより前の状況を指すと理解されますが、ワフダト・ウジュードの徒は全く違う仕方で解釈します。彼らによると、この言は、時の限定全てを超えて妥当する存在論的な永遠の真理を指すと理解されねばならない。その言は永遠に真なのです。「神があった、そして彼の他には何もなかった」は、世界の創造に先立つ特定の状況を言い描くのではありません。世界が創造された後の世界の状況にも、それは等しく当てはまります。言い換えれば、「神は今、あり、神は今後ずっとある、そして今、神の他に何もない、そして今後も、神の他に何もない」。実のところ、「……としてある」世界全体には、確乎たる根拠をもって神より「他のもの《ガイル》」（ghayr）と見做されるに値するものは何もないからです。

分析がここまで行われてきた結果、ワフダト・ウジュード型の形而上学の基本構造として「存在」の四段階と「存在」の四つの存在論的様態に光が当てられました。四つの基本段階は次のものです。

(1) ザート・ウジュード（dhāt al-wujūd）
絶対的な純粋性にある「存在」そのもの〔「存在の本体」〕

(2) アハディーヤ（aḥadīyah）
絶対的に一であること、つまり、いかなる分節もない「存在」

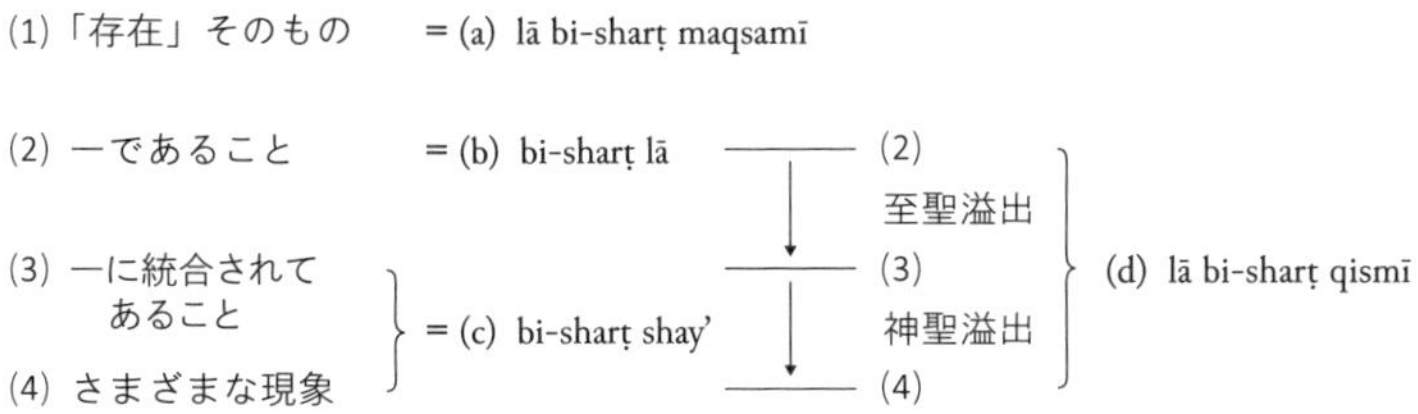

(3) ワーヒディーヤ（wāḥidīyah）

多性の一性〔統合〕、つまり、内的分節をもつ「存在」、永遠なる元型の段階

(4) 現象的「存在」

「存在」の四つの存在論的様態は次のものです。

(a) ラー・ビ＝シャルト・マクサミー（lā bi-sharṭ maqsamī）

絶対的に条件づけを欠く「存在」

(b) ビ＝シャルト・ラー（bi-sharṭ lā）

否定的に条件づけられた「存在」〔否定的限定相〕

(c) ビ＝シャルト・シャイウ（bi-sharṭ shay'）

何かとして条件づけられた「存在」〔肯定的限定相〕

(d) ラー・ビ＝シャルト・キスミー（lā bi-sharṭ qismī）

相対的に条件づけを欠く「存在」〔厳密には「何らかの分割という意味での条件づけを全くに欠いた存在」〕

これら二つの概念体系の相関関係は上の図で視覚的に示されましょう。

注

（1）ハイダル・アームリー『諸神秘の統合点および諸光明の発出点』（Ḥaydar Āmulī, *Kitāb Jāmi‘ al-Asrār wa-Manba‘ al-Anwār; bih inḍimām-i Risālat Naqd al-Nuqūd fī Ma‘rifat al-Wujūd*, ed. Henry Corbin et ‘Uthmān Yaḥyá, Téhéran-Paris, 1969, p. 161, §310, pp. 206–207, §397）。

（2）ハイダル・アームリー『諸神秘の統合点』（*Jāmi‘ al-Asrār*, p. 107, §212）。

（3）この三重否定の構造についてさらなる詳細は、私のエラノス講演「道教における絶対者と完全な人間」（“The Absolute and the Perfect Man in Taoism”, pp. 426–428〔*The Structure of the Oriental Philosophy: Collected Papers of the Eranos Conference*, vol. 1〕）参照。

（4）拙書『スーフィズムとタオイズムの哲学的鍵概念の比較研究』第二巻（*A Comparative Study of The Key Philosophical Concepts in Sufism and Taoism*, vol. II, Tokyo: Keio University, 1967, pp. 115–135）参照。

〔訳注〕井筒による『老子』の翻訳も参照されたい（井筒俊彦英文著作翻訳コレクション『老子道徳経』古勝隆一訳、慶應義塾大学出版会、二〇一七年）。

（5）ハディース・クドゥスィー（聖なるハディース）とは神自らが一人称で語ったハディースである。

（6）先に説明したように、アハディーヤは存在そのもの（dhāt al-wujūd）の「外側」、つまり、存在ぞれ自体、あるいは絶対的な無条件性における存在であり、これはワハーディーヤの「内側」である。このことは、次のことを含意するであろう。私たちは、アハディーヤ自体において対立する方向に向けられた二つの側面、ないし二つの顔を区別しなければならない。一つは、自分自身の「内側」（dhāt al-wujūd）に向けられ、もう一つは自分自身の「外側」（ワーヒディーヤ）に向けられている。同じ構造がワーヒディーヤにおいても見出される。

訳註

〔1〕原文は以下のとおり（『大乗起信論』宇井伯寿・高崎直道訳注、岩波文庫、一九九四年、二六頁、二八頁）。「依一切衆生

以有妄心、念念分別、皆不相応（故、説為空）」。

〔2〕原文は以下のとおり（『大乗起信論』宇井伯寿・高崎直道訳注、岩波文庫、一九九四年、二四頁）。「所謂心性不生不滅。一切諸法唯依妄念而有差別。若離妄念則無一切境界之相」。

〔3〕「あるがまま」は英語の Suchness を翻訳したもので、仏教用語としては「真如」を指す。井筒は『東洋哲学覚書 意識の形而上学——大乗起信論の哲学』第一部で、「真如」の双面的・背反的性格について述べており、真如には「無」的・「空」的な絶対的非顕現、「有」的・現象的自己顕現の二面をいう（『井筒俊彦全集』第十巻、四八三頁）。起信論自体の用語では「心真如」と「心生滅」、「離言真如」と「依言真如」などがこれらの二面を示す。起信論自体では用いていないが、代表的注釈の一つ、法蔵の『大乗起信論義記』（大正蔵第四四巻、二五五頁c）では「不変」、「随縁」の語でこの「真如」の二面を指している。

〔4〕ハイダル・アームリー『諸神秘の統合点』でイブン・アラビーが引用されている（*Jāmiʿ al-Asrār*, p. 163, §313）。

〔5〕ハイダル・アームリー『諸神秘の統合点』（*Jāmiʿ al-Asrār*, p. 203, §390）。

〔6〕井筒俊彦『老子道徳経』第一章訳文と注（一九—二一頁）参照。

〔7〕このハディースはハディース学的な意味での格付けは高いものではないが、神の被造物への愛、神の顕現の過程などを示唆するものとして神秘家たちが好んで引用する。井筒がしばしば参照する思想家も含まれる。たとえば、Ibn ʿArabī, *al-Futūḥāt al-Makkīyah*, Beirut: Dār Ṣādir, n.d., 2, p. 232; Ḥaydar Āmulī, *Jāmiʿ al-Asrār*, p. 102, §202.

IV　サブザワーリー形而上学の根本構造

第一章　サブザワーリー形而上学の意義

我々がこの著作で形而上学的教説を考察しようとする思想家、ハージー・モッラー・ハーディー・サブザワーリー（Sabzawārī, 1797/98–1873）は十九世紀ペルシアの傑出したペルシア人哲学者であることは論を俟たない。同時にサブザワーリーは当時、第一級のスーフィーの師でもあった。

サブザワーリーが十九世紀の哲学者・神秘家であったという事実そのものが、イスラーム思想史に興味を寄せる全ての者にとって重大な意味をもつ。西洋語またはアラビア語で著されるいわゆる「ムスリム哲学史」に満足しない少なからぬ者たちにとってはさらに重要な意味を帯びよう。

この点を明瞭にするために、サブザワーリーが十九世紀の哲学者・神秘家であったと先ほど述べたことを、独立した考察対象たりえる二つの要素(1)サブザワーリーは哲学者・神秘家であった、(2)サブザワーリーは前世紀の人間であった、に分解して説明しよう。

(1)は、サブザワーリーの形而上学体系が全体として、神秘的ないしグノーシス的な深い実在性の直観を根柢に置く哲学思索の結果である、堅固な概念構造物である、ということに関連している。神秘家としてのサブザワーリーは、最大限に親密で個的な類の経験でもって、いわゆる「あるの海」（Ocean of Being）の深みへと入り込み、己れ自身の精神的な眼《バスィーラ》（baṣīrah）で、あるの秘密を目睹することができた。哲学者としてのサブザワーリーは、鋭い分析的能力をもっており、己れの根柢的な形而上体験をきちんと定義づけられた概念に分析して、これらの概念をスコラ学的体系の形態に統合することができた。簡便に言えば、サブザワーリーの形而上学は、ある、の個的で神秘的洞察に基づいた特殊な型のスコラ学的哲学である。サブザワーリーの思想のこの側面については後に、もっと言葉を尽くして述べることにする。ここでは、問題の時系列的な側面、すなわち、サブザワーリーが十九世紀に生きて、活動したことの重要性に眼を向けよう。

西洋の学界のイスラーム哲学への興味は、ムスリムの思想家たちが過去に中世キリスト教スコラ哲学の歴史的形成に及ぼした多大な影響に集中してきた。例えばトマス・アクィナスやドゥンス・スコトゥスといった偉大な思想家たちの哲学的諸概念を歴史的に考察するためには、少なくともムスリム世界の二人の代表的哲学者、イブン・スィーナー（アヴィセンナ）とイブン・ルシュド（アヴェロエス）についての詳細かつ精確な知識なしには済まされない。それ故、中世西洋哲学史を講じた諸書にはほぼ例外なしにムスリム哲学史を述べる重要な章が含まれる。

しかしながら、この視点から観られたムスリム哲学の「歴史」はイブン・ルシュドの死で終わるのを顕著な特徴とし、ムスリム哲学そのものもまた、その偉大な思想家が没すると終焉を迎えるとの印象を読者に残す。実のところ、終わりに至ったのは、ムスリム哲学が西洋哲学の形成過程に及ぼした生きた影響だけである。イブン・ルシュドの死とともにムスリム哲学が西洋にとって生きたものでなくなったことは、東洋にとっても生きたものでなくなったことを意味しない。

これと連関して、西洋哲学史の断章としてでなく、ムスリム哲学史そのものを講ずるための諸書ですらも次の考え方に支配されている。ムスリム哲学の黄金期は、ファーラービーからイブン・ルシュドに至る三世紀間であり、イブン・ルシュドより後のモンゴル侵攻に続く時代は、二、三の互いに孤立した有力な人物を除いて、ムスリム世界は注釈者たちとそのまた注釈者たちの真の創造性と独自性を欠いた、生命なき機械的な文言の繰り返しが続く長い鎖を産出したに過ぎなかったと。

サファヴィー朝の知的活動について述べる最近の著作の幾つかを精読するだけで、これが歴史的事実の真の像でないのが明瞭になる。[1] しかしながら、イスラームにおける哲学的思索が決して、モンゴル侵攻以降に頽廃と化石化〔1〕への路を辿り、引き返すことがなかったわけではないと学者たちが気づき始めたのはごく最近になってからである。

事実、典型的ならびに特徴的にイスラーム哲学だと見做すに値する或る類の哲学は、イブン・ルシュドの死より前というよりも、イブン・ルシュド没後に展開したのだとの主張に、誇張なしに至りうるというのが事の真相である。この典型的なイスラーム哲学はモンゴル侵攻に後続する時代に勃興・成熟し、ペルシアのサファヴィー朝[2]に至って旺盛な創造性が絶頂に達した。この特殊な型のイスラーム哲学がペルシアのシーア派のなかで展開し、ヒクマト（Hikmat, 字義的には「叡智」）として知られるようになる。[3] アンリ・コルバン教授の提起するにしたがって、このヒクマト〔・イラーヒーヤ〕をtheo-sophia、すなわち神智学（theosophy）と訳すことにする。[4]

イランにおけるヒクマト型哲学の伝統は、傑出した思想家たちと無類の価値を有する数え切れない著作の長い鎖を産出した。その鎖は遡ればサファヴィー朝を超えてイブン・スィーナーに帰着し、下れば、今世紀に至るまで絶え間なく跡を辿りうる。この長い哲学者たちの鎖のまさに中心に、ムッラー・サドラーとして知られるサドルッディーン・シーラーズィーという巨像が聳え立つ。彼は先人たちが展開させた重要な考え方の全てを吸収し、己れの天与の哲学的才でもって大規模な神智学体系に精錬した。語の真の意味でイスラーム哲学を再活性化させたのである。ハーディー・サブザワーリーは精確に、十九世紀にこの哲学的伝統が至った最高度の頂点を代表する人物である。

私たちのここでの目的のために、[5] ヒクマト型思索の形式的構造が、便宜上、次の二つの角度から分析されうる。(1) 純粋哲学としてのヒクマト型の思索、(2) 究極の実在の神秘的ないしグノーシス的体験に基づくものとしてのヒクマト型の思索。

これら二つの視点のうち第一の視点から観れば、ヒクマトは完全なスコラ哲学として己れ自身を顕す。そのようである限り、ヒクマトは、そのほとんどがイブン・スィーナーに遡るスコラ学的諸概念から成る堅固で厳密な論理的体系、ないし諸体系である。ヒクマトの思想家たちが用いる哲学的な術語と概念――特に、形而上学的な術語と概念――は逍遥学派〔mashshā'īyah, 後述のスフラワルディーを長とする照明学派（ishrāqīyah）と対比させられたときのアリストテレス哲学伝統の名〕の長たるイブン・スィーナーが確乎として練り上げ、それを、バフマニヤール・ブン・マルズバーン（Bahmaniyār b. Marzubān, d. 1066）(6)、アブ・アッバース・ラウカリー（Abū al-'Abbās al-Lawkarī, d. 1123/24）(7)、ナスィールッディーン・トゥースィー（Naṣīr al-Dīn al-Ṭūsī, d. 1273）、ダビーラーン・カーティビー・カズウィーニー（Dabīrān al-Kātibī al-Qazwīnī, d. 1276）(8)、クトブッディーン・シーラーズィー（Quṭb al-Dīn al-Shīrāzī, d. 1311）(9)、その他といった、イブン・スィーナーの直弟子、孫弟子等がさらに展開させて精錬したものである。

私たちの直接の目標に即してイブン・スィーナーの後継者たちのなかでもっとも重要な人物はナスィールッディーン・トゥースィーである。後続する時代のヒクマト哲学にとって、彼がイブン・スィーナー主義の正統的形態を代表する人物だからである。イブン・スィーナーは一〇三七年に没した後に、ガザーリー（al-Ghazālī, ラテン名アルガザル、Algazal, d. 1111）とイブン・ルシュドから苛烈な攻撃を被った(10)。前者は、イスラームの本来的信仰の名の下に、後者は正統的アリストテレス主義の名の下にイブン・スィーナーを攻撃した。トゥースィーは、考えうる限りでもっとも論理的かつ哲学的仕方でこれら全ての批判に抗してイブン・スィーナーを擁護した。〔イブン・スィーナー著〕『指示と勧告』への実に見事な注釈において、トゥースィーは、もともとの正統的な形態でイブン・スィーナーのさまざまな考え方を提示して、それらを逍遥学派哲学の完全なる体系へと再構成した。そして『信条の精髄』でトゥースィーは己れ自身の神学・形而上学体系を提示した(11)。

ヒクマト型哲学の全構造の根柢となる神秘的ないしグノーシス的体験に即せば、ヒクマト型哲学はただ理性次元での知的営為からのみ生じた結果でないとまずは指摘しうる。むしろヒクマト型哲学は、奥深い処での実在性の直観的把握、ないし人間の意識の手の届くところにある類の実在性を超えた何かすらをも直観的に把握すること、そうした直観的把握と結びつけられ、支えられた、鋭い分析的理性の活動により生ずる特異な産物である。ヒクマト哲学は、我々が超意識と呼ぶことができるものによって捉えられた何かに基づく論理的思考を体現する。この側面から観れば、ヒクマト哲学はイブン・アラビーやスフラワルディーの精神に忠実である。

スコラ学の概念体系のなかに神秘体験と分析的思考を完全に融合させることは、首尾一貫した体系的な仕方でスフラワルディーによって成し遂げられた。神秘体験と論理的推論のこの双方向的な本質的連関をスフラワルディー自身が神秘主義と哲学双方のもっとも基本的な原理として定式化した。スフラワルディーは次のように論ずる。

聖〔quds, 眼に見えるもの、考えの及ぶものを取り払った先にある何か〕の道（つまり、神秘道 via mystica）を歩まず、精神的諸光を直に体験することなくして、ただ書を研究するだけで、哲学者（文字通りには、「智慧の民」の一員）に成りうると思うならば、その者は重大な過ちを犯している。（聖の道を）往く者つまり、神秘家が分析的思考〔精確には探究能力〕を欠くならば、不完全な神秘家に過ぎぬのと同じく、（真理の）探究者が、神的秘密〔精確には眼に見えぬ領域に帰属する徴〕を直に体験することがなければ、不完全で無意味な哲学者〔精確には、省察を欠いた不完全な哲学者。省察を欠くとは聖を探索せぬことを言う〕に過ぎない。[12]

ここで、スフラワルディー[13]による照明哲学者《イシュラーキー》（ishrāqī）の形而上学の詳細に立ち入るのは適切でない。しかしながら、この照明哲学者の形而上学が後代のヒクマト哲学の形成に決定的な影響を及ぼしたが故に次の一点だけは述べておかねばならない。スフラワルディーは「存在」（wujūd）を単なる概念、つまり人間のこころという主観的視点が作り出した、己れの外にある具体的世界の実在的なものと対応しない心的な何か、と見做す。表層的に観れば、この観方はムッラー・サドラーやサブザワーリーといったヒクマト哲学者たちが採るテーゼと対蹠的である。ヒクマト哲学者たちにとっては、存在の働き《アクトゥス・エッセンディ》における「存在」こそがまさに実在、つまり絶対的な実在である。だが、よく考えてみるならば、その対立が形式的で表層的な対立に過ぎないことがわかる。それは構成の仕方が違うに過ぎない。あるいはむしろ、同一の絶対的な実在を体験する仕方が違うと言う方がよい。スフラワルディーは「存在」の位置に、本当に「実在の」何かとして、精神的形而上的光（nūr）を立てるからである。精神的形而上的光は光の強弱に即して無数の度合いと段階をもつ――その最高度の光が、全ての光の光（nūr al-anwār）、その最低度の光が闇（ẓulmah）――そのような一にして単一の実在である。

形而上的「光」というこの概念は、ムッラー・サドラーやサブザワーリーのような哲学者たちが理解する「存在」の概念と精確に対応するのを見ることができる。後にこの点は十分に詳細に立ち入って論じることにする。後代のヒクマト哲学者たちはこの照明哲学者の概念により多大な影響を被り、究極の実在性、「存在」を「光のような」（nūrī）性質を帯びた何か、と考えるに至った。「光」の性質とは、「己れ自身だけで己れを顕し、他のものたちをして現れるに至らしめる」（ẓāhir bi-nafsi-hi wa-muẓhir li-gayri-hi）ことに他ならない。「存在」という実在性こそがそうした性質を帯びた光である。詰まるところ、「存在」こそは、己れ自身ならびに己れ以外のものたちの立ち現れ《フドゥール》（ḥuḍūr）である。しかしながら、以上のことはみな、理性的証明によって摑むことはできない。それは、思考や推論と全く違う何か、つまり、内的ヴィジョンと内的照明を通じてのみ感得されうる真理である[14]。

大まかにスフラワルディーと同時期に生きたグノーシスの偉大なる師、イブン・アラビーは、スフラワルディーが哲学と神秘主義のあいだに双方向的な本質連関があると見做すのと全く同じ立場を採った。神秘的体験を欠く哲学者が不完全な哲学者に過ぎぬのと同じく、概念的思考の力を欠いた神秘家は不完全な神秘家であるとの根柢的原理が、スフラワルディー思想の主導精神であることは既に見た。この根底的原理はまた、イブン・アラビーの形而上学全体が拠って立つ礎でもある。[15] この特定の形式でイブン・アラビー自身がその原理を明示的に定式化したわけではなかった。しかしながら、彼の著作の全ては、この原理を壮大な規模で例証したものに他ならない。

逍遥学派型の哲学に関して、我々は次の所見を加えることができる。イブン・アラビーがまだスペインにおり、青年であった頃、彼はムスリムのアリストテレス主義の代表格であるイブン・ルシュドと個人的に出会っている。そしてイブン・アラビーはアリストテレスとプラトンの哲学概念に通じていた。この概念装置を十分に備えることでイブン・アラビーはかなり論理的な仕方で己れが実在性を内的に洞観する体験を分析し、その体験を尋常ならざる形而上学的世界観へと精巧に組み上げてゆくことができたのである。この尋常ならざる形而上学的世界観は、したがって、己れの体験する神的顕現のさまざまなヴィジョンに直截に基づき、堅固に構築された、形而上学的諸概念から成る体系である。

イブン・アラビーによれば、絶対者そのものに二つの側面がある。一つの側面において、絶対者そのものは、絶対的に知られず知られえない何か、神秘のなかの神秘である。この段階の絶対者は、己れ自身を「神」として顕す段階すらをも超える。

第二の側面は、〔万物が何かとして〕あることの世界に絶対者が顔を向ける段階である。神学的に言えば、己れ自身を他者に顕す限りの神、そうした神の顔が第二の側面である。だが、これは、「他者」を神自身に他ならぬ神の自己顕現ないし神的顕現《タジャッリー》(tajallī, 複数形はタジャッリーヤート、tajalliyāt)と理解するという条件が附されたときにのみ正しい表現である。絶対者のこの第二の側面はさらに、多くの下位段階——全体として諸種の「存在者」の広大な序列を構成する——に分けることができる。最低の段階は、我々がこの世で知覚する限りの物質的、感覚的事物のそれである。あるのさまざまな段階は、そのさまざまな段階に分かたれる分だけ、絶対者が己れをさまざまに顕現させたもの、に他ならぬのであるから、神秘のなかの神秘から物質的事物にまで拡がる世界全体は究極には、形而上学的には一である。この概念把握こそが、通常、存在の超越的一性（waḥdat al-wujūd）として知られるものである。全ての存在者は多としてあると同時に一である。一であると同時に多なのだ[16]。

ここまでに述べたイブン・アラビーの形而上学的考え方は、「存在」の概念把握がヒクマト哲学で歴史的に形成されるに際して著しい影響を及ぼした。サブザワーリー形而上学を正しく理解するために非常に重要なポイントである。

イブン・アラビーの学派そのもののなかで、絶対者の前記二側面が「存在」の二側面と理解されるのをまず記しておく。神秘のなかの神秘の第一の側面ないし段階をイブン・アラビーにごく近い後継者たちは、絶対的状態にある「存在」と言い表す。あるいはカーシャーニーが言うように、それが「存在《ウジュード》」そのものだという相に即せば、純粋で単一なる「存在」（wujūd baḥt min ḥayth huwa wujūd〔以下で「純粋存在」と名指されるもの〕）である[17]。この理解そのままにヒクマト哲学者たちは〔存在の超越的一性という〕考え方を受け継いだ。そして次に見るように、彼らの形而上学諸体系でその考え方は非常に重要な役割を担った。

ヒクマト哲学者たちが究極の実在性を「純粋存在」、つまり絶対的なかたちでの「存在」、と考えるに至ったのは興味深い。この事実が興味深いのは、老荘思想、禅仏教などの東洋哲学の他の諸伝統において、精確に同じ対象が「無」と把握されるからである。この否定的な概念把握の根柢には、超越的絶対性の状態にある絶対者が「存在」と「非存在」の対立を超えたところに立つとの実感が横たわる。限界を欠き、始まりを欠く、この形而上の無から、「存在」〔唯一無比の存在〕が現れ、そして無限の具体的な諸存在者が「存在」を経由して、〔万物が何かとして〕あることから成る世界が発出する。

この絶対的な無――しばしばそう呼ばれるように、「東洋的無」――が否定的性質を帯びた状態にありながらも、精確に、イブン・アラビーによる神秘のなかの神秘という概念把握に概念的に対応するのは直ちに判然とする。

かくして、非イスラーム的諸伝統では「無」に直に後続する段階として姿を顕す「存在」が、イブン・アラビーの体系内では「存在」の第二段階、すなわち第一段階の「存在」が已れ自身を顕す神的顕現《テオファニー》の段階に相当する。ヒクマト哲学において、第二段階の「存在」は「展開されている存在」ないし「あまねく拡がっている存在」(wujūd munbasiṭ) と捉えられ、他方、第一段階の「存在」は最前に見たように「純粋存在」、つまり絶対的純粋状態における「存在」と呼ばれる。これら二つの語こそがサブザワーリー形而上学の全ての鍵語を支える最大の礎である。後に詳細にそれら二語を論ずるのもそうした位置づけによる。

スフラワルディーとイブン・アラビーはともに後代の思想家たちに絶大な影響を及ぼし、そうすることでイスラームにおける哲学の道行きを、特にイランにおいて、根柢から変化させた。神秘主義のこれら二つの学統は一つに収斂する傾向にあり、クトブッディーン・シーラーズィー (本章注9を見よ) その他の人々の努力により、次第に或る特定の形態の哲学へと溶接されていった。サファヴィー朝中期に、もっとも偉大な名を挙げればイブン・スィーナー、スフラワルディー、イブン・アラビーの鍵概念群の全てを已れ自身の思想に一体化させて統合し、計り知れない規模の哲学的世界観を創出した尋常ならざる哲学者が出現した。その時に、この哲学の展開に決定的瞬間が訪れる。その人物の名は、シーラーズのムッラー・サドラー。我々が現在ヒクマト哲学として知る、自立した神智学体系を、神秘主義とスコラ学との完全な統一体として構築することで、初めて確乎として打ち立てたのは、この人物である。後期イスラーム哲学の発展史のなかで彼の占める立場は、その影響の範囲と深さにおいて、ギリシア哲学におけるアリストテレスの立場や、イスラーム思想のより早い時代のイブン・スィーナーの立場にひけを取らない。

スフラワルディーと同じく、ムッラー・サドラーは神秘体験と論理的思考とのあいだの双方向的連関に十分に気づいていた。最高度の精神的感得へと導くことのない全ての哲学思索は単に無駄なことであって無用の気晴らしに過ぎない。それは、哲学を学び厳密に概念を規定してゆくという訓練に裏打ちされない全ての神秘体験が、幻覚と錯乱へと至る道に過ぎぬのと同じことである。(18) ムッラー・サドラーが己れ自身の個人的体験を通じて得た確信がそうしたものであった。この体験において、神秘主義と哲学が出会う地点は、認識主体（ʿāqil）と対象（maʿqūl）――見る者と見られる者――そして知性《アクル》（ʿaql）そのものが究極に一であることが突如として照明により感得されることによって与えられる。そうした精神状態においてのみ、事物の形而上的な実在性が、通常観られる仕方と対立するものとして、あるがままに直観されうるからである。

ムッラー・サドラーによってかくの如くに確乎として打ち立てられたこの型の哲学は、連綿と続く傑出した思想家たちの鎖を産み出した。冒頭に述べたように、サブザワーリーは、幾つかの重要な点で学統の創始者〔すなわち、ムッラー・サドラー〕と見解を確かに違えるものの、十九世紀における東洋のスコラ学に属するこの学統の頂点に位置する人物である。

サブザワーリーが十九世紀の人間であることは多くの視点から観て非常に意義深い、とも前に述べておいた。おそらくその最大の重要性は、西洋と違って、スコラ哲学の東洋の部門は前世紀にいまだ力強く生き続けていたこと――或る意味で今日でもそうである――を示すことにある。したがって、東洋のスコラ学は西洋のスコラ学よりもずっと長く生命を保ち、ずっと豊かに展開した、ということになる。遥か昔の中世に提起された形而上学の諸問題が十九世紀になおも熱く議論され、真剣に検討されていた。これは「時代遅れな」ないし時代錯誤な何かとして軽く見過ごされてよいことでない。熟年にまで生きたひとが、たまたま、哲学者であったとして、夭折した者が到達した見解には見出されない興味深い、価値ある多くの洞察へと辿りつくことが往々にしてあるように、東洋のスコラ学は、何世紀にも及んで哲学的諸概念を精錬することによってのみ獲得される、概念の異常なまでの成熟と洗練という特徴を有する。近代哲学の勃興により生命を切り詰められた西洋のスコラ学に見出されぬ洗練の度合いを東洋のスコラ学がもつということだ。

二十世紀に西洋で、ジャック・マリタン、その他のいわゆるネオ・トミストといったカトリックの思想家たちによっていささか現代的な形態でスコラ学的思索が復活した。しかしながら、この知的運動はトミズムの復活以上のものではない。「全ての存在に係わる路はローマに通ずる――より精確には聖トマスが存在の優位性という己れの学説を講じていた十三世紀のパリに通ずる[19]」ことをその根柢的な考え方とする。

　現代の存在主義〔実存主義〕が「存在」概念をどのように扱うかを見れば、西洋のスコラ学の伝統に長い空白期間があったことをはっきりと感じ取ることができる。現代の存在主義者はほぼ排他的に、「現実性を帯びた存在論的一点」、したがって、当の特定の具体的「存在者」をトータルに現象たらしめる一点だけに注視する〔つまり、現実性を帯びた認識者としての私＝或る特定の存在者を問題にし、全ての存在者を問題にするわけでない〕とジャック・マリタンは述べる[20]。ムッラー・サドラーやサブザワーリーの視点から観れば、マリタンによる現代存在主義批判は完全に妥当だというわけでない。ムッラー・サドラーやサブザワーリーによれば、哲学者が、完全に全ての「諸存在者」から隔絶した純粋で単一なる「存在」と対面せざるをえない局面が実際にあり、しかもその局面において、その諸存在者は全体的に現象化させられてあらざるをえない。人間「存在」すなわち〔対象を眺める〕純粋な主体として現実化させられた「存在」のこころの最奥においてのみ、そしてそのこころの最奥を通じてのみ、このもっとも基本的な形而上的真理を感得しうることも真である。これは、我々が「主体としてある存在」を超意識という意味で諒解するという条件のもとで真となるのだが、サルトルのような思想家はこの条件を決して受け容れないだろう。

　ヒクマト哲学は現代の存在主義に部分的に同意する。特に、後者の「存在」こそが根柢的な実在性だとの主張、ならびに、「存在」は「本質」に先立つとの主張に同意する。それと同時に、ヒクマト哲学の代表者たちはおのずから、多くの重要で基本的な点に関して現代の存在主義者たちと見解を異にする。両者の主な違いは、前に述べた、ヒクマト哲学が神秘主義と概念的思考の有機的で調和の取れた一体化の結果であることに由来する。そのヒクマトの思想家たち固有の視点から観れば、現代の存在主義は紛うことなく調和を欠き、バランスを欠いた性格をもつと見做されることになる。

例えば、後期マルティン・ハイデガーが到達した「存在」理解は、「存在」の東洋的理解に眼に見えて接近する。ハイデガーは、「存在」を、ひとがそこへと己れ自身を超出させる（ex-sist）ことができ、またそうすべきである「空け開け」（Lichtung）と考えた。「真理」をギリシア語のアレーテイアー（alētheia）の語原から「非隠蔽性」の意味で捉え、「知」（Wissen）を「真理のなかに立ちえていること」――ここでの真理の意味は、その当の存在者の開顕性（Offenbarkeit）――の意味で捉える。[21] これら及びこれらに連関するその他のハイデガー形而上学の基本的な考え方は、スフラワルディーが、「実在」と「知」を、立ち現れ《フドゥール》（ḥuḍūr）と光《ヌール》（nūr）と把握するのを直に我々に想起させる。

だが、「何世紀にも及んで讃えられてきた理性こそが思考の頑強なる最大の敵であることに我々は気づく。そこで初めて思考が始まる[22]」という礎に、「存在」についての己れの哲学的営為が立脚するとハイデガーが明言するとき、両者は決定的に袂を別つ。「思考」のそうした理解をヒクマト哲学者はいかなる仕方においても黙認しないだろう。ヒクマト哲学者は、神秘的・詩的ヴィジョンの連鎖だけに哲学が留まるわけでないとの確信を抱くからである。ヒクマト哲学者にとって、究極の実在性に到達しうるとすれば、仮に可能だとすればだが、それは、認識主体とその対象が完全に一体化し、互いに渾融する、という感覚を超えた直観だけによる。しかしながら、実在性のヴィジョンを一度獲得したならば、彼は理性の次元に戻らねばならない。そして、まさにその次元において、彼は己れの観たものを、厳密に定義された諸概念を用いて分析して、その全体を、堅固に組み立てられた世界観として再構築せねばならない。ヒクマト哲学者にとって、それこそがまさに、哲学的「思考」の唯一正統的な仕方である。この点において、哲学は、詩や単なる神秘主義と全く違う。

ハイデガーに較べると、ジャン＝ポール・サルトルは舌鋒鋭い徹底した弁論家であるように見える。サルトルの思考法は、論理的であることを離れず、スコラ学的思考法の典型である。しかしながら、ハイデガーに有り余るほど、うんざりするほどに見えた要素、つまり、「存在」という「空け開け〔Lichtung〕」を精神的に感得すること、がサルトルには明らかに欠けるのがわかる。デカルトやカントの場合と同じく、サルトルの眼から見ると、あるの世界は、人間の意識の領域（l'être-pour-soi〔対自存在〕）と事物の領域（l'être-en-soi〔即自存在〕）へと、つまり、主体と客体へと修復不可能なほどに切り裂かれている。これら根柢的な、あるの二領域を分かつ裂け目は決して繋ぐことができない。事物という客体としてある世界が、堅固な実体たちから成る自立した世界であるのに対して、意識という主観的世界は、常に揺らぎ、落ち着かず、根をもたない、絶えざる運動からなり、己れを超え出ることを運命づけられながらも、決して実際に己れ自身の主観的囲いの外に出ることができない、そうした世界である。デカルト的二元論のこうした難点に、ヒクマト哲学者がどの類の解決をもたらしたのかを我々は既に知っている。

我々は幾つかの暫定的な結論に至りうるだろう。(1) ヒクマト哲学が代表する東のスコラ学はそれ自体の有する価値ゆえに十分に研究するに値すること、(2) ヒクマト哲学は西のスコラ学の非常に興味深い比較対象となりうることが明らかになった。探索されるべき比較研究の全く新たな領域が、東西哲学の領域内に開かれている。しかしながら、こうした比較研究を目指すならば、もはや、イブン・スィーナーとイブン・ルシュドをトマス・アクィナスに連関させて研究することに満足するべきでない。

我々が今、思い描く広い視野のなかでは、イブン・スィーナーすらも準備的段階を代表するにすぎない。西洋では、イブン・スィーナーの影響を被ったトマスと、トマス以降の人々がイブン・スィーナーの考え方に影響を受け、ときに肯定的に、ときに否定的に応じて、イブン・スィーナーの考え方を或る特定の仕方で展開し続けたのと同じように、東でもイブン・スィーナーの幾つかの根本テーゼが批判的に受け容れられて、ヒクマト哲学の伝統のなかでかなり独特な仕方で展開し続けた。これら二つの形態のスコラ学——東洋のスコラ学と西洋のスコラ学――を比較研究することが、比較哲学の地平すらをも超えて、哲学的思考一般が有する意義という問題系に影響を及ぼす幾つかの重要な結果を産み出すのは間違いなかろう。

注

（1）例えば、『ムスリム哲学史』所収、セイエド・ホセイン・ナスル教授の論文「イスパハーン学派」（Seyyed Hossein Nasr, "The School of Ispahan", *A History of Muslim Philosophy*, ed. M. M. Sharif, vol. II, Wiesbaden: O. Harrassowitz, 1966, pp. 904–932）、ならびに、アンリ・コルバン『イスラーム哲学史』（*Histoire de la philosophie islamique*, vol. I, Paris: Gallimard, 1964）参照。〔訳注〕後者は、黒田壽郎・柏木英彦訳『イスラーム哲学史』（岩波書店、一九七四年）として邦訳がある。

（2）十六世紀初頭から一七三七年まで二世紀以上にわたって支配した王朝。

（3）ヒクマトという概念が有する複合的性格についてはセイエド・ホセイン・ナスル教授の前掲論文「イスパハーン学派」（"The School of Ispahan", p. 907）参照。

（4）ムッラー・サドラー『存在認識の道』（*Kitāb al-Mashā'ir*）の校訂本・仏訳に付されたアンリ・コルバンの序論（"Introduction", *Le livre des pénétrations métaphysiques*, Paris-Téhéran, Adrien-Maisonneuve, 1965, pp. 82–83〔1964, pp. 87–88 と思われる〕）参照。

（5）本稿は主としてこの類の哲学が形而上学の分野において普遍的価値を有することに光をあてることを目標としており、それをいわばシーア派の特徴的現象として局所化することに係わらない（ヒクマトが有するシーア派的性格については、アンリ・コルバン教授が十分に光をあててきた）。これは、この問題におけるシーア派的側面の重要性を軽視するという意味で取られてはならない。全く反対に、ヒクマトの歴史的形成過程でイマームたちの秘教が大きな役割を担ったことは十分に承知している。だが、問題のうちのこの側面〔シーア派イマームの秘教的側面〕は私たちの直接の目標には無関係である。

（6）ないし、アブー・ハサン・バフマニヤール（Abū al-Ḥasan al-Bahmaniyār）。彼は、もともとゾロアスター教徒で後にイスラームに改宗、イブン・スィーナーのもっとも有名な直弟子の一人。『習学の書』（*Kitāb al-Taḥṣīl*）という名の重要な哲学著作を残した。

（7）アブー・アッバース・ラウカリーはバフマニヤールの弟子であり、『真実を保証する真実在の解明』（*Bayān al-Ḥaqq bi-Ḍamān al-Ṣidq*）という名の書の著者。この書はイブン・スィーナーとファーラービーに依拠した逍遥学派哲学の体系的著作。論理学・自然学・形而上学から成る。イスラーム的スコラ学を最初期に体系化したものの一つであることに加えて、ラウカリーの知的活動が、ホラーサーンに哲学諸部門が広く知られるようになるきっかけとなったと伝えられる故、この書は特殊な歴史的重要性を有する。アリー・ブン・ザイド・バイハキー『叡智の棚・補遺』（'Alī ibn Zayd al-Bayhaqī, *Tatimmah Ṣiwān al-Ḥikmah*, ed. M. Shafī', Lahore, 1935, p. 120）参照。

（8）ナスィールッディーン・トゥースィーの同時代人であり、友人でもある。非常に重要な二書の著者として名高い。『シャムスィーヤ』（*Shamsīyah*, より精確には、*Kitāb al-Shamsīyah fī al-Qawā'id al-Manṭiqīyah*,『論理諸規則に関するシャムスッディーンへの書簡』）は、アリストテレス的論理学の全体系を、『源泉の叡智』（*Ḥikmat al-'Ayn*）は、逍遥学派哲学を体系的に解する。

（9）ナスィールッディーン・トゥースィーの弟子であり、有名な天文学者・哲学者。逍遥学派哲学の分野では、有名なペルシア語著作『王冠に塡められた真珠』（*Durrat al-Tāj li-Ghurrat al-Dubāj*）を著した。この人物固有の重要性はイブン・アラビーの弟子の一人であるサドルッディーン・クンヤウィー（ないしクーナウィー、Ṣadr al-Dīn al-Qunyawī, or al-Qūnawī, d. 1273）の弟子であったことにも由来する。クンヤウィー自身、イブン・アラビーの弟子の中でもっとも著名であり、師の神秘主義教説をスコラ学的体系化に向かわせるに多大な功があった。クトブッディーン・シーラーズィーは、同時に、スフラワルディーの照明（ishrāqī）哲学を広く世に知らしめたことで名のある一人でもある。したがって、彼は、セイエド・ホセイン・ナスル教授の述べるように、イブン・アラビーとスフラワルディーという「グノーシスの二巨匠を繋ぐ主たる環」の役を担った。

（10）イブン・スィーナー主義を容赦なく批判した人物としてファフルッディーン・ラーズィー（Fakhr al-Dīn al-Rāzī, d. 1209）

を追加しておこう。しかしながら、彼がイブン・スィーナーを攻撃する議論は、ほとんどがラーズィーの側の誤解と性急な判断に由来するゆえ、私たちの観点からはさほど重要ではない。

（11）この小著『信条の精髄』（*Tajrīd al-'Aqā'id*）は後に、多くの人に研究される哲学と哲学的神学の基本テクスト群の一つとなり、さまざまな学者が注を附した。その一つがムッラー・サドラーの弟子で、義理の息子であるアブドッラッザーク・ラーヒージー（'Abd al-Razzāq al-Lāhījī, d. 1662）により書かれた浩瀚な注釈『直観の閃く者たち』（*Shawāriq al-Ilhām*）である。これは、ヒクマト哲学の分野における見事な著作である。この書は、サブザワーリーが形而上学の諸問題を解するときに依拠する主要な直接の典拠の一つである点で、特に私たちの目的にとり重要である。

〔訳者注〕ラーヒージーの注釈は『信条の精髄』への第三次の注釈である。具体的には、'Alā al-Dīn 'Alī ibn Muḥammad al-Qūshjī（d. 1474）のいわゆる古注を起点に、第二次注釈が Muḥammad ibn Aḥmad al-Khiḍrī（1502–1524 に活動）の新注であり、ラーヒージーの注釈は直接にはこのヒドリーの第二次注釈に附された最新注である。

（12）スフラワルディー『語録』（*Muṭāraḥāt*, *Opera Metaphysica et Mystica*, ed. Henry Corbin, vol. I, Istanbul & Leipzig: Deutsche Morgenländische Gesellschaft, 1945, p. 361, §111）。

…ẓannan min-hum anna al-insāna yaṣīru min ahli al-ḥikmati bi-mujarradi qirā'ati kitābin dūna an yasluka sabīla al-qudsi wa-yushāhidu al-anwāra r-rūḥānīyata. kamā anna al-sālika idhā lam yakun la-hu qūwatun baḥthīyatun huwa nāqiṣun, fa-kadhā fa-kadhā al-bāḥithu idhā lam yakun ma'a-hu mushāhadatu āyātin min al-malakūti yakūnu nāqiṣan ghayra mu'tabirin wa-lā mustanṭiqin min al-qudsi.

（13）セイエド・ホセイン・ナスル『三人のムスリム賢者』（Seyyed Hossein Nasr, *Three Muslim Sages*, Cambridge, Mass.: Harvard University Press, 1964, pp. 52–82）にスフラワルディーの位置づけについての優れた概説がある。また『ムスリム哲学史』所収の同じくナスル教授による「シハーブッディーン・スフラワルディー・マクトゥール」（"Shihāb al-Dīn Suhrawardī Maqtūl", *A History of Muslim Philosophy*, ed. by M. M. Sharif, vol. I, Wiesbaden: O. Harrasowitz, 1963, pp. 372–398）参照。

（14）スフラワルディー『照明哲学』（*Ḥikmat al-Ishrāq*, *Opera Metaphysica et Mystica*, ed. Henry Corbin, vol. II, Paris-Téhéran: Adrien-Maisonneuve, 1952, pp. 10–11）参照。

（15）イブン・アラビーの形而上学的世界観の分析については、拙書『スーフィズムとタオイズムの哲学的鍵概念の比較研究』（*A Comparative Study of The Key Philosophical Concepts in Sufism and Taoism*, 2 vols., Tokyo: Keio University, 1966-1967）を見よ。この書の第一巻はイブン・アラビーを専ら扱っている。

（16）イブン・アラビーのこの側面についての最良の解説はナスル教授の『三人のムスリム賢者』（*Three Muslim Sages*, pp. 83–121）である。

（17）イブン・アラビー『叡智の台座』への有名な注釈、カーシャーニー『叡智の台座注』（ʿAbd al-Razzāq al-Qāshānī, *Sharḥ Fuṣūṣ al-Ḥikam*, Cairo, 1321 A.H., p. 4）に見える。

(1) 一性状態にあるそれ自体（ザート・アハディーヤ）と呼ばれる、絶対者のハキーカ（本来的実在性）は、それが「ウジュード（存在）」そのものだという相に即せば、至純にして至単なる「存在」に他ならない。個体化していない〔＝限定された何かでない〕という条件が附されず、かといって個体化している〔＝限定された何かである〕という条件が附されるのでもない。(2) 他方、「一性状態にあるそれ自体」と呼ばれる、絶対者の本来的実在性は、それが特徴や名を欠いて聖なる状態にあるという相に即せば、それにはいかなる特徴づけもなく、いかなる描き出しもなく、いかなる名もない。つまり、いかなる仕方においても多と見做すべき相がないということだ。〔本文中では (1) が話題に上るが、次段以下の老荘思想・禅宗などの否定的概念把握への言及には (2) が係わる。〕

ḥaqīqat al-ḥaqqi al-musammātu bi-al-dhāti al-aḥadīyati laysat ghayra al-wujūdi al-baḥti min ḥaythu huwa wujūdun, lā bi-sharṭi al-lā-taʿayyuni wa-lā-bi-sharṭi al-taʿayyuni. fa-huwa min ḥaythu huwa muqaddasun ʿan al-nuʿūti wa-al-asmāʾi, lā naʿta la-hu wa-lā rasma wa-lā isma wa-lā iʿtibāra li-al-kathrati fīhi bi-wajhin min al-wujūhi.

アブドゥッラッザーク・カーシャーニー（ʿAbd al-Razzāq al-Qāshānī, ないし Kāshānī, d. 1335）はイブン・アラビーの学統においてもっとも著名な人物の一人である。

（18）ムッラー・サドラー『存在認識の道』（*Kitāb al-Mashāʿir*）の校訂本に付されたコルバン「序論」（"Introduction", *Le livre des pénétrations métaphysiques*, pp. 4–5, 7）参照。

（19）ウィリアム・バレット『非理性的人間——実存哲学の研究』（William Barrett, *Irrational Man: A Study in Existential*

Philosophy, New York: Anchor Books, 1962, p. 106)。

（20）ジャック・マリタン『存在と存在者』（Jacques Maritain, *Existence and the Existent*, New York: Vintage Books, 1966, p. 25)。

（21）これらの考え方は『真理についてのプラトンの教説』（*Platons Lehre von der Wahrheit*, 1947)、『ヒューマニズムについて』（*Über den "Humanismus"*, 1949)、『真理の本質について』（*Vom Wesen der Wahrheit*, 1943)、『形而上学入門』（*Einführung in die Metaphysik*, 1953）といったハイデガーの諸著作から採取された。

（22）ウィリアム・バレット『非理性的人間』（*Irrational Man*, p. 206)。

訳註

〔1〕やや表現は異なるが、二〇世紀の代表的なイスラーム学者であるモンゴメリー・ワットも同様な表現でこの時代を評している。William Montgomery Watt, *Islamic Philosophy and Theology*, Islamic Surveys 1, Edinburgh: Edinburgh University Press, 1962, p. 150.

第二章　存在の観念と存在の実在性

ヒクマト・スコラ学一般にかなり特徴的なのは、この学統に帰属する思想家たちが対象指示の二つの次元、(1) 観念《マフフーム》（mafhūm）の次元と、(2) 外側の実在性の次元を区別し、首尾一貫して意識的に、この基本的区別を決して見失わないよう、二つの次元を決して混同しないようにと努める点である。指示の二つの次元を意識的に混同するならば、意図的な虚偽の主張（偽装）へと導かれ、無意識に混同するならば、誤ちを犯すこと、ないし対象を諒解し損ねることへと導かれる。

サブザワーリーの「存在」論は、「存在」の観念と「存在」の実在性とを直截に明確に区別するという原理に基づく、練り上げられた意味論体系をその内に有する。我々が対象指示のこの二つの次元が有する意義を明瞭に把握せぬ限り、サブザワーリー形而上学の構造を精確に理解することは決してできない。

対象指示の二つの次元のうちの最初のもの、「観念」という対象指示の次元は「概念把握」次元と呼びうるかもしれないが、「概念」という語はこの文脈では誤解を招く。もともとのアラビア語マフフーム（mafhūm）は文字通りには「諒解された内容」を意味し、第一次的には、〔何らか定義された〕概念として諒解される以前の段階を指すからである。ただし、「観念」の意味内容は、第一次的に諒解された内容が第二次的に〔概念として〕練り上げられた段階を排除するわけでない。「観念」が練り上げられた段階に達して初めて、第一次的に諒解された内容は十分に「概念」と呼ばれるに値するようになるということだ。

サブザワーリー形而上学の第一のテーゼは、「存在」の自明性《バダーハ》(badāhah)である。直前に述べた対象指示の基本的区別に即せば、このテーゼは、「観念」の次元だけに係わると諒解されねばならない。このテーゼが「……がある」(is)、ないし「……が存在する」という動詞の「概念より前の」諒解が自明であることを指して言うのを覚えておくことも非常に重要だ。その特殊な意味での「存在」の観念は、我々のこころにおのずから、そして自発的に生起する何かである。「存在」の観念は自明である《バディーヒー》(badīhī)。日常生活において我々が「xがある」や「xは存在する」——例えば「机がある」や「机が存在する」という命題を耳にする時には常に、そうした命題が言わんとする内容を直ちに諒解する。その諒解は即時的に起こる。何ら振り返って考えてみることなく、我々は言われている内容に気づき、そして、それにしたがって、その命題に対応する。いかなる推論過程をも媒介とすることなく、この仕方で我々のこころに浮かぶもの、それこそが「存在」の「観念」(mafhūm)である。

この「存在」そのものの観念は自明であるばかりでなく、それが自明だとの判断もまた自明である。「存在」の観念よりも、おのずから明らかなる観念はない。「存在」の観念は何か他の観念に帰着させることはできないが、概念より前のこの「存在」諒解なくして、我々は何事をも諒解することはできないという意味において、他の全ての観念は究極には「存在」の観念に帰着する。

これは、我々の生きる現代においてマルティン・ハイデガーが提起し、苦労して練り上げた問題そのままだと言うのは全くの見当違いではあるまい。ハイデガーもまた、「……である」(sein)という動詞の、概念として把握される前の諒解という意味での「存在」の観念は絶対的に自明であり、それは、どんなひとにとっても日常生活において全ての観念のなかでもっとも原初的な観念である、という根本テーゼから出発する。サブザワーリーと同じく、ハイデガーにとっても、「存在」の観念こそが、全ての他の観念が究極に帰着し、それに即してのみ、他の全ての事物を諒解しうる根柢的観念である。だが、日常生活においてそれが自明であることは、それが哲学的にも明晰・明瞭であることを意味しない、とハイデガーは論ずる。「反対に、「存在」の観念は闇のなかに留まったままである。日常生活を送るために、我々はそれについて問う必要がないからだ。ハイデガーの思索の全ての目標は、この意味での「あること」(Being)を光の下にもち至ることであった」[1]。ハイデガーがこれを己れの主たる問題とすることを決意する遥か昔に、ヒクマト哲学者たちは十六世紀以降、それを哲学思索の中心テーマの一つとして己れの問題として引き受けてきた。

　ハイデガーと、ムッラー・サドラーの学派に属するヒクマト哲学者たちのもう一つの重要な類似点も見逃すわけにはいかない。「ある」(Being)という動詞の分詞形つまり、マウジュード(mawjūd)、「……としてあるもの」(that-which-is)、ないし「存在者」(ドイツ語でダス・ザイエンデ、das Seiende, ラテン語でens)と、「ある」の動名詞形つまり、ウジュード(wujūd)「……としてあること」、ないし「存在」(ドイツ語のダス・ザイン、das Sein, ラテン語のエッセ、esse つまり存在の働き《アクトゥス・エッセンディ》)とを、両者がともに厳密にそして徹底的に区別することにそれは係わる。ハイデガーによれば、西洋人の哲学思想はその全歴史を通じて、より根柢的な「存在《エッセ》」を忘却して「存在者《エンス》」だけを問題にしてきた[2]。ハイデガーの観るところ、この態度が西洋の存在論が採った破滅的な道行きを決定づけた。ムッラー・サドラーも、己れに至るまでの伝統的な逍遥学派〔mashshāʾī〕哲学に関して全く同じことを言うであろう。ハイデガーと同様の、「存在」、すなわち、存在の働き、の探究を我が事として引き受けることは、ムッラー・サドラーと、彼の学統の思索を特徴づける。イスラームにおける形而上学の領域で抜本的「革命」をムッラー・サドラーが起こしたとアンリ・コルバン教授が語るのは[3]、この意味において正しい。

　殊更にこの特殊な論点に注意を惹いたのは、少なからぬ権威たちが、「存在」の観念が第一次的に自明であるという意味での、「存在《エッセ》」の第一次性というテーゼはイブン・スィーナーに直に遡ると考えているからである。かなり奇妙な仕方ででではあるが、サブザワーリー自身もこの見解に与する。

　現代の研究者の例を引いてみよう。イブン・スィーナー研究を主導する権威の一人であるファズルル・ラフマーン博士は次のように書く。

> 『治癒の書』「形而上学」第一巻第五章における存在の議論をイブン・スィーナーは次の言で始める。存在は、第一次的概念、ないし基本的概念の一つである。判断の分野で、それよりも究極の命題に帰着させられないような幾つかの基本命題群から我々は出発するように、概念の分野においても、基本的概念に相当するものがある。基本的概念、つまり普遍的なイデア（想念）が全くなければ、我々は〔出発点を求めて〕無限に遡行しなければならないことになる。したがって、存在と一という二つのイデアが、実在性に適用される我々の用いる〔存在と一を除く〕残りの概念の依拠すべき出発点ということになる。[4]

文章そのままを読めば、「存在」諒解は第一次的であり自明であるとのテーゼをこれ以上に明瞭に示すものはないように思える。イブン・スィーナーは「存在」の第一次性についてムッラー・サドラーやサブザワーリーと全く同じ考え方をもつことを明瞭に示す文章と受け取られるはずだ。その考え方とは、「存在」――ダス・ザイン、エッセ、アクトゥス・エッセンディ、準動詞「……である」(to-be)の意味で諒解された「存在」――は、何ら推論過程によらず、人間のこころにおのずから起こる何か、他の全ての観念が究極に帰着しうる何かだ、という考え方であった。だが、イブン・スィーナーは本当にこの見解をもっていたのであろうか。

前記引用が依拠するもともとのテクストを調べてみれば、実際に用いられる鍵語は、ウジュード、つまり「存在《エッセ》」でなく、マウジュード、つまり、「存在者《エンス》」である。[5] 些細なことと思われるかもしれないが、些細なことなどでは全くなく、語のこの選択は決定的である。

ハイデガーがダス・ザインとダス・ザイエンデとの間に区別しようとした、その基本的区別を諒解した者であれば誰にとっても、語の選択が決定的な意味を帯びることは明瞭であろう。ムッラー・サドラーの学統に属する哲学者たちにとってもそれは決定的な重要性を帯びる。彼らにとって、「存在者《マウジュード》」は分析的に言えば、「現実に存在する、何性《マーヒーヤ》（māhīyah）」、ないし「現実化した状態にある、何性」と同じである。それは、「何性」を現実化させる存在《ウジュード》の働きと違う。

ファズルル・ラフマーンが言及した文章でイブン・スィーナーが実際に主張しようとしたのは、「存在者」の観念、すなわち、或る存在する事物、存在する何か、の観念、が一次的であり、自明であることである。イブン・スィーナーの言葉から直に、「存在《エッセ》」こそが第一次的であり、自明であるとの意味を汲み取ることはできない。この解釈に抗して、「存在者」が自明であると主張することは、おのずから「存在」の自明性の主張を含意すると論ずる者が居るかもしれない。この議論は確かに正しい。しかしながら、存在主義者の形而上学の視点から観れば、その二つの問題はかなり違う。少なくとも、強調するポイントが違う。この側面から観て、イブン・スィーナーがアリストテレス形而上学の枠内にとどまっているのを我々は認めねばならない。ハイデガーが指摘するように、アリストテレス形而上学が第一次的に、そして直に係わるのは「存在者」であって、「存在」と関係を結ぶのは第二次的なそして間接的な仕方においてだけである。

この問題におけるイブン・スィーナーの立場を解釈する際に、〔ファズルル・ラフマーンと同様に〕「存在者《マウジュード》」を「存在《ウジュード》」に読み替えるさまはサブザワーリー自身にも見える。この置き換えそのものが、ムッラー・サドラーの学統がもつ「存在主義的」傾向の特徴である。それは、彼らが、存在の働き《アクトゥス・エッセンディ》の意味での「存在」にどれほど主たる重要性を附したかを物語る。その置き換えは、サブザワーリーの思想を理解する上で、非常に重要で興味深い。しかしながら、これは、サブザワーリーによるイブン・スィーナーの立場そのものの解釈が客観的に正しいか否かという問題とかなり違う事柄である。

問題の箇所は「存在」の概念化以前《プレ・コンセプチュアル》の観念が絶対的に自明であることを論ずるサブザワーリーの『形而上学

詩注』第一章冒頭に見える。おそらくは記憶を頼りに、サブザワーリーはそこでイブン・スィーナーの『救済の書』から短い文章を引く。文章は次の通り。

〔逍遥学派哲学者たちの〕長は自著『救済の書』で次のように述べた。存在（wujūd）は語の解説でしか解されえない。存在そのものが全ての解の第一原理だからである。だから、それは（他の何かを経由した）いかなる解も受け容れない。むしろ、その本質的形相（つまり、存在の観念）は何ら他のものの媒介なくしてこころのなかに見出される。(6)

しかしながら、『救済の書』のもともとのテクストは「存在」（wujūd）でなく、「存在者」（mawjūd）について語る。もとのテクストには次のように見える。

我々は次のように述べた。存在者（mawjūd）は語の解説でしか解されえない。存在者が全ての解の第一原理だからである。だから、それは（他の何かを経由した）いかなる解も受け容れない。むしろ、その本質的形相（存在者の姿）は何ら他のものの媒介なくしてこころのなかに見出される。(7)

サブザワーリーの引用が文章の最初に現れるたった一つの語を除いてイブン・スィーナーの言葉を精確に再現するのを見ることができる。イブン・スィーナーのテクストの中には存在（wujūd）の替わりに存在者（mawjūd）が見える。イブン・スィーナーがここでマウジュードという語を、意識的に、意図をもって用いるのは、その文章が置かれる文脈から明瞭である。彼の意図は、エッセ、ないし存在の働き、について語ることなどでない。彼がここで「諸存在者《エンティア》」（entia）、つまり、「存在する事物たち」を、それらが「実体群」と「偶有群」に分けられることに即して論じている。

いずれにせよ、「存在」と「存在者」の置き換えられたことをものともせず、ないし、むしろそれ故に、サブザワーリーのテーゼそのものが明瞭に立ち上がってくる。サブザワーリーによれば、観念次元の「存在」は自明、つまり先験的《ア・プリオリ》である。この文脈で「存在」が「第一次的」だと我々が言うことで意味するのは、まさにこの「存在」の先験的な性格である。[8]

自明であり、第一次的であり、先験的であるので、「存在」は全ての人間に諒解可能でなければならない。誰でも、「存在」という語の意味する内容を知る。誰であれ、少なくとも形而上学的直観の最小部分はもつのだと想定される。しかしながら、全ての具体的事物の「存在」が全ての人間にアクセス可能であることをこれは意味しない。諒解されていること、ないし、知覚されていることが「存在」と全く同じであるわけでないし、前者が後者の条件なのでもない。むしろ、全ての認知作用の条件となるのは後者である。「存在」は認知作用を経由して知られるにも係わらず、認知作用を超えたところにある何かである。認知作用《イドラーク》(idrāk)と「存在」とのあいだにあるこの特殊な連関をアブー・バラカート・バグダーディー[9]が自著『己れ自身による省察の結果えられた成果を述べる書』「形而上学」篇の或る文章において興味深い仕方で解説する。その文章は次の通り。

> ひとが視覚・聴覚・嗅覚・味覚・触覚といった己れの感覚のうちの一つで何かを知覚し、〔その知覚作用において〕その〔知覚している〕当のものに気づくとともに、己れ自身がそれを知覚する働きをなしていることに気づいているときに、そのひとはその〔知覚している〕当のものについて、「それは存在者である」〔「それは存在する」〕と言う。それが存在者であると言うことでそのひとが伝えようとする意味は、実際にそのあることが知覚されているということではない。そうではなく、その言でそのひとが伝えようとする意味は、その当のものが、そのひとがそれを知覚する前でも、それを知覚した後でも、知覚されるであろう状態にある、

ということである。さらに言えば、他の知覚者が、それを知覚する前でも、それを知覚した後であっても、その当のものが知覚されるであろう状態にある、ということである。この事態全体は、「もの《シャイ》」(shay')が〔知覚されていようが知覚されていなかろうが〕それ自体、何らかの知覚者に知覚されるであろう状態にあることに由来する。そして、〔「事物」と名指される或る特定の〕事物、とは、或る特定の知覚者により知覚される以前にも、知覚されているその瞬間にも、知覚された後にも、そうした状態で(過去において常にそうであったし、現在もそうあり、未来でもそう)あるものなのだ。

この特定の状況《ハーラ》(ḥālah, 認知する前にも、認知する瞬間にも、認知した後にも存続する状況)こそが、(そう呼ぶことを好む者により)「存在《ウジュード》」と呼ばれるものである。そして、或る事物はこの特定の状態故に、その当のものが知覚されるであろう状態にあることを意味しつつ、「存在者《マウジュード》」と呼ばれる。

こころがさらに考察をすると、知覚(ないし認知)がいかなる仕方においても「存在」に巻き込まれているわけでないこと、さらには、それ(つまり、実際に知覚していること)は、〔「事物」ではなく、〕現実に存在している「存在者」に起こった何か、〔その当の「存在者」を知覚する〕知覚者により知覚されていることで、その当の「存在者」に起こった何かに過ぎないことがわかる。したがって、(実際に〔特定の知覚者に〕)知覚されていることは、その当のものそのものに帰属する何かでない。その当のものにそれ〔すなわち、知覚されていること(内容)〕自体において、それ自体に由来して帰属する属性は、知覚されるであろう状態にあることだけだからである。

さらに、或る知覚者は知覚するが、別の知覚者は知覚できない、そうした事物があるのは考えてみれば容易くわかる。その場合には、知覚できなかった当の者がそうした事物を知覚できず、実際に知覚しなかった状態にそうした事物があること、そのことが、そうした事物を「存在者」であることから妨げるわけでない。むしろ、そうした事物は、知覚されるか否かに拘わらず、「存在者」である。「諸存在者」のなかには誰からも知覚されえないものや或るひとびとにしか知覚されないものがありうるからである。ひとが「存在者」の「存在」に気づくのは己れがその「存在者」を知覚することに由来するのだけれども、認知（つまり、知覚されていること）は「存在」の本質的条件でなく、むしろ、「存在」こそが全ての認知の本質的条件であるが故に、これ〔すなわち、或る知覚者が知覚・認知しないものや、誰も知覚・認知しないものがあること〕は正しいのだ。

したがって、「存在者」に気づくことが認知を通じてのみ実現したのは確かであるけれども、「存在者」を「知覚された何か」（つまり、認知している現実の対象）と定義するのは不当であるし、「知覚しうる何か」（つまり、認知の可能的対象）と定義することすら不当である。

いや、「存在」、「存在者」という二語は、直前に述べたように、ひとがその対象を知覚し、その対象を認知するや否や、第一次的に無媒介的にその意味が諒解される類の語である。したがって、それ（つまり、「存在」）は、その語の意味を解するためにいかなる定義も必要としない。ただし、一つの言語から他の言語に辞書的に解して翻訳するような場合は除く。(10)

ここで生ずる重要な問いは、ひとが知覚し認知するその度ごとに、各々の根柢に横たわる特殊な状態《ハーラ》（ḥālah）とは何か、である。この問いは我々を「存在」の「観念」の次元と区別された「存在」の「実在性《ハキーカ》」（ḥaqīqah）の次元へと導く。だが、この問いが提起されるや否や、我々自身が困惑する状況にあるのがわかる。「存在」の観念が自明であり、先験的《ア・プリオリ》であること、そのことそのものは、その観念が解説を拒むことを示す。その観念が解説を拒むのは、或る観念としての「存在」にそれよりも無媒介的に明らかなものは何も見出されず、他方で、実在としての「存在」が全ての概念的分析を超えているからだ。概念的分析は、「何性」（māhīyah）がなければ、把握すべきものをもたない。(11)「存在」は精確には、「何性」をもたず、「何性」そのものでもない。定義により、「存在」は「何性」以外の何かであり、「何性」に対立する何かだからである。

我々が既に見た、「存在」は概念より前に諒解されている次元では自明であるにも拘わらず、概念化しようとするあらゆる試みから逃れてしまうが故に、闇に留まり続けるというハイデガーのテーゼをここで思い起こしておくのがよい。ハイデガーが言わんとすることは、ヒクマト哲学の用語に置き換えるとよりわかりやすくなろう。「存在」の観念（mafhūm）は自明であり、無媒介に与えられるが、実在性という外の世界に対応するものを確認しようとすると、我々は、「存在」よりも曖昧模糊としたものは何もないという事態に直面する。「存在」という語は我々の誰もが気づく意味をもつ。「存在」という語が明瞭な意味をもつのであるから、その語は外にある何かを指示していなければならない。しかしながら、どの類の実在性が「何か」であるのか、「存在」という語が示す、現実の事態は何か、を説明することはかなり難しい。これを説明することは、神とは何かを説明することと同程度に困難である。神を信ずる者は直ちに彼に気づくだろう。その者は己れの人格全体をもって神を感ずる。だが、神とは実のところ何かを説明せよと請われたら、その者は困惑するであろう。「神」と「存在」は相同的に語りうると我々はここで言うのではない。前に見たように、ヒクマト哲学者たちの見解では、絶対者は、究極に純粋である状態にある存在であるからである。形而上学的には、その状況は、「存在」の観念は自明であるけれども、「存在」の実在性の構造は謎だと言うことで描かれうる。次のようにサブザワーリーが語るときに念頭に置くのが、これである。

その観念は、もっともよく知られたものの一つだ。
だが、その最奥の実在（kunhu）は隠れの究極にある。[12]

「存在」が有する奇妙な矛盾する性格がこの一節に示されている。「存在」の解き難き謎を解こうとする知的な試みこそ、サブザワーリー形而上学の形で、展開されるものである。

注

（1）ウィリアム・バレット『非理性的人間』(*Irrational Man*, p. 213)。

（2）トマス・アクィナスなど注目すべき例外があるので、これが過度の単純化であるのは確かである。しかしながら、「存在」の観念をハイデガーが情熱的に探究対象としたことが、ムッラー・サドラーとサブザワーリーにも当てはまるので、この表明は興味深い。加えて、アリストテレス形而上学の遺産として、ほぼ排他的に「存在者」を扱う伝統が西洋人の知的歴史を支配したことは否定しえない。

（3）アンリ・コルバン「序論」(“Introduction”, *Le livre des pénétrations métaphysiques*, p. 62) には次のように見える。

ムッラー・サドラーは、ファーラービー、アヴィセンナ、スフラワルディー以来、数世紀にわたって君臨しつづけた正統の本質の形而上学に対し抜本的な革命を起こした。ムッラー・サドラーより前の哲学者に本質の形而上学に対する改革の兆しを見ることは不可能ではないものの、ムッラー・サドラーにおいて初めてこの革命は真なる意味で実現した。彼の教説の全構造をそうした革命が支配するからである。

〔訳注〕このコルバンの文章が、ムッラー・サドラーより前の哲学者たちの形而上学を、本質の形而上学と位置づけることに対し、井筒は本書第五章で疑義を提示する。

（4）ファズルル・ラフマーン「イブン・スィーナーにおける本質と存在」(Fazlur Rahman, “Essence and Existence in Avicenna”, *Mediaeval and Renaissance Studies*, vol. IV, London, The Warburg Institute, London University, 1958, p. 4)。

（5）イブン・スィーナー『治癒の書』「形而上学」(“al-Ilāhīyāt”, *Kitāb al-Shifā’*, Cairo, 1960, p. 29)。当該テクストは次の通り。

「存在者」（マウジュード）、「事物」、「必然的存在者」の三語の意味は第一次的に霊魂に思い描かれる。その第一次的な意味の思い描きは、それらよりもよく知られた何かを思い描くことによって獲得される必要がない、そうした類のものである。その理由は次の通り。何かを正しいと見做す判断の領域に、それらを正しいと見做す判断がそれら自体によって生起する、そうした原理群があって、そうした原理群を根拠に、それ以外のことを正しいと見做す判断がなされる、そのような第一次的な原理群がある……のと同じように、何かの意味を思い描く領域にも、他の観念の原理となるような観念の対象〔＝意味群〕がある。すなわち、それら自体によって観念がなされるような対象〔＝意味群〕がそれである。そうした意味群のどれかを示すよう相手に請われるなら、未知のものを定義するという本来的な定義の仕方で意味を示すのでなく、それを仄めかすことで〔＝本来的でない定義の仕方によって〕相手にその意味を教えることになる。具体的には、名を告げたり特徴を述べたりすることで意味を相手のこころに思い浮かばせるという仕方を用いることになる名や特徴は、それ自体を見れば、教えようとする当の意味よりも不明瞭であったのが、教えようとするときのその現場で何か別の原因が加わることで〔例えばジェスチャー〕、そして教えようとするときの状況〔例えば、特定の話題を議論している状況〕により、より明瞭に意味を示すことがしばしばある。

inna al-mawjūda wa-al-shay'a wa-al-ḍarūrīya ma'ānī-hā tartasimu fī al-nafsi irtisāman awwalīyan. laysa dhālika al-irtisāmu minmā yuḥtāju ilā an yujlaba bi-ashyā'a a'rafu min-hā. fa-inna-hu kamā anna fī bābi al-taṣdīqi mabādi'a awwalīyatan yaqa'u al-taṣdīqu bi-hā li-dhāti-hā wa-yakūnu al-taṣdīqu bi-ghayri-hā bi-sababi-hā. ...kadhālika fī al-taṣawwurāti ashyā'u hiya mabādi'u li-al-taṣawwuri wa-hiya mutaṣawwaratun li-dhawāti-hā wa-idhā urīda an yadulla 'alay-hā lam yakun dhālika bi-al-ḥaqīqati ta'rīfan li-majhūlin bal tanbīhan wa-ikhṭāran bi-al-bāli bi-ismin aw bi-'alāmatin rubbamā kānat fī nafsi-hā akhfā min-hu lākinna-hā li-'illatin mā wa-ḥālin mā aẓhara dalālatin.

ラフマーン博士が引くラテン語訳（Venice, 1508）はマウジュードという語を精確に訳している。

Dicemus igitur quod *ens* et res necesse（「事物」と「必然者」とすべき）talia sunt quod statim imprimuntur in anima prima impressione que non acquiritur ex aliis notoribus se....

（6）ハーディー・サブザワーリー『形而上学詩注』（Hādī ibn Mahdī Sabzawārī, *Sharḥ-i Ghurar al-Farā'id Ma'rūf bi Sharḥ-i Manẓūmah-i Ḥikmat*, eds. Mahdī Muḥaqqiq, Toshihiko Izutsu, Tehran: McGill University, Institute of Islamic Studies, Tehran Branch, 1969, p. 42)。

（7）イブン・スィーナー『救済の書』（*Kitāb al-Najāt*, Cairo, 1938, p. 200)。

qāla al-shaykhu r-ra'īsu fī al-najāti inna al-wujūda lā yumkinu an yushraḥa bi-ghayri al-ismi, li-anna-hu mabda'un awwalun li-kulli sharḥin fa-lā sharḥa la-hu, bal ṣūratu-hu taqūmu fī al-nafsi bi-lā tawassuṭi shay'in.

naqūlu inna al-mawjūda lā yumkinu an yushraḥa bi-ghayri al-ismi. li-anna-hu mabda'un awwalun li-kulli sharḥin, fa-lā sharḥa la-hu, bal ṣūratu-hu taqūmu fī al-nafsi bi-lā tawassuṭi shay'in.

（8）〔先験的という意味での〕「第一次性」は、「存在」と「何性」の連関の問題で言及して用いられる「第一次性」という語の意味と区別して理解せねばならない。「存在」と「本質」の連関の問題は後に〔第五章で〕詳細に論じられる。

（9）アブー・バラカート・バグダーディー（Abū al-Barakāt al-Baghdādī, Ḥibat Allāh 'Alī b. Malkā）はガザーリーやスフラワルディーと同時代人で、一一六五年より少し後に没する。もともとユダヤ教徒であったがイスラームに改宗した。他人の著した書を丹念に読むことから多くを学んだのでなく、むしろ「ある（being）の書」に己れ自身の省察を加えることで己れの考え方を展開したと大胆に主張するかなり独創的な哲学者である（*Kitāb al-Mu'tabar*, I, p. 3）。ピネス教授がこの尋常ならざる思想家について「アウハドッザマーン・アブー・バラカート・バグダーディーについての研究」（Shlomo Pinés, "Études sur Awḥad al-Zamān Abū-l-Barakāt al-Baghdādī", *Revue des études juives*, 103, 1938）を皮切りに幾つかの洞察鋭い研究を発表している。〔訳注〕「あるの書」については、Pines, Shlomo, *Studies in Abu'l-Barakāt al-Baghdādī: Physics and Metaphysics*, Jerusalem: Magnes Press; Leiden: Brill, 1979, p. 10［99］参照。バグダーディーは先人の権威に従うことなく自分独自の思索をすすめたが、先人や同時代の書物から学ぶ以上に、存在（ウジュード）は誤りのない書物であるといい、存在世界、自然世界そのものの洞察から哲学を行ったことが意味されていよう。

（10）『己れ自身による省察の結果えられた成果を述べる書』第三巻「形而上学」（*Kitāb al-Mu'tabar*, III, Metaphysics, Hayderabad, 1358 A.H., pp. 20–21）。

idhā adraka al-insānu shay'an min al-ashyā'i bi-ḥāssatin min ḥawāssi-hi ka-al-baṣari wa-al-sam'i wa-al-shammi wa-al-dhawqi wa-al-lamsi wa-'arafa-hu wa-'arafa idrāka-hu la-hu, qāla 'an dhālika al-shay'i inna-hu mawjūdun wa-'aniya bi-kawni-hi mawjūdan ghayra kawni-hi mudrakan, bal kawni-hi bi-ḥaythu yudraku qabla idrāki-hi la-hu wa-ba'da-hu wa-qabla idrāki mudrikin ākhara la-hu wa-ba'da-hu, fa-inna al-shay'a yakūnu fī nafsi-hi bi-ḥaythu yudraku fa-yudriku-hu al-mudriku. wa-huwa bi-tilka al-ḥālati qabla idrāki-hi wa-ma'a-hu wa-ba'da-hu.

wa-tilka al-ḥālatu hiya llatī yusammī-hā al-musammūna wujūdan wa-yuqālu li-al-shay'i li-ajli-hā inna-hu mawjūdun, wa-huwa kawnu-hu bi-ḥaythu yudraku. thumma inna al-dhihna yata'ammalu fa-ya'lamu anna al-idrāka lā tashabbutha la-hu fī al-wujūdi, wa-innamā huwa shay'un yakūnu li-al-mawjūdi fī wujūdi-hi min al-mudriki la-hu. laysa huwa amran li-al-shay'i fī nafsi-hi, wa-innamā kawnu-hu bi-ḥaythu yudraku huwa ṣifatu-hu llatī la-hu fī dhāti-hi wa-bi-dhāti-hi. thumma narā anna min al-ashyā'i mā yudriku-hā mudrikun wa-ya'jizu 'an idrāki-hā mudrikun ākharu. wa-lā yakūnu kawnu-hā bi-ḥaythu lā yanālu-hā al-mudriku lladhī 'ajaza 'an idrāki-hā fa-lam yudrik-hā qādiḥan fī wujūdi-hā, bal hiya mawjūdatun sawā'an adraka-hā aw lam yudrik-hā, fa-yajūzu an yakūna min al-mawjūdāti mā lā yudraku aw lā yudriku-hu ba'ḍu al-mudrikīna. fa-inna al-idrāka laysa sharṭan fī al-wujūdi, wa-innamā al-wujūdu sharṭun fī al-idrāki illā anna i'tirāfa al-'ārifi bi-wujūdi al-mawjūdi wa-'ilma-hu bi-hi innamā yakūnu min idrāki-hi la-hu. fa-lā yaṣiḥḥu an yaḥudda al-mawjūda bi-anna-hu al-mudraku wa-lā bi-anna-hu lladhī yaṣiḥḥu an yudraku, wa-in kānat al-ma'rifatu bi-hi ḥaṣalat bi-al-idrāki. bal al-wujūdu wa-al-mawjūdu min al-kalimāti llatī tudraku ma'ānī-hā bi-awā'ili al-ma'ārifi min jihati al-idrāki wa al-ma'rifati, kamā qulnā. fa-lā yuḥtāju ilā ḥaddin yashraḥu al-isma, allāhumma illā kamā tufassiru al-lughāt wa-tanqulu min wāḥidatin ilā ukhrā.

（11）マーヒーヤ（māhīyah）は、ここでは「特殊な意味でのマーヒーヤ」（māhīyah bi-al-ma'nā al-akhaṣṣ）という術語として知られる意味、つまり「それは何か」という問いへの回答で与えられるものの意味で理解されねばならない。「一般的意味でのマーヒーヤ」（māhīyah bi-al-ma'nā al-a'amm）、すなわち「それによってある事物がまさにそれであるところのもの」として理解されてはならない。二つのマーヒーヤの区別は後で〔本書一六三頁〕十分に説明することにする。ここでは、本稿で二つのマーヒーヤを区別して用いる必要があるときには、「特殊な意味でのマーヒーヤ」を「何性」（quiddity）と翻訳し、「一般的意味でのマーヒーヤ」は「本質」と翻訳するとしておけば十分である。

（12）ハーディー・サブザワーリー『形而上学詩注』（*Sharḥ-i Manẓūmah*, p. 4, v. 16; p. 42）。

第三章　存在の概念

「観念《マフフーム》」(mafhūm) の意味のなかに、互いに区別しうる二つの段階があると前章冒頭で指摘した。この区別によると、第一の段階は、語のもつ意味の、概念化される前の諒解という「観念」——語が意味する内容に、きわめて初歩的に、そして無媒介的に気づくこと——であった。第二の段階は、語により表示される意味のこの概念化以前の諒解の内容が、概念のかたちにさらに精錬されるに至る段階である。

例を挙げよう。「ひと」という語が口にされるのを聴くと、我々は直ちに、それに対応する何かに気づく。我々は、己れの意識に何かが立ち現れるのに気づく。何かが我々のこころにひしひしと感じられる。これが、第一の概念化以前の段階における「ひと」の観念である。口にされた言葉は、この仕方で、外界にある何かについての情報を与えることで日常生活に必要な機能を果たす。我々はそれに反応して、それに基づいて振舞う。そして我々はその情報の概念化以前の諒解にしたがってさまざまに振舞う。日常生活を送るためにはほとんどの場合、この類の無媒介的諒解で十分だからである。

しかしながら、より理論的思索を行うためにはより洗練されたかたちの諒解を我々は要する。第一の段階で諒解されていた内容について問いを投げかけ、そうした諒解内容を分析し、多少なりともよく定義された概念を終には獲得する。二次的に精錬されたこの段階におけて諒解される「ひと」は、例えば、「理性的動物」として現れる。「ひと」の概念的諒解が実際に、そうした分析的形態を帯びるのか、それとも、それが外面的にはもともとの分析されざる状態のままでなおも留まるかはこの際、問題ではない。諒解する内容はいずれの場合も変化している〔からである〕。第一段階では、諒解内容はいわば、意識の直接的与件（donnée immédiate de la conscience〔ベルクソン〕）であった。いまや、その与件が、具体的で我々のよく知る類の、意識への立ち現れを離れ、抽象概念となるに至っている。

ヒクマト哲学者たちがこのように明瞭な仕方でこの区別を行わない場面はしばしば見受けられ、代わって、彼らはしばしば、観念の二つの段階に同じマフフームという語を用いる。それ故、彼らが伝えようとすることを我々は理解しそこなう危険がある。ヒクマト哲学者たちの著作を読む際には、「存在」のマフフームという言葉で彼らが「存在」の概念化以前の諒解を伝えようとしているのか、それとも「存在」の概念を伝えようとしているのかを注意深く確かめねばならない。これら二者は互いに全く違う構造を帯びるからである。「存在」の観念について特に、そのことを明瞭にすることが重要である。

「存在」以外の全てのもの——この句は「存在《ウジュード》」を除いた「諸存在者《マウジューダート》」を意味する——については、第一段階の観念と第二段階の観念の間に直の結びつきがある。別様に表現すれば、或る「存在者」（例えば「ひと」）の概念化以前の諒解から出発して、理性的分析過程を経ることにより、その概念化以前の諒解を順を追って精錬し続け、終には、その概念を獲得するに至る。この二つの段階の連結は、スコラ学の哲学者たちが「何性《マーヒーヤ》」と呼ぶものが、こころに表象され、映し出されることで与えられる。(1) この点は次の仕方で簡便に説明することができる。

イブン・スィーナーに遡るヒクマト哲学の伝統(2)にしたがって、サブザワーリーは、どんなものにも「存在」の相違う二つの様態《モード》を認める。一つが実在的《アイニー》（'aynī）、外的な《ハーリジー》（khārijī）「存在」、つまり「具体的事物のなかの存在」の様態。他方は、心的で《ジクニー》（dhihnī）、影のような《ズィッリー》（ẓillī）「存在」様態である。サブザワーリーの言わんとするのは、どんなものでも、同一の「何性」がこれら「存在」の二様態を帯びうるということである。我々は、具体的個体としてのひと、例えばザイド、に即して、ひとの「何性」が「存在」の外的な様態によってザイドのなかに存在すると言いうる。我々が己れのこころのなかでザイドをひととして表象するときには、全く同じ、ひとの「何性」が「存在」の心的様態により存在すると言われる。

「存在」の心的様態における「何性」は、概念形成の礎を提供する。この礎がなければ、全ての概念形成過程は成立しないことになる。しかしながら、精確には「存在」が「何性」としてあるわけでもなく、「何性」をもつわけでもないのを思い起こさねばならない。それ故、「存在」そのものが「存在」のこれら二様態によって存在するなどということは全くありえない。我々が「存在」と呼ぶ何かは、「存在」の二様態そのもの以外の何かではないからである。したがって、「存在」について「心的存在」をもつとか「外的存在」をもつなどと語ることは意味がない。

「心的存在」をもちえないものは表象も把握もされえない。これは詰まるところ、「存在」の実在性が直接の概念化を永遠に逃れると言うに等しい。「存在」の実在性は意識の直接的与件として以外に把握されえないのだ。「存在」はこのようにそれ自体に固有の構造をもって、現実にあるがままに表象されるのを絶対的に拒むものの、「存在」の概念を著しく抽象度の高い次元で我々は形成することができるし、実際に形成してもいる。そうした概念化は、ある種純粋に機械的な過程を通じて行われる。だからこそ、日常生活で我々は「xは存在する」「yは存在する」「zは存在する」等と言い、これらの文は「xの存在」「yの存在」「zの存在」という名詞句に変換しうる。

この言語的変換は、「存在」の実在性が現実的にある世界において、無限の個別的「諸存在」(wujūdāt)、すなわち個々別々の存在の働きに分けられているという事実に存在論的根拠を有する。これら存在の働きの各々こそが、例えば、或るひとの「存在」や或る机の「存在」などといった、或る特定の「何性」の「存在」である。「何性」が根柢的な実在性であるとの説を支持する者であれ、「存在」が根柢的な実在性であるとの説を支持する者であれ、例外なく全てのヒクマト哲学者たちは、具体的事物〔すなわち、現実個体〕のなかでは「存在」と「何性」が完全に互いに一体化しており、「存在」と「何性」のあいだに実在的区別はないと考える。しかしながら、理性で分析する次元においては、各々の具体的に存在する事物が、あたかも二つの違うものであるかの如くに「存在」と「何性」に分けられうる。この〔「存在」と「何性」との〕区分が、現実に「存在する」ひとの「何性」を指示する形態を帯びることもあれば〔つまり、「存在」が「何性」をもってあると分析する場合。「存在」が或る特定のひととしてある〕、あるいはより簡単に、「何性」であるひとの「存在」を指示する形態を帯びることもある〔つまり、「何性」そのものが「存在」すると分析する立場。「何性」が「存在」を帯びて現実に存在する〕。

さて我々は、理性で知解されたこれら複合的諸実体のなかの、こころのなかで、「何性」に対応する部分を括弧のなかに挿れている。この仕方で我々は、「(ひと)の存在」「(机)の存在」等といった、個別化された「諸存在」の観念を獲得している。各々の「……の存在」は、それ自体のうちに、「……の」という語で表示される何か〔指示対象〕への関係指示を含む存在の個別的働きである。このとき、その何かは暫定的に我々の意識から消されている。我々の意識の鏡に映し出されたこれらの個別化された「諸存在」は術語的に「分有《ヒサス》」(ḥiṣaṣ, 単数形は ḥiṣṣah) と呼ばれる。(3) 前に見たように、純粋な状態にある「存在」そのものは、我々のこころに直に表象されることはありえないのだが、〔「……の存在」と言い表される〕この個別化された「諸存在」が間接的にではあるものの、こころのなかに表象しうるのは、各々の個別化された「存在」が本質的に、何らかの個別的「何性」に係わっているからである。

何性が表象され、概念化されうるということは、「何性」のもつ性質そのものに由来する。したがって、具体的に実現した「何性」がこころのなかに表象されるときには常に、その「何性」の個別的「存在」は、「何性」の表象を通じて必然的に不可避的に表象される。理性は、このように表象されたさまざまな「……の存在」に働きかけて、それらを一般的な「存在」という抽象概念に精錬することができる。この仕方で獲得しうる「存在」

概念は、非常に高い次元での抽象思考に依存し、抽象概念としてのその「存在」概念は多くの側面で、他の全ての抽象概念とまったく同じように振舞う。しかしながら、同時に、その「存在」概念には、通常の抽象概念から己れ自身を区別する幾つかの顕著な特性がある。他の抽象概念から区別されるそのような「存在」概念の固有性群をここで論じておかねばならない。他の抽象概念と同じく、「存在」概念は、普遍的であることで特徴づけられる。「存在」概念は無限の事物に通用する。だが、事物の類《クラス》に即した「何性」により通用範囲が限界づけられる他の抽象概念――例えば「犬」概念は無限の数の犬たちに適用されうるが、他の類の動物には適用されない――と違って、「存在」はありとあらゆるものに適用しうる。「或る机が存在する」と言うのと全く同じ仕方で「神は存在する」と我々は言う。この次元の抽象度において、「存在する」という動詞は、命題の主語が神であれ、或る机であれ、全く同じ事柄を意味する。[4] この視点から観れば、「存在」概念は万物を斉同化する〔荘子の万物斉同が念頭に置かれている〕。

「存在」の意味論的振舞いには、もう一つのより重要な特徴がある。他の全ての概念は、或る主語に述語づけられたときに、その主語についての何らかの積極的な情報を提供する。反対に、「存在」が或る実在的な主語に述語づけられたときには、その主語について新たな附加的な何かを告げるわけでない。[5] イスラームにおいてこのテーゼはファーラービーに遡る。ファーラービーは次のようにこの問題をきわめて明晰に定式化する。

> 例えば、「ひとが存在する」という命題は、述語をもつか否かと彼（ファーラービー）は問われた。
> 彼は次のように答えた。これは、古の人々も今の人々も同様に見解を違える問題だ。彼らのうちの或る者は、そうした命題は述語をもたないと主張し、他の者は、そうした命題は現に述語をもつと主張する。私が思うに、どちらの立場も或る限られた意味で正しい。こう私が言うのは次のことに由来する。自然学の専門家――その役割は、具体的に存在する事物群を探究することである――の視点から観ると、この命題ないし

これと似た命題は述語をもたない。（この場合には）〔主語の側を観れば、〕事物の「存在」はまさにその当の事物そのものに他ならないからであり[6]〔自然学者の眼から観れば、主語に立つ、例えば「ひと」は現実に存在する個々のひとという意味で用いられているので、「存在する」という述語は不要である〕、他方、（語の実際の意味における〔語は実際に存在する何かを表示する、という意味における〕）述語は、〔その述語が言い表す〕何か（つまり、性質）がその事物（つまり、命題の主語により表示される事物）に存在するか否かの判断に加えて、[7]〔その述語が言い表す〕何らかのこと（つまり、その性質）を意味表示していなければならない〔「存在する」には存在判断と意味提示の二側面がないので、自然学者が用いるような述語でない〕からである。したがってこの視点から観れば、問われている命題には述語がないと見做さざるをえないのだ。

だが、論理学者が同じ命題を考察する場合には、彼はその命題を二語――これは命題の部分である――から構成されると見做すだろう。論理学者は、命題が、真であるか偽であるかを受け容れることをも認めるであろう。したがって、この視点から観ると、〔問われている〕命題は述語をもつ。[8]

ファーラービーの議論の要諦は次のようにまとめられよう。「ひとが存在する」との命題中の「存在」は、文法と論理学の視点から観れば、述語である。しかしながら、実在的な、実際にある事物を扱う者たち〔自然学者たち〕にとって、「存在」は、語の真の意味での述語でない。「存在」はそれら事物について、実在的な、実際にある諸事物が現実化していること以外の何ごとをも語らず、他方、実在的な述語は、(1) 何らかの肯定的な性質を表示し、(2) それが属性づけられるもの〔主語が表示する事物〕に、そうした性質を肯定するか、否定するかするのだと考えられるからである。文法的・論理学的述語として「存在」が用いられた場合には、そうした機能を「存在」は担わない。「存在」は主語が言い表す内容に何ら新たなことを加えない。N・レシャー教授は次のように書く。[9]

或る対象に存在を属性づけることは、対象の性質づけに何かを附け加えるわけでなく、対象についての新たな情報を提供するわけではない、というファーラービーの主張は、次のカントのテーゼを実際に先取りする。「存在が実在的な述語などで全くないことは明瞭である。実在的な述語というのは、或る事物の概念に附加しうるような何か、についての概念である[10]」。

「存在」は「何性」の偶有であるというイブン・スィーナーのテーゼを駁す際に、イブン・ルシュドにより全く同じことが主張されている。その批判は、後に紹介するように、イブン・スィーナーの立場を根柢において誤解することに基づくものの、「一」の概念と同じく、「存在」の概念は「何性」に実質的に何も附け加えないという主張そのものは、「何性」が完全に現実化した状態にあると考えられた場合には、全くもって正しく、それは揺るがない。イブン・ルシュドはこの点に関して次のように言う。

現実に存在する何かについて我々がそれは「白い」という場合と違って、或る何かは「一つ」である、と我々が言うときには、「一」は、こころの外の、実在する世界においてその事物そのものに附け加えられる何かを表示するわけでない。「一」という語から諒解されるのは、純粋に否定的な状態、つまり〔その事物を他の事物から分かつ〕分割機能を欠いた状態に他ならないからである。

……〔一なり、必然的存在者なり、可能的存在者なりといった〕この種の全ての特性群〔fuṣūl, 精確には、類と種差と言うときの種差〕が本質的特性群でないことには疑いがないだろう。本質的特性とは、その特性が或る事物に属性づけられて、その当の事物を〔他のものから〕実際に差異化し、さらには、その当の事物そのものに附加される何か（その当の事物そのものと違う区別される何か）であるような特性のことである。〔本質的特性でない〕これらの特性群は、〔実質的な内容をもたない、ないし我々が時と場合によって使い分けることができるという意味で〕

否定的ないし関係的な状態に過ぎないのだ。そして同じことが、我々が、或る事物について、それは「存在する」と言うときの、（存在）にも当てはまる。なぜなら、「存在」も、我々が「その事物は白い」と言う場合〔の「白」〕と違って、こころの外にある、実在性の世界において、その当の事物そのものに附加されるような特性を表示しないからである。[11]

これら二つの議論の結論は「存在」概念は空虚な概念だということである。それは、外延が普遍的であって、ありとあらゆるものに適用されうる抽象概念であるが、理解される内容は非常に乏しい。あまりに内容が乏しいので、それが属性づけられる現実の事物について「存在」という語は実質的に何も語らない。そうであるから、そうした「存在」概念は前に述べた、観念の第一段階において――バートランド・ラッセルの用語法を用いれば――「記述による知」でなく、「直接得られた知」[12]を通じて我々が「存在」について知る内容と正反対である。「存在」に固有の特徴がここにあらわになる。

抽象概念としての「存在」は、実質的な内容をほんの少しももたぬのであるから、あらゆる概念のなかでもっとも空虚である。しかしながら、そうした「存在」概念が指示し、係わってゆく、〔観察者の〕外側に拡がる実在性はありとあらゆる事物のなかでもっとも豊かで充全たる何かである。それが全ての実在性のまさにその実在性だからである。ムッラー・サドラーは「存在」に固有のこの状況を次のように描く。

> 「存在」の抽象的理性的概念（amr intizā‘ī ‘aql）は、「もの性《シャイイーヤ》」（shay’īyah）や「可能性《ムムキニーヤ》」（mumkinīyah）[13]といった他の全ての一般概念や心的観念と全く同じ性格を帯びる。[14]しかしながら、この概念に（こころの外で）対応するものは、確乎とした基盤を実在、ならびに現実化作用にもつ具体的な事実群である。この視点から観れば、「存在」概念は「もの性」「可能性」などの他の概念と違う。[15]

この文章の前半でムッラー・サドラーは、「存在」概念を「もの性」「可能性」などと同じ次元に置く。これは「理性の第二次対象」(maʻqūlāt thāniyah, 単数形は maʻqūl thānī)——「理性の第一次対象」(maʻqūlāt ūlā, 単数形は maʻqūl awwal) から区別される——として術語的に知られる概念の集合に「存在」概念が帰属することを、意味する。まずはこの区別を説明せねばならない。

こころの述語づけ作用によって主語＝述語の形式に一つに連結された二つの概念の連関を、どのように捉えるかにその問題は係わる。より簡便には、「述語」の位置にある概念がいかなる性格を帯びるかにその問題は係わる。述語＝性質は、主語＝事物に「起こる《ウルード》」('urūḍ) と言われる一方で、主語＝事物は、述語＝性質により「性質づけられている《イッティサーフ》」(ittiṣāf) 何かとして表現される。

さて、「理性の第一次対象」の場合は、〔述語＝性質が主語＝事物に〕「起こる」も〔述語＝性質による主語＝事物への〕「性質づけ」も実際の出来事として、〔認識者の〕外の世界で具体的事物のなかに生起している。この場合、述語により表示される性質、例えば、「白さ」は〔認識者の〕外の世界に、その性質が「起こる」事物そのもの(主語) から独立した、独立実体を有する〔外界に対応物を有する〕。〔認識者の〕外の世界には、その当の性質により性質づけられる具体的に存在する事物もあり、いうなれば、具体的に「白い事物」がある。〔このように外の世界にそのまま対応する〕「白さ《バヤード》」(bayāḍ) といった性質の概念が「理解の第一次対象」と呼ばれる。それが「白い《アブヤド》」(abyaḍ) という語形をした論理学的述語にされ、それが或る事物に帰属させられたときに——例えば「その物体は白い」——、それは「接続形の述語」(maḥmūl bi-al-ḍamīmah) と呼ばれる。〔こうした「その物体は白い」と言うときの「白い」に含まれる〕「白さ」という概念は、具体的に存在する、白い事物〔に起こる白さ〕に由来し、ないしそれから抽象化させられるのに注意しておかねばならない。

反対に、「理性の第二次対象」の場合には、「起こる」も「性質づけ」もこころのなかで、そしてこころのなかでのみ生起する。ここでの述語＝性質は外の世界に対応する実体をもたない。さらには、こころの外側に存在する性質によって事物〔すなわち、主語〕が実際に性質づけられるわけでもない。言い換えれば、その特定の性質の概念が抽象化させられる出発点そのものが概念である。「普遍性《クッリーヤート》」(kullīyāt) がこの類の概念の好例だ。我々が「人間〔人間という概念〕は普遍的である」(al-insān kullī)[16] と言うときには、二つの概念の連関について語っている。「普遍」という性質がこころの外に存在をもたないのは明らかである。外の世界に存在するあらゆるものは、ただの一つの例外なく、個別者であり個体であるからだ。それと同じ理由で、外の世界には、「普遍的」であると性質づけられるものは何もない。「普遍的」という概念が抽象化される出発点は、〔外の世界にある何かでなく〕それとは別の概念、この場合には「人間」という概念に他ならない。

しかしながら、右に説明した「理性の第二次対象」と違う類の「理性の第二次対象」がある。これら二類の「理性の第二次対象」を区別するために、それぞれに名を附しておこう。右に述べた類の「理性の第二次対象」は「理性の論理学的第二次対象」(maʿqūl thānī manṭiqī) と呼ばれ、他方、これから説明しようとする類の「理性の哲学的第二次対象」(maʿqūl thānī falsafī ないし maʿqūl thānī ḥikamī) と呼ばれる。

「理性の哲学的第二次対象」の場合には、〔述語＝性質が主語＝事物に〕「起こる」はこころのなかでだけ、つまり、概念を出発点とする仕方で生ずるが、「性質づけ」の方はこころの外の世界にある出来事である。これは次のように説明できるだろう。この場合に述語により表示される性質は、実在性において自立した性質でない。したがって、性質が事物に対して外の世界で実在的に「起こる」ことはありえない。だが、そうした性質の概念が抽象化される出発点は具体的事物のなかに存在する。

「父であること」ないし「父性」がこの類の概念を説明するときにしばしば用いられる例である。ザイドをアムルの父としておこう。「白さ」などの概念と違って、「父性」は実際に存在する性質でない。この場合に実際に存在するのは、「ザイドは父である」という命題に即して言えば、ザイドという人物であって、それ以外のものではない。ザイドが「父であること」という概念は、ザイドが別の人物であるアムルと特殊な関係の下に立つことから採取されている。つまり、「父であること」という概念は、ザイドという具体的で個人的な領域から抽き出されているということだ。だが、この事実自体が、「性質づけ」が外にある実在的事実だと告げるわけではない。〔「性質づけ」が外にある実在的事実だというのは次の事態のことを言う。〕こころの外の世界に、具体的で実在的な何か――この場合には、実在の人間が他の実在の人間と実在的特殊な関係を取り結んでいるという状況がある。「父性」という概念は、実際に存在している人間であるザイドがそうした状況下に見出されている、そうした観察される状況から、理性により抽き出された抽象概念である。

「可能的である」何かと「ものである」何かはこの「理性の第二次対象」の集合に属する。「存在」の概念もそうである。「存在」の概念が「理性の哲学的第二次対象」であるのは、「存在」ないし「存在者であること」は「白さ」のような実在の性質でないからだ。したがって、「存在」が〔述語＝性質として主語＝事物に〕「起こる」とは、こころのなかで概念的に精錬し分析する次元でのみ生じる。しかしながら、「存在」は、実在の事物、つまり、実際に存在する「何性」から抽き出された概念である。別様に表現すれば、「性質づけ」はここでは、〔観察者の〕外側の出来事である。

だが、「存在」こそが根柢的な実在であって、「何性」は根柢的には実在性でないのを受け容れ、「存在」が「何性」に較べて第一次的だとの説を支持する者たち――サブザワーリーがこの学統の代表者の一人であることを我々は思い出さねばならない――によれば、ここまでに述べた分析は事の深層に至っていない。彼らの見解によれば、こころの外にある世界において「存在」概念と対応するのは、〔実際に〕存在する「何性」ではない。そうではなく、特定の「諸存在」（wujūdāt）の形態を帯び、「何性」のごとくに限定され、限界づけられた、「存在」という実在である〔つまり、「存在」が限定され、限界づけられている「諸存在」が「何性」として現れる〕。これら個別化された「諸存在」こそが、「存在」という抽象概念が抽き出される出発点である。

〔実在の世界でなく、〕さまざまな概念から成る世界において、「何性」が「存在」に先立ち、他方、「存在」は「何性」に「起こる」。実在性の世界では反対に、「何性」に先立つのは「存在」であり、「存在」に「起こる」のは「何性」である。これは、さまざまな「何性」とは、「存在」の実在性が自己限定し、自己限界づけたさまざまな形態にすぎないとの意味においてそうである。さまざまな「何性」は「存在」のさまざまに違う現象的形態からこころが抽き出した抽象に過ぎない。しかしながら、この点をより精確に理解するには、「存在」と「何性」の区別についての詳細に立ち入らねばならない。これは続く三つの章の課題である。

ここまで、我々のこころに「存在」の観念が第一段階、第二段階と立ち現れるさまを検討してきた。結論として、ここで、「存在」の観念が「存在」の実在性から隔たる、その距離を考察しておこう。

ヒクマト哲学者たちは、多くの視点から、幾つかの違う次元において「存在」を考察する。彼らによれば、人間の哲学的意識にとって「存在」は多層構造をもつ。詳細に立ち入らずに、概念的抽象化の次元において考察される「存在」が、〔考えうる限り〕「存在」の実在性からもっとも遠く隔たっていることだけを思い出しておきたい。それでもまだ「存在」という語が幅広くそして無条件に受け容れる「存在」の範囲内にある。「存在」の抽象概念――全ての概念のなかでもっとも空虚で乏しい概念――には、「存在」の実在性を特徴づけ、「存在」の観念の第一段階においてはなお観察された、無限の豊かさと充全さの痕跡すらない。

しかしながら、「存在」の無媒介的諒解と「存在」の概念はともに、全ての観念のなかでもっとも究極であり、もっとも根柢的である点において「自明」である。ヒクマト哲学は、この類の観念の究極性をバダーハ(badāhah, 自明であること、自明性)と呼ぶ。「直接得られた知識」に基づく「存在」の直接的諒解が「自明である」(badīhī)ばかりでなく、「存在」の抽象概念もまた、それが第一次的であること、つまり、他の何ものにも還元しえず、他の全ての概念が究極には「存在」に還元しうることにおいて「自明である」。

ここで問題になっている「自明性」が、「実在」から分けられた「観念」の次元においてのみの事実であるのを思い出さねばならない。「自明性」は、「存在」の概念（ないし観念）が絶対的に第一次の概念（ないし観念）であるのを意味するに過ぎないのであって、「存在」の実在性そのものも自明であり、人間のこころに十分に開示されている、というわけではない。対蹠的に、「存在」の実在性は人間の通常の意識に姿を顕していない。「存在」の実在性それ自体は充全に、絶対的に開示されている。後に見るように、「存在」の実在性は、万物が開示されてあり、万物の「現前」に他ならないからである。しかしながら、人間のこころが、尋常には、この「立ち現れ」を現実にあるそのままに意識することはないし、意識することはできないのである。

「存在」の実在性が己れ自身を人間のこころに開示するのは、超意識の次元においてだけである。人間のこころが「存在」の実在性をちらりとでも垣間見ようとするなら、通常の意識の次元から超意識の次元への決定的な跳び超えをなさねばならない。さまざまな伝統的宗教において、こころのこの跳び超えは、「神を見る」ないし神秘的合一（unio mystica）の体験として知られる。その跳び超えにおいて人間主体は或る特定の仕方で神的主体と一つになり、それと渾融する。それは、簡便に言えば、神秘的直観である。

これと連関させて次のことを記しておかねばならない。無神論哲学者であることを公言して、「存在」体験を己れの哲学的営為の出発点とし、己れの哲学的営為の究極基盤としたジャン＝ポール・サルトルでさえ、彼の最初の哲学小説『嘔吐』でその「存在」体験を、かつて非日常的次元の意識において己れに与えられた尋常ならざる開示として、普通の人間が「存在」について知る内容と全く違う何かとして描いている。[17] 後に我々が「存在」の実在性の問題を扱う際に、サルトルの「嘔吐」体験を論じることになろう。

注

（1）前に記したように、ここでの「何性」は「特殊な意味でのマーヒーヤ」、つまり「それは何であるか」という問いへの回答において与えられるものを意味する。

（2）『指示と勧告』(*al-Ishārāt wa-al-tanbīhāt*, I, ed. Sulayman Dunyā, Cairo: Ma'ārif, 1960, p. 202)〔第一章第一〇節「何性の構成要素となる自体的述語を指し示す」〕で、イブン・スィーナーは明示的に、「二つの存在」(wujūdāni) のうち、一つは「現実における存在」(wujūd fī al-a'yān)、もう一つは「〔我々の〕こころのなかの存在」(wujūd fī al-adhhān) に言及している。同所への注解でナスィールッディーン・トゥースィーは前者の存在を「外の存在」(wujūd khārijī)、後者の存在を「心的存在」(wujūd dhihnī) と呼ぶ。「心的存在」の概念はムスリム哲学史のなかで込み入った問題を惹き起こした。

（3）「分有」という概念は、この後の文脈でより体系的に議論することになるであろう。

（4）思考の別の水準において「存在」の意味の観点から、「神は存在する」と「机は存在する」という表明の間に実際は重要な区別が観察できる。この問題は後に「存在」の類比性を論じるときに扱う。

（5）目下の脈絡で「附加的」という語は、イブン・スィーナーが「何性」に附加される何かとして措定した「存在」、という有名な命題に見られる「附加的」という語とは異なる意味で理解される必要がある。この命題でイブン・スィーナーが述べるのは、いま懸案の問題とは種類が異なる。しかし、この二つの問題は、イブン・スィーナーの立場の解釈において、しばしば混同されてきた。イブン・ルシュドはこれを混同した最初の人物であり、それをもとにイブン・スィーナーを非難した。この重要な問題は別の章で詳しく議論しよう。

（6）考察される事物が最初から厳密にそして排他的に、現実の、実在的な事物に限定される場合には、「存在」を何らかの事物に帰属させることに意味がない。それは同義反復になってしまうからである。〔万物がさまざまなかたちをとって〕あるというこの領域の内部では、何らかの事物の「存在」は、実在的で現実にある事物に他ならないからである。この考え方は基本的にアリストテレス的である。

（7）この箇所を私は yanbaghī an yakūn ma'nā ma'a al-ḥukm bi-wujūdi-hi と読む。ニコラス・レシャー教授はディーテリチ

(Dieterici) 校合本を用いて、この文章を「それとともに〔科学者にとって〕述語は、「……である」以外の何かの情報を提供するのでなければならない」(『アラブ哲学研究』Nicholas Rescher, *Studies in Arabic Philosophy*, Pittsburgh: University of Pittsburgh Press, 1966) と訳す。この訳はファーラービーが言わんとする要点を逸していると私は思う。

〔訳注〕訳の提示した後の段の記述も含めて、文章がかなり混乱している。レシャー訳の意味するところは井筒の解釈とほぼ同じである。

さらに言えば、後段で、論理学者の命題把握を完全に無視しているのも問題である。これはレシャーについても言えることだが、ファーラービーの主張を自然学者を論ずる段に限って、カント説と較べるのはこの点から観て、誤りである。ファーラービーは論理学者を論ずる段では「ひと」と「存在」を別概念と見做しているからである。そうでなければ論理学者の視点から観たときに、「ひとは存在する」という命題が真か偽かであることはできない。

(8) ファーラービー『プラトンとアリストテレスの両哲学の融和』所収「質問への第二の師による回答」(Abū Naṣr al-Fārābī, Risālah li-al-mu‘allim al-thānī fī jawāb masā’il su’ila ‘an-hā, *Kitāb al-jam‘ bayna ra’yay al-ḥakīmayn Aflāṭūn al-ilāhī wa-Arisṭūṭālīs*, Cairo: al-Sa’ādah, 1907, p. 57, §16)。

su’ila ‘an hādhihi al-qaḍīyati, wa-hiya qawlu-nā al-insānu mawjūdun, hal hiya dhātu maḥmūlin am lā. fa-qāla hādhihi mas’alatun ikhtalafat al-qudamā’u wa-al-muta’akhkhirūna fī-hā. fa-qāla ba‘ḍu-hum inna-hā ghayru dhāti maḥmūlin, wa-ba‘ḍu-hum qāla inna-hā dhātu maḥmūlin wa-‘indī anna kilā al-qawlayn ṣaḥīḥāni bi-jihatin wa-jihatin wa-dhālika anna hādhihi al-qaḍīyatu wa-amthālu-hā, idhā naẓara fī-hi al-nādhiru al-ṭabī‘īyu lladhī huwa naẓaru-hu fī al-umūri, fa-inna-hā ghayru dhāti maḥmūlin, li-anna wujūda al-shay’i [laysa] huwa ghayru al-shay’i, wa-al-maḥmūlu yanbaghī an yakūna ma‘nā al-ḥukmi (ṣ: ma‘nā ma‘a al-ḥukmi) bi-wujūdi-hi aw nafyi-hi ‘an al-shay’i fa-min hādhihi al-jihati laysat hiya qaḍīyatu dhāti maḥmūlin wa-ammā idhā naẓara ilay-hā n-nāẓiru al-manṭiqīyu, qabila-hā murakkabatan min kalimatayni humā ajzā’u-hā, wa-anna-hā qābilatun li-al-ṣidqi wa-al-kadhib, fa-hiya bi-hādhihi al-jihati dhātu maḥmūlin.

(9) ニコラス・レシャー『アラブ哲学研究』(*Studies in Arabic Philosophy*, 1966, p. 72)。

(10) イマヌエル・カント『純粋理性批判』(Immanuel Kant, *Kritik der reinen Vernunft*, A 598) から引かれている。レシャー教授

以前、ファン・デン・ベルクがイブン・ルシュドの立場に関連して同じ文を引用していた。これについては手短に論じることになるだろう。イブン・ルシュド『崩落の崩落』(Ibn Rushd, *Tahāfut al-Tahāfut*, ed. Sulaymān Dunyā, Cairo, Maʻārif, 1964, vol. II, p. 80) 参照。

〔訳注〕この部分の原文を挙げておく。

"Sein ist offenbar kein reales Prädikat, d. i. ein Begriff von irgend etwas, was zu dem Begriffe eines Dinges hinzukommen könne." (KrV, A598, B626)

井筒とレシャーは「(ここでの) Sein は明らかに実在的述語ではない。それ (Sein) は何かについての概念であり、ある事物に付加されうるものである。それ (Sein) はある事物の定立つまり一定の判断確定それ自体でしかない」と理解している。

(11) イブン・ルシュド『崩落の崩落』(*Tahāfut al-Tahāfut*, vol. 1, pp. 324–326)。
inna al-waḥdata laysat tufhamu fī al-maujūd maʻnan zāʼidan ʻalā dhāti-hi khārija al-nafsi fī al-wujūdi, mithla mā yufhamu min qawli-nā mawjūdun abyaḍu wa-innamā yufhamu min-hu ḥālatun ʻadamīyatun, wa-hiya ʻadamu al-inqisāmi... fa-lā yashukku ʼaḥadun anna hādhihi al-fuṣūla (yaʻnī: al-waḥdata wa-wājiba al-wujūdi wa-mumkin al-wujūdi) laysat fuṣūlan jawharīyan ay qāsimata al-dhāti wa-lā zāʼidatan ʻalá al-dhāti. wa-innamā hiya aḥwālun salbīyatun aw iḍāfīyatun, mithla qawli-nā fī al-shayʼi inna-hu mawjūdun fa-inna-hu laysa yadullu ʻalá maʻnan zāʼidin ʻalá jawhari-hi khārija al-nafsi, ka-qawli-nā fī al-shayʼi inna-hu abyaḍu.

(12) これら二種の知については、バートランド・ラッセル『哲学入門』第五章 (B. Russell, *The Problems of Philosophy*, Oxford: Oxford University Press, 1912) 参照。

(13) 形而上学における「可能的であること」または「可能性」(imkān) は、「存在することが可能であること、および不可能であること」、そして、それ属性づけされるものがたまたま現実に存在することになる場合には、「引き起こされたこと」または「その存在の原因をもつこと」を意味する。

(14) たとえば「必然性」(wājibīyah) や「一性」(waḥdah)。

(15) ムッラー・サドラー『存在認識の道』(*Kitāb al-Mashāʻir*, pp. 11–12)。

（16）または「人間は種である」(al-insān naw‘)。

（17）ジャン＝ポール・サルトル『嘔吐』(Jean-Paul Sartre, *La nausée*, Paris: Gallimard, 1938, pp. 161–171)。

第四章　エッセンティアとエクシステンティアの区別

「何性」と「存在」の区別がイスラーム思想のもっとも基本的な哲学的テーゼの一つであることは疑いを容れない。その区別が、ムスリムたちが存在論＝形而上学思想へと足を踏み入れる契機であったと言うのは決して誇張ではない。ムスリム形而上学の全構造を構築するまさに礎を提供したのはその区別である。

事実、エッセンティアとエクシステンティアの二分法は、中世における西洋のスコラ学の歴史的形成にすら、典型的なイスラーム的テーゼ――より精確にはイブン・スィーナーのテーゼ――の一つとして深い影響を及ぼすほどに、イスラーム思想の最初期から顕著な役割を担っていた。イブン・スィーナーと彼の西洋の後継者たちがエッセンティアとエクシステンティアに「実在的区別」を立てたことは、スコラ哲学を専門とする学者たちのなかで今や常識である。無作為に一つだけ例を挙げると、ルーヴァン大学のルイ・ド・レイメケル（Louis de Raeymaeker）は次のように言う。

反対に（つまり、西洋の哲学状況と反対に）、アリストテレスと新プラトン主義に同時に、そして等しく依拠したアラビア哲学では、エッセンティアとエクシステンティアが実在的に区別されるというテーゼがはっきりと述べられるのが見え、根柢的真理と考えられていた。それはファーラービーに既に見え、イブン・

スィーナーはそれを己れの体系における原理的な考え方の一つとした(1)。

西洋によるイスラーム的テーゼの概念把握に関して決定的な問題となるのは、「実在的区別」という表現がいかなる仕方で諒解されるかである。それがいかに諒解されるかによって、この概念把握は真にも偽にもなりうるからである。この点は第六章で十分に説明することにして、ここでは、「何性」と「存在」の二分法についてのより基本的な幾つかの事実を提示することに専念しよう。

我々が生活を送るなかで常に無数の事物と出会うこと、それは、我々の日常的経験のもっとも初歩的で根柢的な構造に属する。我々は己れが無数の事物に囲まれているのを見出すし、さまざまに多様な事物たちが立ち現れているという意識から逃れることができない。事物たちの実際の立ち現れはそれらの「存在」である。それらはそこにある。それらは、我々自身が存在するのと同じように存在する。他方、それらは純粋な「諸存在」のかたちでそこにあるわけでない。それらは、ひと、馬、石、木、机など、さまざまに多様な事物としてそこに「存在する」。それらの「存在」の後者の側面が「何性」と呼ばれる。

したがって、二重の存在論的原理がありとあらゆるものに含まれてそこにある。我々が世界で実際に出会う事物の各々は、「何性」と「存在」から成る。どのエンス（ens, アラビア語で mawjūd〔存在者〕）も、エッセンティア（essentia. ないしクイディタス、quidditas. アラビア語で māhīyah）とエッセ（esse. ないし actus essendi. アラビア語で wujūd）の構成物だ、ということである。

万物は個体として互いに違うばかりでなく、種としても互いに違う。他の事物と同じ事物は世界にない。例えば、或る石は石であって、馬ではないし、馬ではありえない。だがしかし、互いに違う事物はたった一つの要素「存在」を共有するように見える。万物が存在するという事実に即せば、全ては同じである。この理由から、我々の眼前の立ち現れにおいて見出される事物について、十分に真なる仕方で「その石は存在する」「その馬は存在する」「その机は存在する」などと、命題の主語ははっきりと互いに違うものの、それら全てに同一の述語を帰属させて言いうる。

したがって、世界に見出されるものは何であれ、ザウジュ・タルキービー（zawj tarkībī）、すなわち「何性」と「存在」――前者が、各々の事物を他の全ての事物から区別し、後者は全ての事物が等しく例外なく係わる――という要素で二重構造にされたものだとサブザワーリーは言う。(2) ひとの「何性」は馬の「何性」と違うし、馬の「何性」は石の「何性」と違うと認められる。だが、それらの「存在」、つまり、それらを現実に我々の眼前に立ち現れさせる「存在の働き」はそれら全てにおいて同一である。こうした存在論的二要素に係わる、根柢的事実こそが、「存在」は一という原理であり、「何性」は多という埃を舞い上げるだけだとサブザワーリーが言うときに指し示すものである。(3)

以上に述べたことはわかりきったことに見えるかもしれない。しかしながら、形而上学的に考えるなら、見かけは単純なこの事実が、一見したところ想像されるようには単純でも常識でもないことになる。ムッラー・サドラーとサブザワーリーが支持する視点においては、同じ存在論的水準に「何性」と「存在」とが並び立つわけでないからである。彼らの視点は、スーフィーに起源を有する、「存在」を尋常ならざる体験で深く直観することに基づく。少し後に見るように、全ての描像をこの事実が複雑なものにする。ここでは予備的に、この尋常ならざる体験の光の下では、全ての「何性」が、それらの見かけ上は堅固な自存性を欠いて見え、「存在」の一なる実在が多くの部分として限定され、限界づけられたさまに他ならないものに転化すると記せば十分である。ノリス・クラーク（Norris Clarke）教授が言うように、「ありとあらゆる限りある者には、エッセの働きの完全性と、それと全く同じ働きの部分的否定、あるいは部分として限定されることと、のあいだの内在的な存在論的二重性ないし緊張がある」(4)。だが、この方向に歩を進める前に、まずは立ち止まってその考え方そのものの歴史的形成を簡単に考察せねばならない。

イスラーム思想において、「何性」と「存在」の区別というテーゼはファーラービーにより最初に明示的に定義のかたちで主張され、それ以来、その区別はイスラーム哲学の歴史全体を支配した。考え方そのものはアリストテレスに遡ることができる。

アリストテレスが形而上学を「存在者」である限りの「存在者」(to on ē on) の学として確立し、プラトンのイデア実在論〔「何性」の実在論と言い換えうる〕を否定したときに、「何性」と「存在」の区別の問題が暗黙のうちに提起されたと言ってよいだろう。さらに『分析論後書』〔第二巻〕第七章の有名な文章で、アリストテレスが「何性」を「存在」からはっきりと区別する。同章冒頭[5]で、「本質《ウーシアー》」(ūsiā) は「何であるかということ」(to ti estin, つまり文字通りに「何性」) を意味すると示した後に、アリストテレスは次のように言う。

> 「人間」――ないし他の何であれ――が何であるかを知る者は必然的に、それが存在することも知っていなければならない。存在しないものについて、それが何であるかを（語の本当の意味において）知ることはできないからである。確かに、「山羊鹿[6]」という句ないし語が何を意味するのかを知るかもしれないが、それが実際に何であるかを誰も知らない。さらには、もし或る事物が何であるかと、それが実際に存在することを同時に示そうとするなら、同一の議論でそのようなことを示すことはどうして出来ようか。定義は或る何かを示し、論証は別の何かを示す。そして「人間」が何であるかと「人間」が存在することは二つの全く違う事柄である。

我々が主張したいことは次のことである。或る事物がこれこれであると言われるときには、（述語が主語の）まさに「本質」である場合〔これが定義に相当する〕を除いて、その何かは必然的に、論証によって証明されねばならないと。しかしながら、「存在すること」はいかなるものの「本質」の構成要素ともならない。「存在する者」は類でないからである。したがって、或る事物が存在するか否かは、論証によってのみ示されなければならない。そしてこれこそがまさに、諸学が実際に行っていることである。例えば、幾何学者は、ただ「三角形」が何を意味するのかを受け容れるだけだが、「三角形」が存在することは証明しなければならない。「三角形」の定義を与える者は、「三角形」が何であるかだけを示すのである。或る者が定義を通じて、それが何であるかを知るときでも、その者は、それが存在するか否かに関しては闇のなかに留まっていよう。(7)

この議論の要諦は次のようにまとめることができよう。実際に存在しない何かについて、それが何であるかを知ることは不可能である。実際に存在しない何かについて何かを知るとしても、その知る内容は語の意味に限られる。後者の意味でなら、架空の生物についてすらそれが何であるかを知りうる。しかしながら、それは真の知識でない。誰かが、語の実在的意味で「人間」が何であるかを知ると言われるのは、その者が、「人間」が存在すると知るときに限られる。だが、そうした知識は定義によるだけでは獲得されえない。或る者が何かの定義を与えられたとしても、その者は、その当の何かが実際に存在することをその定義だけでは知りえない。その存在は論証により証明されねばならないのだ。(定義により与えられた)或る事物が何であるかは、それが存在することと違うからである。

どの「何性」もそれ自体のうちに構成要素として「存在」を含まない、言い換えると、どの「何性」も已れ自身の「存在」を含意しない、というイブン・スィーナーのテーゼの輪郭をこの文章が示すのが明瞭に見える。しかしながら、一つだけ、二人の思想家を分かつ重要な違いがある。右に引いた文章の前半が示すように、アリストテレスの形而上学体系において、「何性」と「存在」の区別は重要な役割を担わない。アリストテレスの第一次的な——あるいは、排他的なと言うべきかもしれない——関心事は、実在的に存在する「諸本質」、ないし実在的にある「諸存在者」であり、特に、前に説明された意味での真の知識を我々がもちうる、実在的な「諸実体」である。この体系のなかでは、或る実在の「本質」ないし、或る実在の「実体」は、実在である限りにおいて、己れ自身の「存在」を含意する。或る実在にある「本質」はそれが存在することに他ならないのであるから、「存在」は、或る実在の「本質」の観念のなかで初めから想定されているのである。

　アリストテレスが係わる世界は、実際に存在する世界であり、存在する事物たちから成る世界である。存在しないかもしれないと考えることが不可能な世界である。聖書ないしクルアーンが描く意味での世界の創造はアリストテレスにとって問題となりえなかった。アリストテレスが思い描く世界は、存在しない可能性を欠く世界、何処か始点なき過去において存在しなかったことが不可能な世界である。そうした形而上学体系に、「何性」と「存在」の区別や連関を問題にする余地はない。存在しない「何性」が初めから無化されているからである。エティエンヌ・ジルソン（Étienne Gilson）教授がこの型の存在論を、「統合的事物主義（un chosisme intégral）」[8]と呼ぶのは正しい。統合的事物主義とは、すなわち、諸事物（les choses）の存在論的構造が、諸事物が——もっと精確に言えば「諸実体」が——既に充全に「構成されている」存在論的次元において考察された体系、「「実体」が何らの亀裂もなく、「何性〔本質〕」「存在」「一」が完全に一体化した存在論的塊として把握される体系」[9]である。

　ここで言及される「何らの亀裂もなく、何性、存在、一、が完全に一体化した存在論的塊として実体が把握される」という考え方は『形而上学』第四巻〔第二章〕に見える文章でアリストテレス自身が限りなく明瞭に表現している。その箇所でアリストテレスは「ひと」を「本質」の例としながら、幾つかの興味深い同定を行う。アリストテレスが行う同定は次のものである。(1)一つの人間＝人間、(2)存在する人間＝人間、(3)一つの存在する人間＝一つの人間、(4)一つの存在する人間＝存在する人間。ここでは、「存在する〔者〕」と「一つ」は、概念としてある場合をのぞいて互いに不可分離である〔と考えられている〕。そして、両者は「本質」とともに、どこにも何ら内的亀裂を見せない完全な全体を成す。アリストテレスが実際に述べた内容は次の通り。

さて、もし「存在する者」(to on)と「一」(to hen)が同じであって、それらが一つの定義により表示されるという意味でなく、「原理」と「原因」がそうであるように〔現実世界において〕互いに寄り添っているという意味において、一つの自然本性であるならば、――この意味でそれらの同一性を我々が諒解するとしても我々の議論は損なわれず、それどころか、その仕方で諒解することは我々の目標にとってより好ましいかもしれないのではあるが、――「一つの人間」(heis anthrōpos)は「人間」(anthrōpos)と同じことを意味し、「存在する人間」(ōn anthrōpos)は「人間」と同じことを意味する。そして、これらの表現を組み合わせたとしても何も変化は生じない。「一つの人間」と「一つの存在する人間」は同じことを意味するからである。そして、(「人間」として)あるに至る場合にも、消滅する場合にもそれらの表現が不可分離であることは明瞭である。また「一であること」の側から事態を考察しても同じことが当てはまる。(「一」という語の)追加は何ら新たなことを表示しない。「一(なる存在する人間)」は「存在する(人間)」と全く同じだからである[10]。

次の一点は特に記しておく価値がある。この文章の冒頭において、「存在する者」と「一」の同一性を語る際に、概念把握の次元での同一性は念頭に置かないとアリストテレスは言う。概念把握の次元で、それらは互いに違う。概念である限りの「一」は「一」であって他の何ものでもない。同様に、「存在する者」の概念は「存在する者」であって他の何ものでもない。だが、それら二者は、一方に述語づけられるものは何であれ、それに他方が述語づけられうるという意味で、同一である[11]。しかしながら、この言葉の力は直に続く一文で――その文章がアリストテレス自身に本当に由来するのであればだが――弱められ、ほとんど無化されてしまう。いずれにせよ、アリストテレスが係わるのは、「一」「存在者」「本質」が実在に、つまり非概念的な一つとなったものである。

このことが我々の目標群にとって注視すべきなのは、アリストテレスが前掲文で無視した「存在」と「本質」の概念的区別がまさにムスリムの哲学者たちの関心事となったからである。「存在」は「何性」の「偶有」である（quod esse sit accidens eveniens quidditati）というテーゼは、この基本的理解をもって接近するときにのみ正しく理解されるであろう。しかしながら、イブン・スィーナーに向かう前に、この問題に関するファーラービーの見解を考察せねばならない。

前に示したように、ファーラービーこそは、「何性」と「存在」の二分法を明瞭に定義のかたちでイスラーム哲学に導入した最初の人物であった。先例なきこの貢献でもっとも重要な点は、「何性」と「存在」の連関を述べる際にファーラービーがアーリド（ʿāriḍ, すなわち、「（外から）〔何かに〕起こったもの」）とラーズィム（lāzim, すなわち、不可分離の、ないし本質的な属性、ないし随伴性）という語を用いたことである。アーリドという語は、それと同じ語根から派生し、アリストテレス『カテゴリー論』で「偶有（accident）」――基体にたまたまある性質――を意味するアラド（ʿaraḍ）という語と密に連関する。[12] このかたちで提起された問題はイブン・スィーナーに引き継がれ、東洋と西洋の双方において提起される主要な形而上学的問題の大本となった。

ファーラービーが展開する議論の要点は、右に我々が見たアーリドという語が混乱を招き、曖昧な語であったことが否定しえないことにある。「存在」が「何性」に起こる、ないし生ずると語るときに、果たしてファーラービーは、理性が具体的に存在する事物を概念的要素に分析する際に、概念分析の次元でこころのなかでのみ起こる出来事を言うのだろうか。それとも、実在というこころの外の世界に起こる現実の出来事をファーラービーは念頭に置くのか。ファーラービー自身はそれへの回答を明示しない。ファーラービーは、両方ともを意図していた、つまり、アーリドという語は第一の思考領域から〔現実世界に起こる出来事という〕第二の領域への転換点、ないし推移の変わり目を意味するのではないか、というのが我々の結論であるが、まずは彼の議論を読むことにしよう。有名な『叡智の台座』の冒頭にそれは見える。(1)

現実に我々が周りに見出す各々の事物は「何性」と「存在」(huwīyah)をもつ。(13) そして「何性」は「存在」と全く同じなのでもないし、「存在」が(構成要素として)「何性」に含まれるのでもない。(14) もし、(例えば)ひとの「何性」がそのひとの「存在」と全く同じであるとすれば、ひとの「何性」をあなたがこころのなかに思い浮かべるときにはいつも、まさにそのように表象することでそのひとの「存在」を思い浮かべていることになろう。つまり、あなたがひとの「何性」を思い浮かべるときにはいつも、まさにその表象により、ひとの「である性」を思い浮かべていることになろう。すなわち、そのひとの「存在」を直に知っていることになるのだ。(15) さらに言えば(もし、「何性」が「存在」に他ならぬのであれば)、「何性」を思い浮かべるごとに、それが存在するという判断を必然的に産み出すことになろう。(16)

「存在」はこれら〔我々の眼の前に見える〕事物の「何性」のうちに含まれるわけでない。そうでないならば、「存在」はそれらの本質構成要素であり、存在なしに「何性」を思い浮かべることはできないということになろう。その場合には、想像のなかにおいてすら、存在を「何性」から引き離して、例えば、「物体であること」と「動物であること」の連関と全く同じ仕方で「存在」が「人間」に対して立てられることなどは全く不可能だということになろう。人間である限りの人間を諒解する者たちが、もし、「物体」や「動物」が意味する内容を諒解しているならば、彼らは人間が物体であることや人間が動物であることを絶対に疑わないのと同じように、そうした者たちは人間が存在者であることを疑わないであろう。だが、実際にはそうでない。反対に、そうした者たちは感覚知覚や論理的推論によってそれが証明されない限り、(人間の「存在」を)疑うだろう。

このことから、「存在」ないし「……であること〔である性〕」はどの存在する事物についても、その事物の構成要素でないと結論づけられる。だとすれば、それは、外から（「何性」）に「起こる」、随伴する何かでなければならない。[17]「存在」ないし「……であること」は、「何性」が現実化された後に、その「何性」に附帯する性質群に属するのでない。[18]

さて、「本質」（dhāt）に起こる全ての属性は次の二つの集合《クラス》に分けられる。(1) 或る特定の「本質」そのものを原因としてその「本質」に起こる属性群、(2)「本質」でない別の何かを原因として、当の「本質」に起こる属性群。

「存在」は、「属性」を原因として或る事物に起こる属性群[19]に属しえない。それ（すなわち、属性）は、当の事物（すなわち、「何性」）が存在した後にのみ、存在しうると性格づけられるので、何か（すなわち、或る属性）が、未だ「存在」をもたない或る特定のもの（すなわち、「何性」）に起こり、附帯することはありえないからである。したがって、（未だ存在しない）「何性」に、その当の「何性」が現実化した後でのみ実現しうる何かが附帯することはありえない。

「何性」が現実化した後にのみ、「現実化」〔という属性〕がそれ（すなわち、「何性」）に起こる、つまり、（「何性」自身が）存在した後にのみ、（属性としての）「存在」が「何性」に起こる、と考えることはできない。その場合には、それ自身（が存在者と成るに至る）より前にそれが（既に）あったと我々は言わざるをえないであろうからである。

したがって、「存在」は、「何性」そのものからその「何性」に起こった属性群の一つではありえない。〔一般的に、何らかの個体としての〕事物が現実化された状態になったときに初めて、その事物はその事物自身の属性群の始原たりうる。事物が現実化されて初めて、その事物が幾つかのもの（すなわち、属性群）の原因となって、そうした幾つかのものがその事物に起こる。なぜなら、或る属性がそれに起こるとともに、それが属性を必然化させる、そうした事物が、それに後続するもの（つまり、属性）の原因だからだ。そして、「原因」そのものが「必然的に存在する」のでない限り、「原因」は「結果」を必要としない。だが、それ〔すなわち、「原因」〕は、存在しない状態では、「必然的に存在する」のでありえない。かくして次のように結論づけられる。或る事物の「存在」がそれ自身の「何性」（essence）である場合を除いて、「存在」は「何性」の要請する何かでは決してありえない[20]。このことすべてから、「存在」の出で来る始原は「何性」以外の何かでなければならないことが明白になる。（前に示したように）何らかの原因の結果として、或るものに起こる各々の属性は、事物それ自体のなかに己れの始原を有するか、その当のものと違う何かに始原を有するのかのいずれかであるからである。だが、「何性」がたまたま「存在」と同一でない限り、「存在」が「何性」そのものの結果でありえないことは既に証明した。そうであれば、「存在」は、当の「何性」でない何かからその当の「何性」に至るのでなければならない。そのものの「存在」が「何性」から区別され、さらには、「存在」が「何性」の内的構成要素でない、そうしたものはすべて、「存在」を己れ以外の何かから得る。そして（「原因」の連鎖）は究極に、「何性」が「存在」と区別されない始原に至りつかねばならない[21]。

このかなり長い一節を翻訳して提示したのは、その歴史的重要性のためからだけではない。確かに、このファーラービーの考え方がイブン・スィーナーに及ぼした影響によって、この文章の重要性を測ることは可能だろう。実際、イブン・スィーナーはこの議論全体を受け容れ、全く同じかたちで再現し、己れの体系を統合する部分としている。だがそれだけでなく、我々がこの一節そのものを検討して、その基本構造を明るみに出す目的からでもあった。この議論を正しく理解することは、イスラームの伝統における後代の形而上学的考え方を摑むために決定的に重要である。

アリストテレスと同じく、ファーラービーは、自己にとって第一次的な実在性である具体的に存在する事物から出発する。ファーラービーはまず、具体的に存在する事物――これが、何らの亀裂もない全体として存在論的な塊であることを我々は既に見た――を「何性」と「存在」に分析することから始める。我々は、「何性」である限りの「何性」を、その「存在」に即して観ることなく、思い浮かべることができるという観察に基づいて、「何性」が本質的に「存在」と違う何かだとファーラービーは論ずる。或る事物の「何性」はその事物の「存在」を含意しない――つまり、「存在」は、例えば、「物体であること」や「動物であること」が「人間」という「何性」の構成要素であるような意味において、「何性」の本質的構成要素《ムカウウィム》（muqawwim）であるのではないとファーラービーは続ける。この前提となる議論から、「存在」とはアーリド（ʿāriḍ）、「何性」に「起こる」何か、偶有としてある何かだと彼は結論づける。

議論の全体が、或る実際にある事物についての理性的分析の次元における概念構造に係わるのは明瞭である。そして、問題とされている「生起」は概念の領域に配置される出来事である。しかしながら、前に記したように、この議論の成り行きの途中で、或る実在の「存在者」を純粋な概念構造から考察する場面から、それを、こころの外にある客観的な構造から考察する場面へと移行する。この転換点はアーリドという語で特徴づけられる。別の仕方で表現すれば、ファーラービーは、実在の世界には、「存在」が「何性」に「起こる」と我々が語りうる、何らか特定の側面があるのだと主張している。この転換点で議論は著しく神学的な色合いを帯びて、創造の問題、すなわち、創造者と被造物のあいだの違いの問題に暗黙のうちに係わる。「存在」と「本質」との連関に即して観れば、創造者はそれ自身の「本質」がまさに「存在」であるような何かである。それに対して、創造された事物は、その当の事物の「本質」が「存在」と同じでないばかりか、その当の事物の「存在」の原因たりえない、そうしたものとして提示される。創造された事物たちの「存在」は、別の始原、つまり、「存在」の賦与者たる創造者から、それらの事物へと出で来るのでなければ（「起こら」ねば）ならない。

しかしながら、前述した概念分析がこの議論にも影を落としていることは注目せねばならない重要な点である。

ファーラービーにとって、具体的な実在性そのものは、「何らの亀裂もない存在論的塊」であった。したがって、具体的な実在性のなかに〔「存在」と「本質」という〕二つの要素の二重性が占めるべき場はない。前に述べた概念的区別が具体的存在者に投影されて初めて、具体的存在者が「何性」と「存在」から構成されると考えうる。そのときに限り、我々は、「存在」が、それを創造する「始原」から出で来り、「何性」に「起こる」と語りうる。実のところ、始原から出で来るのはむしろ、何ら内部構成されていない「存在論的塊」であり、その構造は次章において分析される。

イブン・スィーナーは、ファーラービーから「何性」と「存在」の区別をそのまま継承した。しかしながら、スコラ哲学の歴史においてそのテーゼは通常、典型的にイブン・スィーナー・テーゼと見做されるほどにイブン・スィーナーの名と密に連合するに至った。

イブン・スィーナーは、「何性」と「存在」の区別を、ファーラービーが用いたのと全く同じ議論で証明する。

あなたは「三辺形」の意味を理解するものの、三辺形が、〔具体的事物のなかにあるという意味での〕具体的事物のなかの「存在」によって性格づけられるのか、それとも、それがそうした「存在者」でないのかに疑いを挿れる場合がしばしばある。あなたがこころのなかで（その三辺形を）何らかの線や面から構成されていると表象しているにも拘わらずそのように疑いを挿れる場合がある。（あなたがこの仕方でその三辺形を表象しているにも拘わらず）それが存在するか否かについて何ら観念をいまだもたぬ場合があるということである。[22]

「何性」をもつありとあらゆるものが、具体的事物の一つとして実際に「存在する者」として、ないし、こころのなかの表象として、現実化されるに至るのは、その当のものの構成要素が実際にそこにあることによる[23]。したがって、或る事物が、(1)それ（つまり、その当の事物）がこころのなかであれ、こころの外にであれ「存在する者」としてあることとも、(2)それが「存在」によって構成されていることとも違う、そうした「本質」（ḥaqīqah）を有する場合には、「存在」は、その当の事物の「本質」に附加された何か（つまり、外から来る何か違うもの）であるはずである。それ（つまり、附加された何か）が（「本質」から）分離されないか、あるいは分離されるかのいずれかであっても[24]。

さらに言えば、「存在」の原因群（causes）は、「何性」の原因群と違う[25]。例えば「人間であること《インサーニーヤ》」（insānīyah）は、それ自体を観れば「本質」であり、〔精確に言えば、〕具体的事物の一つとして実際に「存在する者」であること、ないしこころのなかで存在する者であること、が己れの構成要素とならずに、単に己れに附加される何かであるような「何性」である。もし仮に、そうしたことが「何性[26]」の構成要素であるなら、「何性」の観念が、その構成要素（つまり、「何性」の構成要素と仮定された「存在」）が伴わなければ、こころに実現することはありえないだろう。そして「人間であること」の観念が、「存在する者」としてこころのなかに現実化されることも、外の世界でそれに対応する「存在」があるのかないのかを疑うことも決してありえないであろう。

「人間」（やその他同類）の場合には確かに、実在の「存在」か否かの疑いはほとんど起こらない。だが、それは「人間」を思い浮かべることに因るのでなく、感覚知覚を通じて「人間」に相当する個別者たち（つまり、個々の人間）を識ることに由来する[27]。

このようにイブン・スィーナーは、ファーラービーの跡を追って、「何性」と「存在」の区別を確立する。この形而上学体系における「存在」は、「何性」がもつ本質的性質によってだけでは説明されえない何かである。それは、「何性」を超えた何か、「何性」に附加される《ザーイド》何か（zā'id）である。

この二分法が、第一次的に、概念の地平に、概念分析の次元で起こる出来事であることはいくら強調してもしすぎることはない。このように確立された区別は、存在論的な実在性を、つまり具体的に存在する事物を、概念的に分析した結果である。

イブン・スィーナーの立場を正しく理解する上でこの点はもっとも重要である。イブン・スィーナーの形而上学は根柢において「本質主義的」だとしばしば主張されてきたからである。[28] この見解は、イブン・スィーナーの思想の根本構造を誤解することに由来する。その誤解は、西洋においてしばしば見られるだけでなく、東洋においても見られる。

イブン・スィーナーにとって、全ての形而上学思考の第一次的な究極の対象はまさに「存在者《マウジュード》」、現実に存在する事物であったのをまずは観て取らねばならない。イブン・スィーナーの全形而上学体系とはこの直接触れうる実在性の構造を知的《インテレクチュアル》・学問的に分析することである。イブン・スィーナーは第一次的に「何性」を直接所与の事実として出発したわけでない。ファズルル・ラフマーン教授が述べるように「彼はまず本質と存在を互いに分かたれた要素として採り上げて、次に形而上学的化学作用でもって、或る一つの対象に融合させようとしたのではない[29]」。それと反対に、イブン・スィーナーは、〔眼の前にある〕その具体的対象から出発して、それに概念分析を施し、そのなかに「何性」と「存在」という二つの構成要素を見出す。そうした手続きを踏むことは、当の具体的対象が事実として二つの要素から構成されると主張することと同じでない。もし「存在」が「何性」に外から降り来る何かであるなら、その当の「何性」は、「存在」で性質づけられる前に「存在するもの」であったろうとスフラワルディーが批判するのは、全く当たらない。この批判は、イブン・スィーナーにとって、「何性」と「存在」の連関が、こころの外の実在する世界に生起する何かであるとの想定に基づく。しかしながら、イブン・スィーナーの採るのはそうした立場でない。

この誤解を生じさせた直接の原因は、イブン・スィーナーが普遍問題と連関づけて提示した独自の「自然本性」(ṭabīʿah)、ないし「自然的普遍」(kullī ṭabīʿī) の理論でなかったかと思われる。イブン・スィーナーが主張するのは、各々の「何性」は全て、それ自体として、つまり、それがその「何性」であるその限りにおいて (bi-mā hiya tilka al-māhīyah ないし min ḥayth hiya hiya)、〔それ自体として〕想定されることを許容するということである。この側面から観た「何性」は、一でも多でもなく、普遍的でも、個別的でもなく、「存在者」でも、「非存在者」でもない。例えば、人間の「何性」は、単純に「人間」であって、それ以上でもそれ以下でもなく、その意味内容は、精確に、「人間」の定義で与えられる内容、である。その意味内容は、「存在」と「非存在」の区別に立ち入らない。そうした状態での「何性」が「自然本性」や「自然的普遍」と呼ばれ、それ自体は、「存在」と「非存在」の両者に対して中立であるが故に、「存在」で性格づけられて、具体的事物の一つとして実際に存在する「何性」や、こころのなかに実際に存在する「何性」に転化する。

この理論でもっとも重要なのは次のことだ。イブン・スィーナーは、具体的で客観的な実在性の世界に「何性」が無垢なままで実際に見出されると主張しているのでない。そうした主張をするならば、「存在」に先立つ「何性」は何らかの仕方で既に「存在者」としてあるとの誤ったテーゼを含意してしまう。イブン・スィーナーが言いたいのは次のことだ。或る具体的事物を理性が分析するときに、理性は「何性」を、(1) 事物のなかに外側から来る限定を全て排した絶対的純粋性の状態にあると見られた「何性」として考察しうるのと同じように、全く同じ「何性」を (2) 具体的に個物として実現したものとして考察することもできれば、(3) こころのなかに表象されたものとして考察することもできる。同一の「何性」のこれら三つの側面を、「何性」の三つの観方 (iʿtibārāt thalāthah) と呼ぶ。[30] イウティバール (iʿtibār、複数 iʿtibārāt) という語は、或る事物の主観的な観方、つまり、理性の分析作用を通じて産み出された何か、ないし措定された何か、を意味する。それは、第一次的には認識主体に現れ、次に、認識する事物の客観的側面であるかの如くにその当の事物に投影される、事物の側面である。我々のさしあたりの課題において、「何性」の三つのイウティバーラートのなかでもっとも根柢的であるのは――

もっとも根柢的と言うのは、もっとも純粋だからである――「自然本性」ないし「自然的普遍」である限りの「何性」である。

その当の事物がもともとの統一された状態に再構成されるためには、そうした状態にある「何性」に外側から「存在」が「附加されて」あらねばならない、とイブン・スィーナーは言う。今や、以上に述べた全ての過程が概念分析の次元でのみ起こることは明瞭であろう。「何性」と「存在」の区別はイブン・スィーナーのなかでは概念的区別である。

「存在」の問題の神学的側面、つまり、創造に係わる側面に関しては、ファーラービーに関して述べたことがそっくりそのままイブン・スィーナーの思想にも当てはまる。

同じ類の誤解を産み出しかねないし、歴史的に誤解を生じさせたもう一つの重要な問題にも全く同じ解決法が実際に用いられる。その問題は有名な、イブン・スィーナーの「可能性」論に係わる。イブン・スィーナーの思想において、もっとも根柢的に、「存在者」は「必然的存在者」と「可能的存在者」の二つのカテゴリーに区分されることはよく知られている。「存在」そのものである「必然的存在者」が絶対者、ないし神であるのに対して、他の全ての事物は「可能的存在者」である。或る「可能的存在者」は、それ自体を観れば、「……でありうる」、「……でありえない」との意味での「存在」、「非存在」のどちらにも係わらないものである。「可能的存在者」が現実に存在するためには、外から「存在」を獲得せねばならない。したがって、その状況は「自然的普遍」のあり方に係わる状況と全く同じである。第六章でやや違った角度から「可能的存在者」の「存在」の問題に立ち戻ることにしよう。

注

（1）ルイ・ド・レイメケル『存在の哲学――哲学的統合論』（Louis de Raeymaeker, *Philosophie de l'être: Essai de synthèse métaphysique*, Louvain: Institut supérieur de philosophie, 1947, p. 145）。

（2）サブザワーリー『形而上学詩注』（*Sharḥ-i Manẓūmah*, ad v. 17）。

（3）サブザワーリー『形而上学詩注』（*Sharḥ-i Manẓūmah*, v. 22）。

（4）ノリス・クラーク（W. Norris Clarke）によるウィリアム・カーロウ『実存的形而上学における本質から存在への究極的還元可能性』への「序文」（William Carlo, *The Ultimate Reducibility of Essence to Existence in Existential Metaphysics*, The Hague: Martinus Nijhoff, 1966, "Introduction", XIV）参照。これは、アエギディウス・ロマヌスの形而上学的立場をめぐるカルロ教授の解釈について言われた文言である。それ故、西洋のスコラ学へイブン・スィーナーが及ぼした影響という間接的な関係のことを除いては、イスラーム哲学とは何ら関係ない。しかしながら、彼の言葉は、サブザワーリーの立場を記述するのに素晴らしく適している。

（5）アリストテレス『分析論後書』（VII, 92 a 34–35）。

（6）イスラーム哲学での古典的な例は、伝説上の鳥の名アンカー（'anqā'）、すなわちグリフィンである。

（7）アリストテレス『分析論後書』（VII, 92 b 4–18）。

（8）エティエンヌ・ジルソン『存在と本質』（*L'être et l'essence*, Paris: Vrin, 1948, p. III）参照。

（9）エティエンヌ・ジルソン『存在と本質』（*L'être et l'essence*, p. 90）。

（10）アリストテレス『形而上学』（IV, 2, 1003 b 26–27）。

（11）この同一の区別を記述するために、ムスリムの哲学者たちは、こう述べるであろう。「一」と「存在する者」は、「本質的で第一義的述定」の水準において、概念として互いに異なるが、他方では、こころの外にある実在の同一の一片（*miṣdāwan*）に両者が当てはまるという意味で、両者は同一である。

（12）イブン・スィーナーは、偶有（'araḍ）という語自体を用いて同一の状況を記述する。

(13) ファーラービーは、より一般的に用いられるウジュードの代わりにフウィーヤ（huwīyah）という語を用いるが、これはイスラーム哲学において二つの意味をもつ。(1) こころの外にある世界で或る事物が完全に現実化されているという状態（al-taḥaqquq al-khārijī）、すなわち或る事物の具体的かつ個別的な実在（al-ḥaqīqah al-juz'īyah）、そして (2) 或る事物をそのような現実化の状態へもたらすこと。この二つ目の意味で、フウィーヤはウジュードと同義である。そして、ファーラービーは明らかにこの語をこの意味で用いている。

(14) このテクストは次のように読まれるべきである。wa-lā (huwīyatu-hu) dākhilah fī māhīyati-hi.

(15) ファーラービーとアリストテレスとの違いに注意。アリストテレスは、先に見たように、それが現実に存在することをまず知らねば、或る事物の「何性」を（語の真の意味で）知ることはできないと考える。

(16) なぜなら、この仮定では、「何性」を思い浮かべることは、事実上、「存在」を思い浮かべることであるから。

(17) それが「随伴的」（lāzim）とみなされるのは、実在の外的世界でもこころのなかでも「存在」なしに「何性」が自存的ではありえないからである。しかし、概念的には、また抽象化の高度な水準で、「何性」は「存在」から差異化されうるし、純粋な「何性」として外的であろうと心的であろうと「存在」と関係なくそれ自体で考察されうる。

(18) この一文は、「存在」の随伴性の解明を意図している。前置詞「後に」（ba'da）は、「存在」が「何性」に、「何性」が現実化した「後に」ではなく、「前に」のみ付帯する特性である、という考えに我々を誤導するものであってはならない。ファーラービーが実際に意味するものは、「後に」でも「前に」でもなく、何性の現実化と「ともに」つまり「同時に」である。

(19) 仮に存在がまさに「何性」によって引き起こされる属性で、「何性」に存在が現れるなら、それは次のような仕方であることになる。(1) 当の「何性」の存在より前に、あるいは (2) その「存在」の後に、のどちらかである。換言するなら、「存在」という偶有は、存在しない「何性」、もしくはすでに存在している「何性」のどちらかによって引き起こされるはずである。ファーラービーはさらにこの両方の場合が不可能であることを論証する。

(20) ここで言及されているのは、絶対者であり、その「本質〔何性〕」が自身の「存在」〔と一致している場合〕である。

(21) ファーラービー『叡智の台座』（*Fuṣūṣ al-Ḥikam*）のテクストを私は次の著作から引用する。ムヒーッディーン・マフディー・クムシイー『形而上学』（Muḥyī al-Dīn Mahdī Ilāhī Qumshih'ī, *Ḥikmat-i Ilāhī*, II, Tehran: Mu'asseseh-yi Maṭbū'āt-i Islāmī,

1345 A.H., pp. 5–6)°

al-umūru allatī qabla-nā, li-kullin min-hā māhīyatun wa-huwīyatun. wa-laysat māhīyatu-hu ʿayna huwīyati-hi, wa-lā dākhilatan fī huwīyati-hi. wa-law kāna māhīyatu al-insāni huwīyata-hu la-kāna taṣawwuru-ka māhīyata al-insāni taṣawwura huwīyati-hi. fa-kunta idhā taṣawwarta mā al-insānu, taṣawwarta huwa al-insānu, fa-ʿalimta wujūda-hu, wa-la-kāna kullu taṣawwurin li-l-māhīyati yastadʿī taṣdīqan bi-wujūdi-hā. wa-lā al-huwīyatu dākhilatun fī māhīyati hādhihi al-ashyāʾi, wa-illā, la-kāna al-wujūdu muqawwiman, wa-lā yastakmilu taṣawwuru al-māhīyati dūna-hu, wa-yastaḥīlu rafʿu-hu ʿan al-māhīyati tawahhuman, wa-la-kāna qiyāsu al-huwīyati min al-insāni mathalan qiyāsa al-jismīyati wa-l-ḥayawānīyati, wa-kāna, ka-mā anna man yafhama al-insāna insānan lā yashukku fī anna-hu jismum aw ḥayawānun, idhā fahima al-jismun aw l-ḥayawāna, ka-dhālika lā yashukku fī anna-hu mawjūdun. wa-laysa ka-dhālika bal yashukku mā lam yaqum ḥissun aw dalīlun. fa-l-wujūdu wa-l-huwīyatu, lammā bayyannā, laysa min jumlati al-muqawwimāti min al-mawjūdāti. fa-huwa min al-ʿawāriḍi al-lāzimati. wa-bi-l-jumlati laysa min al-lawāḥiqi allatī takūnu baʿda al-māhīyati. wa-kullu lāḥiqin, fa-immā an yalḥaqa al-dhāta min dhāti-hi wa-yalzamu-hu, wa-immā an yalḥaqa ʿan ghayri-hi. wa-l-wujūdu lā yumkinu an yakūna min al-lāwāḥiqi allatī talḥaqu al-shayʾa ʿan dhāti-hi, li-anna-hu muḥālun an yakūna alladhī lā wujūda la-hu yalzamu-hu shayʾun yattabiʿu-hu fī l-wujūdi. fa-muḥālun an yakūna al-māhīyatu yalzamu-hā shayʾun ḥāṣilun illā baʿda ḥuṣūli-hā. wa-lā yajūzu an yakūna al-ḥuṣūlu yalzamu-hu baʿda al-ḥuṣūli, wa-l-wujūdu yalzamu-hu baʿda al-wujūdi, fa-yakūnu anna-hu qad kāna qabla nafsi-hi. fa-lā yajūzu an yakūna al-wujūdu min al-lawāḥiqi allatī li-l-māhīyati ʿan nafsi-hā, idh al-lāḥiqu lā yalḥaqu al-shayʾa ʿan nafsi-hi illā al-ḥāṣila alladhī, idhā ḥaṣala, ʿaraḍat la-hu ashyāʾu sababu-hā huwa. fa-inna al-malzūma al-muqtaḍī li-l-lāzimi ʿillatun li-mā yattabiʿu-hu, wa-l-ʿillatu lā tūjibu maʿlūla-hā illā idhā wajabat, wa-qabla al-wujūdi lā takūnu wajabat. fa-lā yakūnu al-wujūdu mimmā taqtaḍī-hi al-māhīyatu, fī-mā wujūdu-hu ghayru al-māhīyati-hi, bi-wajhin min al-wujūhi. fa-yakūnu idhan al-mabdaʾu alladhī yaṣdiru ʿan-hu al-wujūdu ghayra al-māhīyati. wa-dhālika li-anna kulla lāzimin wa-muqtaḍan, fa-immā ʿan nafsi al-shayʾi, wa-immā ʿan ghayri-hi. wa-idhā lam yakun al-huwīyatu li-l-māhīyati allatī laysat hiya al-huwīyatu ʿan nafsi-hā, fa-hiya la-hā ʿan ghayri-hā. fa-kullu mā huwīyatu-hu ghayru māhīyati-hi wa-ghayru al-muqawwimāti, fa-huwīyatu-hu min ghayri-hi. fa-yajibu an yantahiya ilā mabdaʾin lā māhīyata la-hu mubāyanatun li-l-huwīyati.

（22）イブン・スィーナー『指示と勧告』（*al-Ishārāt wa-al-tanbīhāt*, III, ed. Sulayman Dunyā, Cairo: Maʻārif, 1960, p. 443）。〔第四章「存在、並びに存在の諸原因について」第六節、一五頁〕

i'lam anna-ka qad tafhamu maʻná al-muthallathi wa-tashukku hal huwa mawṣūfun bi-al-wujūdi fī al-aʻyān am laysa bi-mawjūdin, baʻda mā tamaththulun ʻinda-ka anna-hu min khaṭṭin wa-saṭḥin, wa-lam yatamaththal la-ka anna-hu mawjūdun.

（23）これが含意するのは、次のことである。仮に「存在」が「何性」の構成要素の一つであるなら、「存在」は他の構成要素とともにそこにあるであろうし、「何性」がいかなる形態において現実化したとしても、「何性」と決して切り離されることもないであろう。

（24）この「分離されない存在」は、決して存在することをやめない事物の「存在」である一方、「分離される存在」は滅しうる事物の存在である。〔イブン・スィーナーの〕『指示と勧告』へのトゥースィー注（*al-Ishārāt wa-al-Tanbīhāt*, I, p. 203, n. 3）参照。

（25）「存在」の諸原因は、結果をもたらす原因、目的となる原因、基体であり、他方で「何性」の諸原因は、類と種差である。『指示と勧告』へのトゥースィー注（I, p. 203, n. 4）参照。

（26）「何性」とその構成要素ないし諸部分（muqawwināt）との関係について詳細は、イブン・スィーナー『治癒の書』「イーサーゴーゲー」（"Kitāb al-Madhkalt", *al-Shifā'*, Cairo: al-Amīriyah, 1953, p. 34）を見よ。

（27）この節全体はイブン・スィーナー『指示と勧告』（*al-Ishārāt wa-al-Tanbīhāt*, I, pp. 202–203）にある。

i'lam anna kulla shay'in la-hu māhīyatun, fa-inna-hu inna-mā yataḥaqqaqu mawjūdan fī al-aʻyāni aw mutaṣawwaran fī al-adhhāni bi-an takūna ajzā'u-hu ḥāḍiratan maʻa-hu. wa-idhā kānat la-hu ḥaqīqatun ghayru kawni-hi mawjūdan, aḥada al-wujūdayni, wa-ghayru muqawwamin bi-hi, fa-al-wujūdu maʻnan muḍāfun ilā ḥaqīqati-hi, lāzimun aw ghayru lāzimin. wa-asbābu wujūdi-hi aiḍan ghayru asbābi māhīyati-hi. mithlu al-insānīyati, fa-inna-hā fī nafsi-hā ḥaqīqatun mā wa-māhīyatun, wa-laysa anna-hā mawjūdatun fī al-aʻyāni aw-mawjūdatun fī al-adhhāni muqawwiman la-hā, bal muḍāfan ilay-hā. wa-law kāna muqawwiman la-hā, li-staḥāli an yatamaththala maʻnā-hā fī al-nafsi, khāliyan ʻammā huwa juzu-hā al-muqawwimu. fa-stiaḥālun an yaḥṣula li-mafhūmi al-insānīyati fī al-nafsi wujūdun wa-yaqaʻu al-shakku fī anna-hā hal la-hā fī al-aʻyāni wujūdun am lā. ammā al-insānu fa-ʻasā an lā yaqaʻa fī wujūdi-hi shakkun, lā bi-sababi mafhūmi-hi, bal bi-sababi al-iḥsāsi bi-juz'īyāti-hi.

（28）例えば、『トミズム』(Étienne Gilson, *Le thomisme*, Paris: Vrin, 1944, p. 58）でジルソンはイブン・スィーナーの「本質主義」にトマス・アクィナスの「存在主義的」哲学を対峙させている。

（29）ファズルル・ラフマーン「イブン・スィーナーにおける本質と存在」(Fazlur Rahman, "Essence and Existence in Avicenna", p. 13)。

（30）イブン・スィーナー『治癒の書』「イーサーゴーゲー」("Kitāb al-Madhkalt", *al-Shifā'*, p. 15)。

訳註

〔1〕この『叡智の台座』(*Fuṣūṣ al-Ḥikam*) はファーラービーの著作とされてきたが、実際にはイブン・スィーナーかその学派の作と考えられる。また、著作名は *Fuṣūṣ al-Ḥikam* とも *Fuṣūṣ al-Ḥikmah* とも題される。本書のこの問題については以下の S. Pines, Kh. Georr による解説参照。Muḥammad Taqī Dānishpazhūh (ed.), *Sharḥ-i Fuṣūṣ al-Ḥikmah mansūb-i Abū Naṣr-i Fārābī az Muḥammad Taqī Istarābādī*, Tehran, 1980.

第五章　存在は何性に先立つ

これまでに描かれた仕方でファーラービーとイブン・スィーナーによりイスラーム哲学に導き入れられた「存在」と「何性」の二分法は、東洋のスコラ学と西洋のスコラ学のどちらにおいても確立した伝統の一部となった。東洋と西洋の双方で、この二分法が幾つかの哲学的問題の大本となった。それらの一つは、第一次性、ないし存在論的根柢性《アサーラ》（aṣālah）の問題、つまり、「存在」と「何性」のどちらが「根柢的に実在的なもの《アスィール》」（aṣīl）なのかという問題である。より精確に形式化すると、その問題は次のように述べられるであろう。こころの外の世界において、「存在」と「何性」のどちらが対応する実在性をもつのか。ともに等しく「根柢的に実在的なもの」でないのではと問うことすらできる。アスィールの反対語は、「こころのなかで措定されたもの」を意味するイウティバーリー、つまり、こころの外にある具体的な実在性の一片から直に、そして第一次的に抽き出されたのでない観念や概念のことである。(1) したがって、「存在」と「何性」のどちらかだけがアスィールであれば、残る一つはイウティバーリーにならざるをえない。

理性の分析機能がいかなる仕方で各々の具体的対象のうちに二つの要素、「存在」と「何性」を共に認めるかは前章で展開した議論で明瞭になったと思う。具体的対象のなかに見出され、具体的対象から抽き出されたかたちでも見出されるこれら二要素が、観念、ないし概念、に他ならぬことを前章の議論は含意する。ここで我々に課される問題は、これら二つの理性の産物が、それらが抽き出されたもともとの対象の存在論的基本構造にいかに連関するかである。具体的なもともとの対象は、己れの存在論的構造のなかに、二つの観念に対応する「二つの違う実在性」を含むのか？ それとも、もともとの対象は、これら二つの観念のうちの一つに直に対応する「たった一つの実在性」をもち、もう一つの観念の方は、直に対応する実在性をもたないということなのか？ 仮に後者であるならば、どちらの観念が「実在性」に対応するのか？

これらの問いに対して、イブン・スィーナー以後の思想史は三つの回答を掲げた。

(1) 「存在」と「何性」はともに根柢的に実在的なもの（aṣīl）である。
(2) 「存在」だけが根柢的に実在的なもの（aṣīl）であって、「何性」は仮構的《イウティバーリー》である。
(3) 「何性」だけが根柢的に実在的なもの（aṣīl）であって、「存在」は仮構的《イウティバーリー》である。

第一の立場は擁護しがたい。その理由は直後に述べる。事実、高名な哲学者は決して誰一人この立場を採用しなかった。唯一の例外は、サブザワーリーと同時代人でシャイヒー派として知られる著名な学団の創始者、シャイフ・アフマド・アフサーイー（Shaykh Aḥmad Aḥsāʾī, d. 1826）であると言われている。(2)

「存在の根柢性」（aṣālat al-wujūd）と呼ばれる第二の立場は、ムッラー・サドラーが体系的な仕方で提唱し、サブザワーリーもまたこのテーゼを強く支持した。サブザワーリーと同時代の人、ムッラー・アリー・ズヌーズィー（Mullā ʿAlī Zunūzī, d. 1889/90）もこのテーゼを支持した代表的人物として挙げることができる。(3)

第三の立場を採るもっとも有名な代表者はヤフヤー・スフラワルディーであることは一般的に合意されている。

ムッラー・サドラーの師である、ミール・ダーマード（Mīr Dāmād, d. 1631）がこの立場を採ったことは特筆すべきである。現在では、ハーイリー・マーザンダラーニーが積極的にこの「何性の根柢性《アサーラト・マーヒーヤ》」（aṣālat al-māhīyah）を擁護する。[4]

我々はさしあたり、イスラーム哲学においてマーヒーヤという語が二つの違う意味で用いられたのを思い出すことでこの問題についての議論を始めることにしよう。マーヒーヤの二つの意味とは、(1)「特殊な意味での」マーヒーヤ（māhīyah bi-al-maʻnā al-akhaṣṣ）、これは、何かについて「それは何であるか」と問うたときの回答で与えられる内容を指す。「それは何であるか」を言い表すマー・フワ（mā huwa）ないしマー・ヒヤ（mā hiya）がこの意味でのマーヒーヤの語原。(2)「一般的意味でのマーヒーヤ」（māhīyah bi-al-maʻnā al-aʻamm）、これは、それによって或る事物がまさにそれであるところのもの、つまり、その当の事物の「実在性《ハキーカ》」（ḥaqīqah）そのものを指す。この意味でのマーヒーヤの語原はマー・ビ＝ヒ・フワ・フワ（mā bi-hi huwa huwa, 字義通りには、「それによってそれがそれであるところのもの」）である。[5]

一般的意味でのマーヒーヤ、つまり「本質」の意味でのマーヒーヤは、「存在」そのものがこの意味での「本質」をもつのであるから〔つまり、「存在」という概念に対応する実在性は、「それ（我々が眼の前に見ている当の事物）がそれである（存在していると我々が判断しうる）根拠」だと言うことができる〕、「存在」と対立しない。そうであるばかりか、「存在」の根柢性という立場を採る者たちによれば、「存在」は「本質」をもつことにおいて、他の全てよりも優れている。「存在」はもっとも十全で絶対的な意味で「実在的」だからである。

特殊な意味でのマーヒーヤ、ないし「何性」はそれに対して、明瞭に、「存在」と対立する。これは、前章で解説した「自然的普遍」というイブン・スィーナーの概念に相当する。根柢性を問う場合に問題となるのはこの意味でのマーヒーヤである。サブザワーリー、ならびに彼と同じ見解を共有する者たちは、「存在」がアスィールであって、他方、この意味でのマーヒーヤがイウティバーリーであると主張する。

この前提的諒解に基づいて議論の要点を纏めてみよう。或る具体的事物、すなわち或る「存在者」(mawjūd)、例えば石が、そこにあるのを我々は眼の前にする。我々の理性はそれを、(1) その当の対象が「石であること」ないし「石性」と (2) 対象が現実にあることの二つの部分に分析する。(1) が、その対象〔すなわち、その当の個体としての石〕を他のすべてのものから区別する「何性」であるのに対して、(2) は、その対象〔すなわち、その当の個体としての石〕を現に実在の何かとする「存在」、その当の事物が他の全ての「諸存在者」と共有する「存在」である。かくなる仕方で、我々は、一つの具体的事物〔すなわち、その当の個体としての石〕から二つの違う観念を獲得している。

我々のこころのなかで互いに違っているこれら二つの観念が、こころの外の世界では翻って同一の対象を指示するのは明瞭である。論理学的に言えば、これら二つの観念が、同一の主語つまり、もともとの具体的対象に帰属する二つの相異なる述語のもとになる。このような仕方でもって、我々の眼の前にある一個体としての石について我々は次のように言う。

「これ(この対象)は石である」――現実個体の「何性」を指示しながらの言明。
「これ(この石)は存在する(=「存在者」である)」――現実個体の「存在」を指示しながらの言明。

これら二つの命題の主語は同じであるので、主語が表示する具体的対象は同一の実体、何らの亀裂もない存在論的塊であるのは明瞭である。しかしながら、その主語は二つの違う述語をもつのであるから、一つの対象それ自体が二つの違う側面をもつ〔と二つの命題は主張している〕のも明瞭である。さて、ここで問題になるのは次のことだ。或る特定の具体的事物のこれら二つの側面は、「二つの違う実在性」を表示しているのか。それとも、二つの側面のどちらであれ、どちらか一方だけが、それに対応する「実在性」をもつのか。二つの側面がともに「実在的」でない〔つまり、「実在性」を表示しない〕と考えるのは不可能である。そのように考えたならば、当の具体的対象が全く「実在性」を欠くことになり、世界に「実在の」ものが何もなくなってしまう。

これら二つの側面がともに「実在的」だと見做すこともできない。「石であること」とそれが「存在すること」が「二つの違う独立した実在」を表示することになってしまうからである。もし仮に、これら二側面がともに実在的なのであれば、一つの石が実在性において一つの実体としてあるのでなく、二つのものが複合されたものになる。いわば、「二つ」というまさにその状態にある或る石が、「二つ」の違う事物になってしまう。互いに独立した具体的な複数の「実在」としてある二つの事物の場合には、サブザワーリーの言うように、二つの事物を複合すると、石と人間が隣り合わせに置かれたが如くの一つのものを構成することになる。そのとき、「存在」はまさに「何性」の現実化であることをやめてしまう。そうした想定の下では、「何性」そのものが己れ自身を現実化させる働きを帯び、「存在」は「存在」で同じく己れ自身を現実化させる働きを帯びるからである。

この議論が示すように、「存在」と「何性」はともにアスィールでありえないのだから、我々はどちらかだけがアスィールであり、他方はイウティバーリーなのだと言わざるを得ない。これはほぼ確実である。したがって、どちらがアスィールで、どちらがイウティバーリーなのかを決し定めることが我々の課題である。この問題をめぐって、ムスリムの哲学者たちは対蹠に位置する二陣営に分かれる。

或る観念、ないし或る概念がアスィールであると言うときに、そうした観念、または概念そのものが「実在的である」のだと主張するのでないことを今一度、思い起こしておきたい。或る観念、ないし或る概念がアスィールなのだと言うことで意味するのは、当該の観念が第一次的に、そして本質的に、こころの外の世界におけるそれと対応する「実在性」をもつということである。ここで言う「第一次的に、そして本質的に」という句が重要である。イウティバーリーである概念であっても、二次的に、そして附帯的には、何らかの「実在性」を指示するからだ。したがって、我々の眼の前にある或る具体的な石について、「それは石である」（「何性」）と「それは存在する」（「存在」）と我々が言うときに問題となるのは、これら二つの観念のうちのどちらが、第二次的で、そして附帯的な仕方でなく、第一次的で、そして本質的な仕方で、こころの外にあるその当の石の「実在性」であるのかを精確に知ることである。

「存在」の根柢性（aṣālat al-wujūd,「存在」の根柢的指示性）の立場を採る者たちは、外の世界に対応物をもつのは、「何性」の観念でなく、「存在」の観念であると主張する。「何性」＋「存在」という、こころのなかでの合成物に外界で対応するのは、さまざまな、そして多彩な現象的形態を帯びる「存在」に他ならぬことをこれは意味する。これらの諸形態を理性は個々に独立した「何性」であると見做すが、実際には、「存在」が帯びる、それだけ多くの様相に他ならないということだ。次章でより詳しく見るように、この視点において、さまざまな「何性」は、「存在」の内的限界、ないし自己限定である。さまざまな「何性」は、全てに行き亙る「存在」が内的に変容したその諸形態に過ぎない。「存在」そのものは何処にでも見える。いささかも途切れることなく「存在」は我々の世界を満たしている。だが、それはいわば、著しく伸縮自在な可塑的構造を帯びた何かである。「存在」は、人間、石、机等の無限に相違う形態をもって己れ自身を顕す。これらさまざまな形態ははっきりと互いに違う。「人間」としてある限りの人間〔つまり、「人間」という「何性」で把握された限りの現実個体の人間〕は、「石」としてある限りの石と違う。しかしながら、それらが、「存在」と呼ばれる単一なる「実在」が内的に変容したさまざまな形態として、ないしさまざまな様相としてある限りにおいて、それらは究極に同一である。さまざまな事物の間に観られる違いは突き詰めてゆくと程度の違いである。視点を支えるこの一点は一般的に、「存在の超越的一性」（waḥdat al-wujūd）の名で知られる。この学統のヒクマト哲学者たちと、スーフィーたちが「存在」の根柢性に即して観れば、互いに見解を同じくするのを驚く由縁は何もない。

この視点のなかでは、「これは石である」との属性帰属判断は、外側にある状況をこころが写し取ったものである。その外側の状況とは、全てに行き亙る「存在」という実在性が己れをこの特定の場に、この特定の形態で顕した、すなわち我々の理性が「石であること」と見做すのに慣れ親しんだ形態で顕した、そうした状況である。この仕方で考察すれば、その当の「何性」――今追っている例では「石であること」――は文字通りの意味での「現象」に過ぎない。それは、己れ自身の堅固で独立した実体をもつかに見えるが、実在性においては、写真のネガのような何かである。つまり、それ自身を観るならば〔全てに行き亙る「存在」という実在性でないのだから〕それは「無」である。

同じ当の石について存在判断をなして「その石は存在する」と言う場合には、見かけは独立した対象〔すなわち、個体としてのその石〕がその存在の働き《アクトゥス・エッセンディ》を行使する、そうした〔我々にそのように映る〕外側の状況を写し取るその作業のなかで、我々のこころにおいて、「その石」という主語が、写真のポジとして己れの存在の働きを行使している〔そうした我々のこころのなかでの出来事をこの存在判断は言い表している〕。しかしながら、実在性において、己れ自身の働きを、己れ自身の様相の一つを通じて行使しているのは、「存在」そのものである。

以上に輪郭を与えておいた「存在」の根柢性というテーゼは、イスラーム哲学史上初めてムッラー・サドラーによって形而上学の最高原理として確立された。この考え方が、ムッラー・サドラーに先立つ、イブン・スィーナー、トゥースィー、その他の哲学者たちの諸作に暗黙の裡に表現されていたのを見つけ出すことは難しくない。意識的に、そして体系的な仕方で明示的に定式化され、その意味内容が汲み尽くされることで、このテーゼは形而上学の全体系を、アリストテレス主義から、本質的にアリストテレス的でない何かに変容させうる原理となった。アンリ・コルバン教授は、このテーゼを最高度の形而上学原理として確立したことはムッラー・サドラーにより成し遂げられた「革命」なのだとまで言う。イブン・スィーナーの形而上学を含む、ムッラー・サドラーに先立つイスラーム形而上学の全体が無条件に「本質主義的」であったとの意味でこの言を我々が捉えない、という条件のもとでのみ、これは正しい〔第二章一一八頁、注3のアンリ・コルバンの文章が、ムッラー・サドラーより前の哲学者たちの形而上学を本質の形而上学と位置づけていることに注意〕。こうした性格づけを除くと、この考え方が、ムッラー・サドラーの哲学的営為から創り出された全体系を支配し、ムッラー・サドラーが巨大な形而上学体系を構築する際の礎として機能することは全くもって正しい。

興味深い指摘をしておけば、このように、「存在」の根柢性のテーゼを主張する代表者となったムッラー・サドラーは、それより前の若かりし日には、それと反対のテーゼの熱心な擁護者であった。ムッラー・サドラー自身が次のように言う。

> 若かりしときに私は、「何性」がアスィールであって、「存在」がイウティバーリーであるというテーゼの熱心な擁護者だった。私の主が私に導きを与え、〔そのテーゼが誤りであることの〕確実な徴を私に見せてくださるまでは。豁然《かつぜん》として、私の精神的な眼が披かれて、私はこの上ない明瞭さをもって、真理は、概して哲学者たちが主張することと反対であるのを見た。直観という光で、私を根拠なき考え方の闇の外に連れ出してくださり、現世においても来世においても変わることのないテーゼに確乎として私を据えられた、神に讃えあれ。
>
> その結果、「諸存在《ウジューダート》」(wujūdāt)(6)が第一次的に「諸実在」であって、他方、「諸何性」は、「存在」の薫りを嗅いだことのない「諸恒常原型《アウヤーン・サービタ》」(aʿyān thābitah)である(との見解を今や私は抱く)(7)。「諸存在」とは、絶対的に自存する存在の真の光によって〔四方八方に〕照射される光の線に他ならぬ。他方、「諸存在」の各々は多数の、本質的特性と理性で摑まれる性質により性格づけられている。これらこそが、「何性」として〔一般的に〕知られているものだ(8)。

どんなに長々と書き連ねてみても、この文章の末尾ほどにムッラー・サドラーの採った立場を明瞭にするのに敵わない。その箇所で、「諸何性」は、「理性で摑まれる性質《マウアーニー・アクリーヤ》」(maʻānī ʻaqlīyah)、つまり、我々の理性が個別的「諸存在」のなかに知覚し、個別的「諸存在」から抽出する、そうした主観の側から把捉した性質群として描かれる。なお翻って、個別「諸存在」そのものは、存在という実在性がさまざまに内的限定作用する働きに他ならなかった。かくして、この立場から観る視点においては、「何性」こそが、本来の実在性から遠く離れた要素である。それらはおおむね、実在性の単なる影、かすかなる反映に過ぎない。この考え方はムッラー・サドラーの諸作の多くの箇所で明瞭に定式化されている。例えば次の箇所がそれである。

> 「存在」とは、「存在者」、各々に第一次的に実在的なるものである。それこそが「実在性」である。「存在」以外のあらゆるもの(つまり、「何性」)は、反対に、〔水や鏡に〕映る像、影、ないし幻のごときものである。[9]
>
> 「存在」とは、「何性」に即せば、その「存在」のさまざまな種やそれの個体たちが互いに違い、「定義」や「本質」に即せば、その「存在」の類と種差が互いに区別されうるにも拘わらず、かけがえのない自存する一つの実体であって、さまざまな段階、つまり高低さまざまな程度を帯びた、たった一つの現実化〔原語はhuwīyah, そのもの性〕をもつ。[10]

「何性」の根柢性を信奉していたのに、主の導きにより、つまり精神的な内なる照明により反対の見解へと「回心」したとのムッラー・サドラー自身の記述から、その心変わりは一つの見解を捨てて、他の見解で置き換えたといった単純なことでないのは非常に明瞭だ。それは、単に、理性の見晴らしが変わったのでない。「存在」の根柢性は、ムッラー・サドラーがかつて確信していた知的次元と全く違う次元に立った個人的経験に基づく哲学的確信であった。それは、「存在」の神秘的体験に深く根ざす哲学的立場であった。この視点から観て、「存在」の根柢性の問題こそが、ムッラー・サドラーの全ての哲学的営為を主導する観念――すなわち実在性を直に経験することのない哲学者が不完全な哲学者であるのと同じく、理性の分析的思考能力を欠く神秘家は不完全な神秘家に過ぎぬとの観念――が立ち現れた一点であった。存在を経験することで、ムッラー・サドラーはこれら精神的生の二つの側面を完全な統一体とする。以上に述べたことに関してサブザワーリーはムッラー・サドラーの足跡を忠実に辿る。サブザワーリーは神秘家として、〔理性的に〕推論することは、トマス・アクィナスがかつて適切に指摘したように「知性に備わる或る種の欠損」(defectus quidam intellectus)[11]に由来づけられる〔つまり、知性には何らかの欠損があるから推論せざるをえないのであって、もし欠損がなければ、推論なしに何ごとをも判断するはずである〕のを間違いなく十分に自覚していたが、他方、哲学者としては、理性的に論証せねばならないという原則に厳密にしたがった。サブザワーリーの『形而上学詩注』は、主として、いやそのほとんど全てが、彼の思考のこの第二の側面の記述に充てられている。その書でサブザワーリーは、「存在」が根柢的であることを示す幾つかの理性的証明を提示する。サブザワーリーの証明はかなり簡素なかたちで提示されるのを常とする。ここでは、その簡素な文章をやや開きつつ、そうした証明のうちの二例を再現しておく。第一の証明は次の通り。[12]

〔「存在」が根柢的であることを証明するために、〕「存在」がアスィール〔根柢的〕でなくて、「何性」がアスィールだと仮定しよう。そうすると、世界には実在的な「一性《ワフダ》」(waḥdah)がどこにもないことになる。実在的な「一性」が世界の側に欠けるならば、その場合には必ず、通常なされる判断行為がどれも不可能であることが帰結してしまう。通常の判断形式――イスラーム哲学で「普通の論理的述語づけ」(ḥaml shāʾiʿ ṣināʿī)[13]と呼ばれる――では、一性と、多様性が同時に条件づけられる。「人間は書くことができる」(al-insān kātib)と我々が判断する場合には、「人間」という主語と、「書くことができる」という述語が、相違っていなければならない。もし「人間」と「書くことができる」が完全に同じであるならば、それらの間に主語＝述語連関は起こりえないだろう。しかしながら、「人間」と「書くことができる」を一つにする〔例えば「基体に宿る偶有」というときの「宿る」のような〕何らかの視点がなければならない。もしいかなる視点から観ても、それらが分離し、相違い、関係を全くもたないならば、「人間」と「書くことができる」は主語＝述語連関という一性の形態に決してもたらされないだろう。

この類の判断において、多様性、ないし二性の側面は「何性」の側に由来する。命題の主語が述語と違うのは、「人間」という概念、ないし「何性」が本質的に、「書く者」という概念、ないし「何性」と違うからである。同一性の側面は「存在」から与えられる。それは、主語である「人間」〔に対応する何か〕が〔外的世界に〕存在する、まさにその「存在」を通じて、述語である「書く者」〔に対応する何か〕が外側の世界で存在するという意味においてである。

「人間」という概念は、「書く者」という概念とはっきりと違う。しかしながら、或る場合に、これら二つの違う概念が、「それは人間である」と「それは書くことができる」と言うことがともに真であるような、概念的でない、つまり実在の世界にある同一の対象（miṣdāq）〔つまり、「それ」と指される対象〕に付属するような場合がある。そのとき、「人間」という概念と「書く者」という概念の同一性は「存在」によって与えられる。ここでも何処でも「存在」は、それ自体が単一の実在性であって、主語と述語はともにそれによって存在する。にも拘わらず、この同一の「存在」は二つの違う側面、ないし段階をもつ。主語はこれら二段階のうちの一つにおいて存在し、述語はもう一方の段階において存在する。[14]「普通の論理的述語づけ」が第一次的に要請する条件、すなわち、〔そうした仕方で連関する主語と述語は〕同時に一つであるとともに二つであらねばならないという条件は、かくして、「存在」と「何性」の共同作業によって満たされる。

だが、このことは、「存在」が〔実在性を指示する〕アスィール〔根柢的概念〕であると仮定してのみ可能である。反対の仮定をするならば、つまり、「存在」は〔実在性を指示せぬ〕イウティバーリー〔仮構概念〕であって、外の世界に現実としてあるものは何であれ、それは「何性」なのだ、と仮定した場合には、実在的な一性が外の世界に現実として存在しないことになってしまう。定義上「何性」こそが、多性と多様性の原理だからである。「人間」の「何性」はそこにあるだろうし、「書く者」の「何性」もそこにあるだろう。だが、それらは個々別々にそこにあるのであって、存在論的連環はそれらの間に全くない。この仮定の下では、そうした連環を提供すると考えられる「存在」は、〔実在を指示せぬ〕イウティバーリー〔仮構概念〕、つまり実在でないものとされていたからだ。

我々がこれから再現しようとする、「存在」が根柢的であることを示す第二の理性的証明には、「何性」が「類比的濃淡」(tashkīk)であるとの考え方が含まれる。その証明は、「原因」と「結果」の連関をめぐって展開される。

例えば、或る火Aが別の火Bを惹き起こす場合のように、「原因」と「結果」が同一種に帰属する場合を考えてみよう。AとBが同一の「何性」、つまり「火性」ないし火であることを共有するのは明瞭である。さて、「何性」が根柢的であると仮定するならば、「何性」を除いて、こころの外の世界には何ら実在的なるものはない。「存在」は単に〔実在性を指示せぬ〕イウティバーリーであるにすぎないのであるから、我々は、火Bの「何性」が「結果」であるのと同じく、火Aの「何性」が「原因」であると認めねばならない。さらに言えば、「原因」は「結果」に対して、因果における先行性、ないし因果的優先性と言われるものをもつものであるから、Aの「何性」が火であることは、Bの「何性」が火であることに先行していなければならない[15]。このとき我々は次のように結論づけざるをえない。同一の「何性」が「原因」のなかにある限りにおいては「先行し」、「結果」のなかにある限りにおいては「後続する」と。これは煎じ詰めれば、火の「何性」に「類比的濃淡」を認めること、つまり、火の「何性」が二つの段階ないし「先行」度と「後続」度という二つの程度をもつのを認めることになる。「存在」の根柢性を主張する者たちによれば、こうした立場は誤りである。「何性」〔例えば、馬なり人間なりの馬性や人間性の把握〕は常にそれそのものであり、それはいかなる変種も認めない。アリストテレスが『カテゴリー論』[16]で言うように、我々が或る特定の個体を或る時点とそれと違う時点の二時点にある場合を考えようが、或る特定の個体と違う別の個体と比較しようが、或る「人間」が「より多く、ないしより少なく人間」であることはありえない。同様に、「人間であること」において、つまり、「何性」に即して観れば、或る〔個体としてある〕人間は別の或る人間よりも「先行する」とか、「後続する」とかはありえない。

〔眼の前のそこに生じている〕「原因＝結果」の連関のなかで火Aを「先行するもの」とし、火Bを「後続するもの」とする何かは、Aが「火であること」ならびにBが「火であること」なのでない。「火であること」は何処にあっても同一だからである。火の「何性」が先行することと後続することの違いを産み出すのは、先行・後続、強弱、等に即して濃淡をもつ「存在」である。今論じている例に即せば、実際に「先行」したり「後続」したりするのは、まさに火の「何性」ではある。しかしながら、火Aが「先行し」、火Bが「後続する」のは、まさにその「何性」そのものの本性によるのでなく、「存在」によるのであって、「存在」に由来づけられて「諸何性」がさまざまな程度ないし段階を帯びて現実にそこにある。

原因（A）の「何性」（火であること）が結果（B）のそれに「先行」し、「より強度が高い」のは、「何性」そのものの性格に即して観た場合にそうなのでなく、「存在」のもつさまざまな程度に即して観た場合にそうである。Aに見える火の「何性」は、B段階に見える全く同じ「何性」に欠けた、或る固有の特性を帯びた存在論的段階にある。「存在」の実在性とここで言うのは、単に、「存在」という概念、ないし「存在」の観念を意味するのでないことも我々は思い起こさねばならない〔つまり、「存在」概念という我々が把握した固定された何かに対応する実在性がそこにあって、我々はそこに「存在」を発見するだけでなく、遡れば「存在」の実在性こそが第一次的に我々の「存在」の概念、ないし観念に働きかけてくるものであった〕。「存在」の実在性がこの「類比的濃淡」をもつという考え方は、「存在」の根柢性を主張する者たちの哲学において礎石と成るに至る。

「存在」であれ、「何性」であれ、「類比的濃淡」(tashkīk)は、ヒクマト形而上学の根柢的構造を骨の髄に至るまでに性格づける中心的重要性を帯びた概念である。この問題は第七章で十分に扱うことにする。ここでは、さしあたり、多くの事物がみな同一の存在論的基盤ないし存在論的根を共有しながらも、まさにその存在論的基盤に内在するさまざまな様相の働きによって互いに違う、そのことに「類比的濃淡」は見出すことができると言っておけば足りる。「存在」の根柢性を奉ずる者たちは、その基盤はどの場合を観ても、「存在」に他ならぬ、したがってその基盤は無限の可塑性をもつ何かと見做されねばならないと主張する。「存在」に内在するさまざまな様相は、あたかも「何性」と呼ばれる独立し自存する実体であるかの如くに我々の眼に見える。それにも拘わらず、徹底的に分析すれば、「何性」は我々のこころが理性的に練り上げた産物であることがわかる。例えば、或る対象がそれとは別の対象よりも白いとしよう。だが、そのことは、「白さ」そのものという「何性」の強度に違いがあることに由来するのでなく、全く同じ「何性」の、「現実化」すなわち「存在」のもつさまざまな程度に由来する。

これらのヒクマト哲学者たちと対立して、「何性」の根柢性を奉ずる者たちは、これまでに述べた議論で語られた〔事物の〕共通基盤はやはり「諸何性」によって与えられるのだと主張して、その理由を、そうした存在論的基盤を与えることを許容するような〔確乎としてある〕客観的実在性を「存在」がもたぬことにもとめる。例えば、林檎が熟す過程において赤さを増しつづけるとき、無限の数の度合いが、赤さという「何性」そのもののなかに現実化されている。しかしながら、と彼らは論ずる。無限の度合いや段階が「何性」のまさに内部で現実化されるにも拘わらず、「何性」は常に、客観的「実在」として同一の特定の本性を保持しつづける。この〔「何性」根柢性論者の〕視点において、林檎が赤く色づく最初の段階と赤く成りきった最後の段階のあいだに、広大な範囲に及ぶ赤さが帯びうるヴァリエーションがあり、融通するこの全体が〔赤さという〕「何性」を構成する。これが、「何性」が「類比的濃淡」をもつということの意味である。

「何性」の根柢性を主張する者たちが、「何性」の内的構造のうちに「類比的濃淡」を認めないという選択肢を採ることは難しいと言わねばならない。さもなくば、彼らは、林檎が赤く色づく最初の段階と赤く成りきった最後の段階のあいだにある限られた、つまり有限の範囲内に、無限数の具体的「実在」が現実化されていることを認めねばならないだろうからである。事実、「何性」こそが実在を指示するアスィール〔根柢的概念〕であり、「存在」は実在性を指示せぬイウティバーリー〔仮構概念〕であると主張する者たちのなかには、「何性」に「類比的濃淡」を認めない者もいる。彼らは、ただ、例えば、火Aが火Bの「原因」となる、〔そのときの「原因」であることの現実的根拠、すなわち、〕火Aの「何性」が帯びる程度の強さが、火Aの「何性」に内在するまさにその構造に帰属するのは、火Bの「何性」が帯びる程度の弱さが火Bの「何性」の本質的部分を構成するのと同じだ、ということを受け容れているにすぎぬ。しかしながら、この場合には、Aの「何性」は、Bのそれと違う「何性」であることを認めねばならなくなる。Bの「何性」が、Aの「何性」が帯びる程度の強さを本質的に欠いた「何性」であることになってしまうからだ。この立場は、こころの外の世界で、林檎が赤く色づく最初の段階と赤く成りきった最後の段階のあいだの或る定まった範囲内に、無限の数の「何性」が現実化されているのだとの道理に合わない帰結に導かれてしまう[1]。

「存在」の根柢性を示す第二の証明であり、先に言及した「原因＝結果」の連関に見える「先行」と「後続」に基づく証明が、「何性」の「類比的濃淡」を認める論敵に対して効力をもたないことも我々は附記しておこう。右に見たように、「先行」と「後続」に即して観た火Aと火Bの違いは、同一の「何性」の内的段階と結びつけて説明することが十分にできる。

スフラワルディーは、「何性」根柢性説、と「何性」の「類比的濃淡」論を組み合わせた立場を代表する。その立場からの視点には、「存在」が実在を指示せぬイウティバーリー〔仮構概念〕であることが含まれるのは論ずるまでもない。この問題についてのスフラワルディーの立場を十分に理解するには、「存在」と「何性」の二分法についてスフラワルディーがどのように語るのか、それとともに、彼がイブン・スィーナーのテーゼをどのように批判するのかをまずは確かめなければならない。

イブン・スィーナーの語る「存在」と「何性」の二分法が、概念の領域、概念分析の次元に起こる出来事であって、具体的な実在性の領域での出来事でないと解釈されねばならないことは第四章で既に示された。しかし、ここからは我々自身の解釈にとりかかるべきだろう。客観的に見て、イブン・スィーナーの言葉が曖昧であるのを認めねばならない。それは、イブン・スィーナーの言葉はそれと違う解釈を許すということである。イブン・スィーナー自身は、ナスィールッディーン・トゥースィーと違って、こころのなかで表象される領域をのぞいて、「何性」を「存在」から区別することは起こらない、と明瞭に断言はしない[17]。

事実、スフラワルディーは違う解釈を採る。その解釈によると、イブン・スィーナーと、彼に随う逍遥学派の哲学者たちは、客観的な実在のまさにその構造のなかで、具体的な事物における「存在」が「何性」と違う何かであり、「何性」から区別されると考える誤りを犯している。スフラワルディーは精確にこの理解に基づいてイブン・スィーナーのテーゼを批判する。

「こころのなかでの違いは必ずしも、実在の違いを含意しない[18]」、つまり、二つの事柄が概念において互いに区別されるということが、必ずしも、それらが具体的な事物においても違うことを示すわけでないという原理からスフラワルディーは議論を出発させる。この基本原理に基づき、「何性」と「存在」は概念分析の次元においてのみ、二つの違う事柄なのであり[19]、対して、こころの外の世界では、それらは単一の「実在」としてあるに過ぎず、二つの独立した要素から成る複合体ではない。

イブン・スィーナーの立場を我々が正しく解釈しているとすれば、この点までは基本的にスフラワルディーはイブン・スィーナーと見解を一にする。スフラワルディーがイブン・スィーナーと見解を違える唯一の点は、「存在」という概念は、徹頭徹尾、イウティバーリー〔仮構概念〕であり、実在する「存在者」のなかにこの概念と直接対応する実在は何もないと、スフラワルディーは明言し、強く主張することにある。実際、「存在」という語の客観的な指示対象は、現実にある限りでの「何性」(māhīyah ka-mā hiya) 以外の何物でもない。我々は、こころの外の世界で完全に現実化された「諸何性」に出会っているのであって、それを超えたところにそれらが連関すべき何かがあるわけでない。第一次的に、そして根柢的に実在的なのは、「何性」である。そして、概念的に分析されたときに、「何性」という根柢的な実在が「存在」という概念を産み出すのだ。これと同じことは「一性」にも当てはまる。[20]

スフラワルディーがこの問題をめぐる見解においてイブン・スィーナーと決定的に袂を分かつのは、我々が解釈したようにはイブン・スィーナーの二分法を解釈しないからである。〔「存在」と「何性」の二分法を用いるときに〕イブン・スィーナーは、こころの外にある対象のもつ内的構造のなかに二つの構成要素が実在的に区別されていることを念頭に置く、とスフラワルディーは受け取る。スフラワルディーは何度も繰り返し立ち戻ってイブン・スィーナーの二分法のこうした理解を提示する。「存在」が「何性」と違う何かでなければならないのは、我々が何らかの「何性」、例えば三辺形をこころに思い描いたとしても、それを思い描いた後になおも、その三辺形が実際に存在するか否かを疑うからだという〔本書第四部第四章に掲げた『指示と勧告』第四章第六節に見える〕イブン・スィーナーの主張に抗して、スフラワルディーは次のように論ずる。[21]

我々が「何性」を「存在」から独立した何かとして諒解するからと言って、こころの外の世界において

「存在」が「何性」と違う何かだと結論づけることは許されない。〔何故に許されないかと言うと〕全く同じ仕方で、「存在」――例えば、アンカーという名の怪鳥の「存在」を考えてみよ――は、それ（すなわち、その特定の「存在」）が存在するか（すなわち、具体的な事物のなかで現実化されているか）否かを知らずとも、こころに像として〔つまり、概念として〕形作られうるからである。そうであれば〔己れが想像する架空の生物の「存在」、すなわち、アンカーが存在するとの想像、は確かにありうる、ならばそうした想像上の事態でも「何性」が「存在」から区別されねばならない、とイブン・スィーナーのように主張するならば〕、その「存在」はまた別の「存在」を要請する〔つまり、概念としての「存在」は実際に存在することと違うのだから、概念としての「存在」はさらにそれが実現するための「存在」を必要とする〕。そして次から次へとその要請はつづき〔前記のように要請された「存在」もまた想像された事態であるので、その場合には、さらなる「存在」が要請される〕、終には、我々は「諸存在」の無限連鎖が同時に実現していることを認めねばならない。[22]

イブン・スィーナーは、「何性」をこころのなかの像として形成できても、それが実在的「存在」であることを我々が疑えるのを理由に、外の世界では「存在」が「何性」と違う何かなのだと論ずる。しかしながら、同じ議論が相違う幾つかの結論を導き出してしまう。こころのなかに「存在」をもつ心的像〔イブン・スィーナーの挙げる三角形でも、スフラワルディーの挙げる怪鳥でもよい〕に対応する実在する「存在」が現実世界にあるかないかを疑うことができるのであれば、二種類の「存在」があるのを信じていることになる。このとき第二の「存在」は第一の「存在」と実在的に違う何かである。[23] 第一の「存在」が存在するためには、第二の「存在」を要請し、第二の「存在」が第三の「存在」を要請するといった具合に、無限に要請される。この立場が間違っていることは明瞭であり、その誤りは、「存在」が実在的な何か、つまり具体的な事物のなかに「存在する」何か、だと考えたもともとの仮定から結果している。スフラワルディーによると、「存在」はイウティバーリー、すなわち「こころのなかで措定された」何かであって、「存在」と「何性」の区別は概念分析の領域のなかでしか起こらない、というのが真実である。

　以前に指摘したように、スフラワルディーの批判がイブン・スィーナーの文章を誤解したことに基づくのを認めてしまえば、スフラワルディーによるイブン・スィーナー・テーゼへのこの批判は不当である。しかしながら、その批判力の弱さは些細な問題に過ぎない。我々の目標にとってずっと重要なのは、「存在」がイウティバーリーという本性をもつとスフラワルディーが強く主張するのに着目することである。「存在」の本性をこのように眺めるのは、サブザワーリー形而上学の根柢的な考え方と対蹠に位置する。

「存在」こそが全てのもののなかで第一次的でもっとも明瞭なものであって、他の何ものによっても定義されえないと逍遥学派の哲学者たちは主張する。[24] この主張は難点から眼を背けているとスフラワルディーは言う。「存在」という語は日常的な用法においてすらそれと識別される意味（ないし複数の意味）をもつのが実状である。スフラワルディーは続けて言う。そうしたそれと識別される「存在」の意味の全てが、「存在」がイウティバーリーであることを示していると。

　まず最初の意味は、「その当のものが家のなかに存在する」、「その当のものがこころのなかに存在する」、「その当のものが実際に存在する」、「その当のものが時間のなかに存在する」などという命題によって表現される「連関」、空間、時間である。ここで「存在」という語が意味するのは、「……のなかに」(fī) という前置詞の意味と全く同じである。言い換えると、「存在」は現実にこころの外にある「何性」(māhīyah khārijīyah) が場所と時に連関するのを表示する。「存在」という語が表示するこの連関そのものは我々の理性が産み出した何かである。

第二の意味は、主語と述語の論理的連関である。「ザイドは書く者として存在する」（すなわち、「ザイドは書く者である」）といった命題に見えるように、「存在」は述語が、命題の主語により表示される、こころの外にある「何性」に連関するのを意味するにすぎない。

第三の意味は、「本質」（ḥaqīqah ないし dhāt）である。或る事物の「存在」、という表現がしばしば用いられる。この表現は、その当の事物の「本質」、ないしその当の事物「それ自体」を意味する。この意味における「本質」ないし「それ自体」はこころが抽象したもの、すなわち、理性の分解する働きが現実に存在するその当の事物（つまり、こころの外の「何性」）から抽き出した抽象的観念にすぎない。

これら三つの場合の全てにおいて「存在」という語が表示するのは、概念化の次元でのみ、「諸何性」と連関させられた「理性的な側面」（iʻtibārāt ʻaqlīyah）である。「何性」はこころの外の世界に現実化されている実在の事物であるが、「存在」は以下のような側面、すなわち我々の知性のなかにのみ生起し、具体的な事物の客観的構造のなかに、いわば読み込まれてゆく側面を表示する。

このようにスフラワルディーは「存在」を、「可能性《イムカーン》」（imkān）、「一性《ワフダ》」（waḥdah）などと同じく、「理性的側面」ないし「理性的様相」（jihāt ʻaqlīyah）の一つとして数える。[25]「存在」の観念は、それに対応する具体的形相《スーラ》（ṣūrah）を外の世界にもつわけでない。「存在」は概念化されたときにのみ「何性」と違うものとなる。実在性から成る、概念化以前の段階の、ないし概念化されざる世界には、「存在」に対応する実在的実体はない。

「存在」「可能性」などは、それらが結びつけられる「諸実在性」（つまり、「何性」）と（概念上は）違うものであり、それらから区別されることを私は直ちに認める。だが、これら「諸実在性」から識別される要素が、己れの具体的形相をこころの外の世界にもつ、という考え方を私は決して認めない。[26]

「理性的様相」の問題は、多くの人のこころを混乱に導いてきた微妙な性格を帯びる、とスフラワルディーは指摘する。「存在」「可能性」「一であること」などは、現実化《フウィーヤ》（huwīyah〔外の世界にそれと指定されていること〕）をもつ諸物であり、これら現実化は具体的には「諸何性」と違っている、というテーゼを擁護して、例えば、次のように論ずる哲学者たちがいる。

「実在性においてその事物〔つまり、或る特定の事物と主語で指定されたもの〕は存在する」、または「実在性において或る特定の事物はあることが可能である」、さらには「実在性において或る特定の事物は一つである」と我々が言うとき、これらの命題が、「こころのなかで或る特定の事物はあることが可能である」「こころのなかで或る特定の事物は一つである」「こころのなかで或る特定の事物は存在する」といった命題と違うことに我々は十分に気づいている。

このように（命題の二つのクラスに違いがあるのに我々が）気づくのは、具体的に可能なる事物（mumkin ʻaynī）が帯びる「可能であること」が具体的な事物のなかで「可能性」としてあることだけに由来づけられる。これ故に、（当の事物が）実在性において「可能者」であり「存在者」であるのであって、こころのなかでのみ「可能者」であり「存在者」なのでない。全く同じことが「存在」と「一」についても当てはまる。[27]

スフラワルディーによると、この議論は、判断の構造と客観的な実在性の構造とを混同することに基づく。これこそがまさに、前に述べた微妙な点である。スフラワルディーは次のように論ずる。

或る事物について我々が「それは客観的な実在性において可能である」という判断が正しいことから、その当の事物の「可能性」が客観的に外的事実だということは必ずしも帰結しない。いやむしろ、「それは客観的な実在性において可能である」ということは、こころの形成した判断内容である。[28] 同じく、「それはこころのなかにおいて（概念上は）可能である」も、判断内容である。かくして、「可能性」は「心的属性《シファ・ジフニーヤ》」(ṣifah dhihnīyah) であって、或るときには、こころが、この心的属性をこころのなかにあるものに結びつけ、或るときには、客観的な実在性に結びつける。こころが、こころにも客観的な実在性にも中立に連関する無条件の判断を形成することもある。[29]

ここで「可能性」について語られていることが逐一、「存在」にも当てはまることは言うまでもない。日常生活において、我々は「Xは存在者である」ないし「Xは存在する」〔いずれもアラビア語での anna-hu mawjūdun を言う〕という型の判断を常に形成している。スフラワルディーによると、そうした場合の「存在」は判断領域のうちに留まっており、その対象指示は決して判断の内容を超えてゆくことがない。「存在」は人間の意識の範囲内にのみあるということだ。

今引用した文章は「可能性」が「心的属性」(ṣifah dhihnīyah) としてあるとも語る。したがって「存在」もまた「心的属性」だと見做されねばならない。「存在」と結びついた「属性」(ṣifah)、ないし「偶有」(ʻaraḍ) という概念は、イスラームの存在論において非常に重要で興味深い問題を提起する。次章でこの問題を扱うこととし、ここでは、「心的属性」という概念をスフラワルディーが順序立てて説明する文章を引用しておく。

属性は二類に分かれる。(1) 白さのように、こころのなかと、こころの外の双方で「存在」をもつ属性と、(2)「諸何性」を性質づけるものの、こころのなかでしか「存在」をもたない属性がその二類である。いやむしろ、それら〔(2)の属性〕がこころのなかにあるということそのものこそが、それらの客観的「存在」である。この後者の類の属性の例は、「人間」に述語づけられる限りでの「種」という概念、個別的人間であるザイドに述語づけられる限りでの「個別性」（ないし個体性）の概念である。例えば、「ザイドは具体的な事物のなかで個別者である」と我々が言うときには、その文によって「個別的であること」が、ザイドに内在する具体的形相をこころの外の世界でもつということを意味するのでない。同じことは「もの性《シャイイーヤ》」(shayʼīyah) ないし「事物であること」という概念にも当てはまる。「もの性」は、逍遥学派の徒の多くが認めるように、「理性の第二次対象」の一つである。にも拘わらず、我々は「Xは現実において事物である」と正しい仕方で言いうる。

「可能性」「存在」「必然性」「一性」その他は全てこの類の属性である。

かくして、或る何かが、「実在的に個別な何か（つまり個体）」であること、ないし、或る何かが、「実在的にありえない〔あることが不可能な〕何か」であること〔つまりそうした言葉遣い〕は、必ずしも、「個別的であること」――「不可能であること」にも同じことが当てはまる――が、こころの外の世界でその当の事物そのものに附加されている具体的な「形相」や「実在性」をもつことを表示するわけでない。それと全く同じように、或る何かが、「実在的に存在可能である何か」であること、ないし或る何かが、「実在的に存在する何か」であること〔という言葉遣い〕は、必ずしも、その当の事物の「可能性」そのもの、ないし「存在」そのものが外の世界に現実化されていることを意味しない[30]。

我々はここまで、スフラワルディーの唱えた、有名な、「存在」のイウティバーリー性〔こころのなかで措定された何か〕というテーゼの概観を描いてきた。スフラワルディーはさらに次のように論ずる。もし「存在」がイウティバーリー〔こころのなかで措定された何か〕でなく、こころの外の世界に実在する何かであるなら、それは「現実化されて」ある、すなわち、それは「存在者」としてあるのでなければならない。これは、「存在」が「存在」

をもつことを含意し、無限遡行に導かれてしまう。

　この批判に抗って、「存在」の根柢性を主張する者たちが手にしている最強の議論――事実、ムッラー・サドラーとサブザワーリーはこの議論を彼らのテーゼの究極の基盤と見做す――は、「存在」が現実化されるためには、何ら他の「存在」を必要としないということである。「存在」はそれ自体において「現実化」なのだと彼らは主張する。他の全てのもの（つまり、「何性」）は「存在」により「存在者」である。だが「存在」は己れ自身によって、すなわち、それが「存在」であるということそのものによって、「存在者」である。「存在者であること」、つまり「現実化」は、偶有的には「何性」に属するのに対して、本質的には「存在」に帰属する。

　この考え方、すなわち、「存在」（wujūd）そのものが「存在者であること」だとの考え方をスフラワルディーは次の仕方で論駁する。

> 或る特定の事物が現実には「非存在者《マウドゥーム》」（maʻdūm）であると仮定しよう。彼らに次のように訊ねてみよ。その当の事物の「存在」は「非存在者」か、それとも、現実化しているのか。その当の事物が「非存在者」であり、しかし、その〔当の事物の〕「存在」は「存在者」であると言うのは辻褄が合わない。それゆえ、必ず、その〔当の事物の〕「存在」もまた「非存在者」でなければならない。
>
> 　だが、このような仕方で、それ（つまり、何か或るものの「存在」）は「非存在者」でなければならないと判断するときにも、その当の或るものの「存在」が把握されているので、「存在が、存在者であること」は「存在」そのものでないのは明瞭である。さもなくば〔論敵が言うように、「存在が、存在者であること」が「存在」そのものであるなら〕、「存在」がこころの外の世界で「非存在者」（つまり、現実化していない）と判断しているまさにそのときに「存在」の表象を我々がもつことは全くできなくなってしまうであろうからである。かくして〔「存在が、存在者であること」は「存在」そのものでないのであるから〕、「存在」が「存在者である」に

至るには、「何性」が「現実化して」「存在している」ときにその当の「存在」に生起する何か（つまり、別の存在）にのみよることを彼らは認めざるをえないだろう。つまり、「存在」が「存在者である」に至るには別の「存在」によるしかないと彼らは認めざるをえない。そして、これは無限遡行に導かれてしまう[31]。

スフラワルディーの鋭い弁証家としての能力を考えるなら——さらに彼は、霊的体験の深遠さで知られる神秘家として照明学派の長《シャイフ・イシュラーキーヤ》（Shaykh al-Ishrāqīyah）でもあったことを思い起こそう——、彼がムッラー・サドラーやサブザワーリーらにとってどれほど恐るべき論敵であったか知ることができる。

スフラワルディーは二つの側面を併せもっていた。一方で、彼は鋭い分析力を帯びた第一級の論者であった。彼は逍遥学派の徒の土俵に上がりながら、彼らと戦った。他方で、スフラワルディーはイスラーム屈指の神秘家の一人であった。この第二の領域において、彼は第一の領域とかなり違う言語と尋常ならざる象徴とイメージから成る言語で語る。そしてこの要素こそが、「存在」問題に対してスフラワルディーが採った立場を複雑なものとする。

以上に見たように、スフラワルディーは、「存在」の根柢性を主張する者たちを苛烈に攻撃し、代わって、「何性」の根柢性を打ち立てた。このことは全て、スフラワルディーの論敵が占領していた土俵に基づいてなしたことだ。スフラワルディーは、理性のひととして、論理的に己れの議論を展開する。しかしながら、彼の興味の向かう第二の領域では、「存在」や「何性」を語らない。代わりに、スフラワルディーが語るのは、神秘家である限りのスフラワルディーにとって、語の充全な意味において唯一の実在性である、精神的・形而上的な光（nūr）だ。その光は、己れ自身に本質的な性質たるに値する「類比的濃淡」によって、無限にさまざまな度や段階を帯びて己れ自身を顕す。この視点から観れば、スフラワルディーの光の構造は、イブン・アラビー並びにその追随者たちが展開した、概念としての「存在」の構造に著しく似る。ムッラー・サドラーが究極の形而上的な実在として己れ自身の「存在」把握を練り上げてゆく際に、実在性を光と見るスフラワルディー流の概念把握の影響を大きく被っているのは驚くに当たらない。この点においてサブザワーリーはムッラー・サドラーに忠実にしたがうのであるから、スフラワルディーがムッラー・サドラーの思想形成に及ぼした決定的な影響を考慮に容れずして、サブザワーリーの形而上学を十分に説明することは決してできないだろう。この点は第七章で論ずることにする。

本章で描かれた根柢性の問題を巡る論争には独特の構造がある。その構造を見落としてしまうなら、全ての議論が単なる言葉の上での論争にすぎないかに見えてしまう。

既に指摘したように、その問題は、概念分析の次元における「何性」と「存在」の区別に由来する。哲学者たちの語る、「根柢性」ないし「根源的な実在性」(aṣālah) はそれらの概念の「実在性」を問題としているのでない。概念が「何性」の側面を帯びるのであれ、「存在」の側面を帯びるのであれ、そうした概念がこころの外の世界で実在するのだと彼らが言わんとするのではない。言い換えれば、概念実在論〔概念そのものが、現実世界に実在性においてあるのだとの論〕を主張するわけでない。彼らの興味はむしろ、「存在」という概念の表示作用に直に対応する「実在性」が実際に見出せるのか、それとも、「存在」という概念を超えたところにある「実在性」は「何性」に過ぎないのかを論ずることである。「何性」の根柢性を論ずる際にも全く同じ枠組みに置かれる。「何性」の根柢性が論ぜられる場合には、「自然的普遍」である限りの「何性」という概念の表示作用の基底となる「実在性」は実在性において「何性」なのか、それとも、それは「存在」という「実在性」に過ぎないのかを発見することが課題となる。

根柢性をめぐる問題のこの基本構造を常に厳格に見損なわないようにしなくてはならない。もしこれらの要素を一つでも失えば、論争全体が無意味になる。アサーラト・マーヒーヤ (aṣālat al-māhīyah) という句中のマーヒーヤ（māhiyah）という語を「一般的意味[32]」、つまり、「それによって或る事物がまさにそれであるところのもの〔本質〕」、の意味で理解する者の場合がそれに当てはまる。十九世紀に、ミールザー・アフマド・アルダカーニー・シーラーズィー[33]（Mīrzā Aḥmad Ardakānī Shīrāzī）はその論争は本質的に言葉の上のことだと考え、問題の内的構造に唯一つの変化を導入することで一気に問題を解決しようとした。[34]その提案する解決法によれば、「存在」のイウティバーリー性を主張する者たちがこころに思い描く「存在」は、「存在」という抽象概念であり、他方、彼らが思い描く「何性」は具体的な事物のなかで現実化されている「何性」である。反対に、「存在」の根底性《アサーラ》を主張する者たちが言い及ぶ「存在」は、「存在」という「実在性」であって、「存在」という概念でない。他方、彼らが言い及ぶ「何性」は、「自然的普遍」それ自体と考えられた限りでの「何性」である。しかしながら、アーシュティヤーニー教授が指摘するようにこの解決法にはどちらの陣営も納得しないだろう。

注

（1）イウティバールという語——イウティバーリーという語はこの語から派生する——の意味は前章末尾〔一五四頁〕にさしあたり説明しておいたが、ここでより詳しく説明しておく。

（2）ハーイリー・マーザンダラーニー『ブー・アリー・スィーナーの叡智』（Ḥā'irī Māzandarānī, *Ḥikmat-i Bū 'Alī Sīnā*, I, Tehran: Sahāmī, 1377 A.H., pp. 13, 16）に附されたイマード・ザーデ・イスファハーニー（'Imād Zādeh Iṣfahānī）による序参照。シャイフ・アフマド・アフサーイーがその立場を採ったのは、「存在」と「何性」の関係を、「形相」と「質料」の関係と混同したことによるのかもしれないとイマード・ザーデ・イスファハーニーは述べている。

（3）ムッラー・アリー・ズヌーズィーは『叡智の始原』（*Badā'i' al-Ḥikam*, ペルシア語著作、リトグラフ版）でこの立場を鮮明にする。

（4）自著『ブー・アリー・スィーナーの叡智』（*Ḥikmat-i Bū ʿAlī Sīnā*, I, pp. 364–375, 385）でハーイリー・マーザンダラーニーはサブザワーリーを批判する。また当該書の別所（II, pp. 352–400）も参照。

（5）両者を区別するため、前者(1)を「何性」、後者(2)を「本質」と訳す。

（6）wujūd の複数形で、「存在」の実在性が帯びるさまざまな形態あるいは様相を意味している。

（7）「恒常原型たち」（aʿyān thābitah）という表現はイブン・アラビーに由来する。プラトン的イデアのアラビア語版であり、逍遥学派が「何性」と呼ぶものに対応する。「存在の薫りを嗅いだことのない」（allatī mā shammat rāʾiḥah al-wujūd）という一句もイブン・アラビーのものである。これで彼が意味するのは、「恒常原型たち」はそれ自体では、依然として外的な実在の世界に現実化してはいないが、イブン・アラビーの考えでは、それらは絶対者の意識のうちに「存在している」ということである。

（8）ムッラー・サドラー『存在認識の道』（*Kitāb al-Mashāʿir*, p. 35, §85）参照。

（9）ムッラー・サドラー『存在認識の道』（*Kitāb al-Mashāʿir*, p. 4, §4）。

inna-hu (ay al-wujūdu) al-aṣlu al-thābitu fī kulli mawjūdin wa-huwa al-ḥaqīqatu, wa-mā ʿadā-hu ka-ʿaksin waẓillin wa-shabahin.

（10）ムッラー・サドラー『存在認識の道』（*Kitāb al-Mashāʿir*, p. 5 §4）。

wa-inna al-wujūda kullu-hu maʿa tabāyuni anwāʿi-hi wa-afrādi-hi māhīyatan wa-takhālufi ajnāsi-hi wa-fuṣūli-hi ḥaddan wa-ḥaqīqatan, jawharun wāḥidun la-hu huwīyatun wāḥidatun dhātu maqāmātin wa-darajātin ʿāliyatin wa-nāzilatin.

（11）トマス・アクィナス『対異教徒大全』（*Summa Contra Gentiles*, I, c. 57）。

〔訳注〕井筒は、次の版を用いたと思われる。*Indices auctoritatum omniumque rerum notabilium occurrentium in Summa Theologiae et in Summa Contra Gentiles*, eds. P. Marc; C. Pera; P. Carmello, Torino; Rome: Marietti, 1961.

（12）ザブザワーリー『形而上学詩注』（*Sharḥ-i Manẓūmah*, v. 22–23）の当該箇所およびそれらに対する自注参照。

（13）「普通の論理的述語づけ」は、例えば「人は人である」や「人は理性的な動物である」という命題のような「第一義的かつ本質的な述語づけ」〔ḥaml awwalī〕と対立的に区別されるべきである。この型の述語づけ〔第一義的述語づけ〕を特徴づけるのは、外的世界の観点からだけでなく、概念としても、主語と述語が互いに全く同一〔つまりトートロジー〕であるという事実である。

(14) タキー・アームリー『高貴なる真珠』(Taqī al-Āmulī, *Durar al-Farā'id*, I, Tehran: Markaz-i Nashr-i Kitāb, 1377 A.H., p. 39) 参照。

(15) 例えば、手の動きが自然と指輪の動きを惹き起こすとき、手は指輪に対して「因果的先行性」をもつと言われるが、時間の観点からは二つの動きに先行後行の関係はない。

(16) アリストテレス『カテゴリー論』(I, 5, 3b–4a)。

(17) イブン・スィーナー『指示と勧告』(*al-Ishārāt wa-al-tanbīhāt*, I, p. 301) への注でトゥースィーは、「存在からの何性の分離は概念表象 (taṣawwur) の次元に限られる」(inna imtiyāza al-māhīyāti min al-wujūdi lā yakūnu illā fī al-taṣawwuri) と述べる。トゥースィーがその師〔であるイブン・スィーナー。無論、直弟子でない〕のもっとも忠実な解釈者であり、であるからこそ、イブン・スィーナーの哲学の「代弁者」と常に見做されてきたことを思い出しておきたい。〔ただしこの一文が本文で言われる意味で解釈できるか疑問が残る。〕

(18) スフラワルディー『直接諒解するための徴《ヒント》を記した書』(*Kitāb al-Talwīḥāt*, *Opera Metaphysica et Mystica*, I, ed. Henry Corbin, Istanbul: Deutsche Morgenländische Gesellschaft, 1945, p. 22, §12)。

lā yalzamu min al-taghāyuri al-dhihnīyi al-taghāyuru al-'aynīyu.

(19) スフラワルディー『直接諒解するための徴《ヒント》を記した書』(*Kitāb al-Talwīḥāt*, p. 23)

これこれの個体の存在は、これこれの個体の「何性」とは違うと我々が言う場合には、我々は、こころのなかで詳細化したことに即して語っているにすぎない。

idhā qulnā, wujūdu kadhā ghayru māhīyati-hi, fa-innamā na'nī bi-ḥasabi al-tafṣīli al-dhihnīyi.

(20) スフラワルディー『直接諒解するための徴《ヒント》を記した書』(*Kitāb al-Talwīḥāt*, p. 23)。

(21) クトブッディーン・シーラーズィーがスフラワルディー『照明哲学』(*Ḥikmat al-Ishrāq*) への注釈『照明哲学注』(*Sharḥ Ḥikmat al-Ishrāq*, lithograph, ed. Tehran, 1315 A.H., p. 185) で注記するように、この文言は次の事態を含意することになる。

二つの事柄の一方が他方から独立して諒解されるときには常に、それらは、こころの外にある実在性の世界において互いに違う、〔つまり、〕二つの事柄が具体的な事物のなかで一つでないことになり、〔ひいては、〕存在はこころの外の世界で「何性」と違う何かであって、「何性」に附け加えられた何かでなければならない〔ということになる〕。

kullu amrayni yuʻqalu aḥadu-humā dūna al-ākhari, fa-humā mutaghāyirāni fī al-aʻyāni, lā muttaḥidāni fī-hā, fa-al-wujūdu mughāyirun li-al-māhīyati wa-zāʼidun ʻalay-hā fī al-aʻyāni.

（22）スフラワルディー『直接諒解するための徴《ヒント》を記した書』（*Kitāb al-Talwīḥāt*, p. 22, §13）。

lā yajūzu an yuqāla, al-wujūdu fī al-aʻyāni zāʼidun ʻalá al-māhīyati, li-an-nā ʻaqalnā-hā dūna-hu. fa-inna al-wujūda ayḍan, ka-wujūdi al-ʻanqāʼi, fahimnā-hu min ḥaythu huwa kadhā, wa-lam naʻlam anna-hu mawjūdun fī al-aʻyāni. fa-yaḥtāju al-wujūdu ilā wujūdin ākhara fa-yatasalsilu murattaban mawjūdan maʻan ilā ghayri al-nihāyati.

（23）クトブッディーン・シーラーズィー『照明哲学注』（*Sharḥ Ḥikmat al-Ishrāq*, p. 185）。

或る特定の「何性」を諒解しつつも、その当の「何性」が〔外の現実世界に〕存在〔存在1＝現実存在〕するのを疑いうることが、「存在〔1〕」が「何性」に附加されることを示す。それと同じように、その当の「何性」に結びついた「存在〔1〕」を諒解しつつも〔もともと疑っていた存在1は概念としては諒解することができる〕、その「存在〔1〕」が現実世界に存在すること〔存在2〕を疑いうることが、「存在〔2〕」が、もともと提示されていた第一の「存在〔1〕」に附加されることを示すことになる。

kamā dalla taʻaqqulu al-māhīyati maʻa al-shakki fī wujūdi-hā ʻalā ziyādati al-wujūdi ʻalay-hā, ka-dhālika yadullu taʻaqqulu al-wujūdi al-muḍāfi ilā al-māhīyati maʻa al-shaqqi fī wujūdi dhālika al-wujūdi ʻalā al-wujūdi al-aṣlīyi.

（24）ここでの議論は、スフラワルディー『照明哲学』と、それへのクトブッディーン・シーラーズィーによる『照明哲学注』に基づいて展開される（*Sharḥ Ḥikmat al-Ishrāq*, p. 189–191）。

（25）スフラワルディー『採るべきことと捨てるべきこと』（*Kitāb al-Mashāriʻ wa-al-Muṭāraḥāt*, *Opera Metaphysica et Mystica*, I, p. 343, §101）参照。

（26）スフラワルディー『採るべきことと捨てるべきこと』（*Kitāb al-Mashāriʻ wa-al-Muṭāraḥāt*, p. 346, §103）。

al-musallamu huwa anna al-wujūda wa-al-imkāna wa-naḥwa-humā umūrun zāʼidatun ʻalā al-ḥaqāʼiqi llatī uḍīfat ilay-hā. wa-ammā inna hādhihi al-umūri al-zāʾidati la-hā ṣuwarun fī al-aʿyāni, fa-ghayru musallamin.

（27）スフラワルディー『採るべきことと捨てるべきこと』（*Kitāb al-Mashāriʿ wa-al-Muṭāraḥāt*, p. 346, §102）。

innā idhā qulnā, al-shayʾu mawjūdun fī al-aʿyāni, aw mumkinun fī al-aʿyān, aw wāḥidun kadhā, nudriku tafrikatan bayna hādhā wa-bayna mā taḥakkama anna-hu mumkinun fī al-dhihni, aw wāḥidun aw mawjūdun, fa-laysa illā anna al-mumkina al-ʿaynīya imkānu-hu fī al-aʿyāni, wa-kadhā al-wujūdu wa-al-waḥdatu. fa-inna-hu mumkinun wa-mawjūdun fī al-aʿyāni, lā anna-hu mumkinun wa-mawjūdun fī al-dhihni fa-ḥasb.

（28）こころは「事物が実在性において可能的である」と考える。こころのこの働きは、「事物が実在性において可能的である」ことを直接に指示しない。

（29）スフラワルディー『採るべきことと捨てるべきこと』（*Kitāb al-Mashāriʿ wa-al-Muṭāraḥāt*, p. 346, §103）。

lā yalzamu min ṣiḥḥati ḥukmi-nā ʿalay-hi, ay ʿalā al-shayʾi, anna-hu mumkinun fī al-aʿyāni an yakūna imkānu-hu wāqiʿan fī al-aʿyāni. bal huwa maḥkūmun ʿalay-hi min qibali al-dhihni anna-hu fī al-aʿyāni mumkinun, wa-maḥkūmun ʿalay-hi ʾayḍan anna-hu fī al-dhihni mumkinun fa-al-imkānu ṣifatun dhihnīyatun yuḍīfu-hā al-dhihnu tāratan ilā mā fī al-dhihni wa-tāratan ilā mā fī al-ʿayni, wa-tāratan yuḥkamu ḥukman muṭlaqan mutasāwī al-nisbati ilā al-dhihni wa-al-ʿayni.

（30）スフラワルディー『採るべきことと捨てるべきこと』（*Kitāb al-Mashāriʿ wa-al-Muṭāraḥāt*, pp. 346–347, §103）。

inna al-ṣifāti tanqasimu ilā ṣifātin la-hā wujūdun fī al-dhihni wa-al-ʿayni, ka-al-bayāḍi, wa-ilā ṣifātin tūṣafu bi-hā al-māhīyātu, wa-laysa la-hā wujūdun illā fī al-dhihni, wa-wujūdu-hā al-ʿaynīyu huwa anna-hā fī al-dhihni, ka-al-nawʿīyati al-maḥmūlati ʿalā al-insāni, wa-al-juzʾīyati al-maḥmūlati ʿalā Zaydin, fa-inna qawla-nā, Zaydun juzʾīyun fī al-aʿyāni, laysa maʿnā-hu anna al-juzʾīyata la-hā ṣūratun fī al-aʿyāni qāʾimatun bi-Zaydin wa-kadhālika al-shayʾīyatu ka-mā yusallimu-hā kathīrun min-hum anna-hā min al-maʿqūlāti al-thawānī. wa-maʿa hādhā, yaṣiḥḥu an yuqāla, inna jīma shayʾun fī al-aʿyāni. wa-al-imkānu wa-al-wujūdu wa-al-wujūbu wa-al-waḥdatu wa-naḥwu-hā min hādhā al-qabīli. fa-kamā lā yalzamu min kawni shayʾin juzʾīyan fī al-aʿyāni aw mumtaniʿan fī al-aʿyāni an yakūna lil-juzʾīyati ṣūratun wa-māhīyatun zāʾidatun alá al-shayʾi fī al-aʿyāni — wa-kadhā al-imtināʿu — fa-lā yalzamu min kawni shayʾin mumkinan aw mawjūdan fī al-aʿyāni an yakūna imkānu-hu aw wujūdu-hu fī al-aʿyāni.

（31）スフラワルディー『採るべきことと捨てるべきこと』（*Kitāb al-Mashāriʻ wa-al-Muṭāraḥāt*, pp. 358–359, §109）。
wa-rubbamā taqūlu la-hum, al-shay'u, idhā kāna maʻdūman, hal wujūdu-hu maʻdūmun aw ḥāṣilun wa-muḥālun an yakūna al-shay'u maʻdūman wa-wujūdu-hu thābitan fa-yajibu an yakūna maʻdūman fa-idhā ʻuqila wujūdu al-shay'i maʻa al-ḥukmi bi-anna-hu maʻdūmun bi-al-ḍarūrati, yalzamu an lā yakūna mawjūdīyatu al-wujūdi huwa nafsu al-wujūdi. wa-illā, mā tuṣuwwira taʻaqqulu-hu maʻa al-ḥukmi ʻalay-hi bi-'anna-hu maʻdūmun fī al-aʻyāni. fa-lā budda min kawni-hi mawjūdan bi-amrin yaḥṣulu ʻinda-hu taḥaqququ al-māhīyati wa-taḥaqququ wujūdi-hā. fa-yalzamu li-al-wujūdi wujūdun, wa-yatasalsalu ilā ghayri al-nihāyati.

（32）特殊な意味におけるマーヒーヤから区別されたものとして。この区別は、この章の始めに説明した。

（33）『存在認識の道の難しさの解明への洞察の光』（*Nūr al-Baṣā'ir fī Ḥall Mushkilāt al-Mashāʻir*）と題されたムッラー・サドラー『存在認識の道』（*Kitāb al-Mashā'ir*）への注釈の著者として知られている。『存在認識の道』へのアンリ・コルバンの「序論」（"Introduction", *Le livre des pénétrations métaphysiques*, 1965, p. 51）参照。

（34）ジャラールッディーン・アーシュティヤーニー『哲学と神秘主義の見解による存在』（Jalāl al-Dīn Āshtyiānī, *Hastī az Naẓar-i Falsafah va ʻIrfān*, Mashhad: Chāp-khāne-yi Khurāsān, 1379 A.H., pp. 217–218）参照。

訳註

〔1〕ただし附記しておくならば、神学における唯名論的解釈を採ればこれが正しい実在性となる。

第六章　存在は偶有か

「存在の偶有性」は、イブン・スィーナーが東方のムスリム世界だけでなく、西方キリスト教世界においても後代に残した重要な問題である。西洋の中世スコラ学の黄金期である十三世紀と十四世紀に、「存在」は「偶有」として「何性」に附加された何かであるか否かをキリスト教徒の学者たちが盛んに論じた。[1]例えば、ラテン・アヴェロエス主義最大の代表者であり、トマス・アクィナスと同時代の人ブラバンのシゲルス（Sigerus de Brabantia）はアリストテレス『形而上学』注解へのプロレゴメナ（序言）において、形而上学の基本的諸問題の一つに、「原因を有する事物において「存在者であること」ないし「存在」はそれら事物の「何性」そのものに組み込まれているのか、それとも、それらの「何性」に（外から）附け加えられた何かなのか」を挙げる。[2]トマス・アクィナスは、或る事物の「存在《エッセ》」は、その当の事物の「何性」から区別される何かではあるものの、にも拘わらず、「偶有」がそうであるように外から附け加えられた何かでなく、むしろ、いわば、「何性」そのものに内在する原理によって構成される何かと考えるべきだとの立場を採る。[3]無論、これは、トマス・アクィナスが理解した限りでのイブン・スィーナーのテーゼ、すなわち、白さのような通常の「偶有」が実体を性質づけるのと同じ仕方において「存在」は「何性」の「偶有」であるとのテーゼに対抗してのものである。他の箇所で、トマス・アクィナス自身が、「存在」はどの「何性」の定義にも含まれず、それは本質の外の（praeter essentiam）（「何性」の外側の）何かであると考えるのに基づいて、「存在」の「何性」への連関を描くのに「偶有」という語を実際に用いることもある(4)。

しかしながら、イブン・スィーナーのテーゼをこのように理解することが誤解であるのは明らかである。これから見てゆくように、イブン・スィーナー自身は自著『補遺集』（*al-Ta'līqāt*）で二類の「偶有」を区別して、「存在」が「何性」に連関することを描く際に「偶有」（'araḍ）や「属性」（ṣifah）といった語を用いるものの、何らかの基体に宿る白さのような「偶有」を意味するのでないことを明示する。しかしながら、ラテンのスコラ学者たちがイブン・ルシュドの側に与して同じように理解しそこなったが故に、この誤解は歴史的に非常に重要な意味を帯びる。

イブン・ルシュドは「存在」の「偶有性」というイブン・スィーナーの教説を、「存在」とはまさに、白さのような通常の「偶有」なのだとの意味で解し、この理解に基づいてイブン・スィーナーを激しく攻撃した(5)。トマス・アクィナスはこの解釈並びに批判をイブン・ルシュドから受け継ぎ、そのとき以来、イブン・スィーナーをそのように見る観方が西のスコラ学で一般的となった。今日でも、イブン・スィーナーの教説は一般的にこの解釈の下で理解されている。例えば、マンザー博士は『トミズムの本質』のなかで、この仕方で理解された教説を、イブン・スィーナーの「誤った主張」と呼び、次のように注記する。

ここでイブン・スィーナーは「論理的偶有」（つまり、述語としての「偶有」）を存在論的「偶有」（つまり、「実体」と対立しつつ、「実体」に宿る「偶有」）ないし、可述語（praedicabile）としての「偶有」を存在の範疇（praedicamentale）としての「偶有」と混同する。確かに、可能的「存在者」（ens contingens）各々の「存在」は述語の第五類（つまり、ポルピュリオスによる普遍論の順序に即した第五の普遍、すなわち、一般的偶有、ʿarad ʿāmm の意味での偶有）に属すのは真実である。だが、どの創造された実体の「存在」であれ、それを「存在範疇的《プレディカメンタル》な偶有」（エンス・イン・アリオ、ens in alio, 他の何かにおいて存在する何か）だと考えるのは間違いであり、正しくは、そうした「存在」は、「何性」と「存在」とから現実化されている実体の、実体的原理と見做されねばならない(6)。

マンザー博士の用いるエンス・イン・アリオという語句は、イブン・スィーナーによる「存在」が「偶有である」という見解をこのように理解する、ないし誤解する典型である。イブン・スィーナー自身が「存在」はエンス・イン・アリオ、「他の何かに存在する何か」だと理解していたならば、「存在」はまさに、物体に宿る白さのように、実体に宿り、内在する通常の「偶有」だということになろう。イブン・スィーナーが〔その理解の上で〕「存在」の「生起」に先立つ「何性」の存在論的地位の考察に向かったときに、そうした「存在」理解は間違いなく、袋小路に追い込まれてしまう。

存在範疇的《プレディカメンタル》な「偶有」、つまりエンス・イン・アリオの意味で理解された「偶有」は、当の事物（基体）の外側から来て、それに降り立ちそこに宿る特性であり、基体の側はその「起こりくる偶有」のために或る類の「場」を形作る。そのとき、ここで言う「外側から来る」という語句は、或る「場」そのものが考えられたときに、つまり、第二次的な状況を考慮に一切容れないときに、その特定の「場」がそれ自体だけで存続し、己れに宿ってくるその「偶有」を必要としないこと、まさにそれを言い表す。例えば、〔現実世界にある個体としての或る特定の〕物体は白さを必要としない。それが物体である限りにおいて、その特定の物体は白さという特性がそれに「起こる」か否かに拘わらずに存続する。白さは、「何性」が自存する段階に後続する段階において初めて、その

「何性」に「起こる」。

さて、「存在」がそうした「偶有」の一つであったとすれば、こうした性質を帯びる「偶有」から本質的に独立している「何性」は自存する、つまり、「存在」が「起こること」がなくても何らかのかたちで「存在する」のでなければならない。だが、何が、「存在者である」より前の「何性」の「存在」形態なのか。神学的直観に基づく議論、特に新プラトン主義の影響を被った議論では、難問は、こうした状態の「何性」は神の「意識」のなかに存在すると言うことで簡単に解決される。(7) しかしながら、存在論的に議論する場において、これは解決にならない。そうした「何性」が何か神秘的な仕方で、存在論的怪物として何処かに存在していることを我々は否が応でもなおも認めねばならない。

白さのような、存在範疇としての「偶有」――その偶有から独立して自存する「何性」にその「偶有」は起こる――として「存在」を理解するとは、「存在」が「何性」に「起こること」を、こころの外の実在する世界に起こった出来事として理解するということだ。たった今述べた難問やその他多くの難問はみなまさに、イブン・スィーナーのテーゼのこの理解から生起する。この理解が、イブン・スィーナーの言葉を誤解することに由来するのは繰り返し指摘した。

にも拘わらず、イブン・スィーナーは東洋でも西洋でも同じように誤解されつづけてきた。イブン・スィーナーについての誤った見解を不朽なるものに定めていった、初期のイスラーム哲学で名を馳せた者たちのなかで、この誤解に基づいて数々の擬似問題を提起したファフルッディーン・ラーズィーに言及しておく。我々はここで、いわゆる「ファフルの詭弁（shubhāt fakhrīyah）」に注視して論ずることはしない。イブン・スィーナーの立場を擁護してトゥースィーが提供した決定的な回答がそれよりも遥かに重要である。「存在」の「偶有性」の真の意味をその回答が後景から前景へともち至るからである。

ラーズィーの議論は彼自身の次の概念把握に基づく。己れの「存在」に先立つ「何性」は（もともと）外の世界において何らかの自存性をもち、したがって（第二段階として）「存在」はその「何性」に内在するに至る。だがこの概念把握そのものが誤っている。なぜなら「何性」があること（ないし、自存すること）がまさに「何性」の「存在」だからである。

「何性」は知性（ʿaql）のなかでしか「存在」から独立してありえない。しかしながら、このことを、「何性」は知解作用のなかで「存在」から分離されていることを意味すると理解してはならない。「外の世界にあること」〔外の世界に「何かがあるという事態」が成立していること〕が「外の存在」〔「外の世界に何かが存在すること」〕であるのと同じく、「知解作用のなかにあること」そのもの〔こころの知解作用のなかに「何かがあるという事態」が成立していること〕もまた或る類の「存在」、つまり「理性的存在[8]」〔こころの知性のなかに何かが存在すること〕であるからだ。（「何性」が知性では「存在」から離れているという）前記の文章は、知解作用には、「存在」を考慮することなしに「何性」だけを観うるという性質が備わるとの意味で理解されねばならない。何かを考慮しないことは、それを「存在しない」と見做すことと同じでないのだ。

したがって、「何性」を「存在」で性質づけることは、知解作用のなかでのみ起こる出来事である。それは、或る物体を白さで性質づけることと違う。〔或る物体が白いと言う場合に想定される事態を「何性」と「存在」に当てはめてみると〕「何性」が何らか分離した「存在」を有する、そして、その「何性」に「起こり」、「存在」と呼ばれるそうした属性が、受容体と受容されるものが一つになるような仕方で、もう一つの（分離した）「存在」を有するということ〔になるが、「何性」を「存在」で性質づけることはそうした事態を言うの〕ではないからである。そうではなくて、或る「何性」が「ある」場合には、その「あること」そのものが、その当の「何

性」の「存在」であるということ〔を言うの〕だ。(9)

この引用文の末尾の一文が示すように、例えば、具体的な個体としての或る人間が我々の眼の前に居る、つまり、「人間」という「何性」が個体的な「実在性」として現実化されている場合には、その「何性」が存在するか否かを問うのは無意味だ。ムッラー・サドラーが「存在と何性の自己同一性」('ayniyah al-wujūd wa-al-māhiyah)と言うのはこの存在論的次元を指してのことである。ムッラー・サドラーは言う。「存在」は、こころの外のそれであれ、こころなかのそれであれ、或る「何性」が自存していることそのものを言い、それ(つまり、その当の「何性」)自身の「存在」を言う。そのことは、「何性」ではない何かが「何性」に現実化されていることを意味するのでない。したがって、この次元において、すなわち、こころの外側にある客観的な、実在性の世界において、「ザイドが存在する」(Zayd mawjūd)という命題は「ザイドはザイドである」(Zayd Zayd)と全く同じことを言い、どちらの命題もザイドの実在性を強く肯定している。(10) ここで想定されている実在性の構造は、そこには二つの要素が「一つとなっている」(ittiḥād)と語る余地すらない、そうした構造である。前に指摘したように、その構造は、何らの亀裂もない存在論的塊だからである。

しかしながら、概念分析の次元にその問題を移動させると状況ががらりと変わる。概念把握の次元においては、知性が、統合的にある存在論的塊を「何性」と「存在」に分解し、それらを区別する。だが、前掲引用文でトゥースィーが指摘したように、この段階においても「何性」が「存在」から分離されているのでない。「何性」はなおも、「心的存在」として存在しているからである。知性は己れの分析的働きをさらに一歩、推し進めて、「存在」すらをも含めてありとあらゆるものから完全に抽象化された「何性」を考える。「何性」をこのように全くの抽象状態で把握するときに限り、「存在」は「何性」の外側から、「何性」に「起こる」と表象される。これが、「何性」に「存在」が「起こる」('urūḍ)ことの意味内容である。「存在」はここで、そしてここでのみ「何性」

の「偶有」と把握される。

この問題に即して観ると、イスラーム哲学史家にとって大きな障壁は、イブン・スィーナーのいわゆる、「可能者」の「実在性」という教説であった。前に述べたように、イブン・スィーナーは全ての「諸存在者」を「必然的存在者」と「可能的存在者」に区別している。「可能的存在者」──絶対者を除くありとあらゆるものが存在論的には「可能者」である──は、「存在すること」と「存在しないこと」〔の二分法〕に即してみれば中立であって、「存在して」あることも、「存在して」ないこともありうる。この均衡状態を「存在すること」の側に傾けるためには、「可能者」を「必然的存在者」に転化させる「原因」が、現に働いている状態〔現実態〕として現れていなければならない。なお、ここでの「必然者」は、「己れ自身以外の何かによって必然たらしめられたもの」(wājib bi-al-ghayr) との意味で諒解されている。

これまでに支配的であった解釈──そして今もなおその解釈は支配的である──によれば、中立状態にある「可能者」について、つまり、或る「原因」によって現実的で、「必然的」な事物に転化する以前の「可能者」について、それが完全に「存在しない」という状態にあると言うことはできない。確かに、そうした曖昧な状態にある「可能者」は語の充全な意味で「存在し」ているわけではまだない。だが、無条件に「無」だというわけでもない。どんなにそれが希薄であっても、たとえもはや「存在」と呼べぬ程度にまで薄められたとしても、何らかの程度の現実性をそうした「可能者」も帯びるのでなければならない。このように考えるならば、イブン・スィーナーの言う「可能者」は、「かすかに限定づけられてプラトン的天界を飛び回りながら、存在が与えられるのを待つ状態、そして何らかのかたちでそれが存在する前に己れ自身で何らかのあり方を帯びた状態」という、存在論的にはかなり奇妙な状態にある何かとして描かれざるをえない(11)。

しかしながら、イブン・スィーナーの立場の正しい解釈はそうしたものでない。「可能者」としての「何性」

が、「原因」によって存在論的中立状態から現実化された状態へと引っぱり出される過程もまた、概念分析の次元に起こる出来事である。その過程は、言うなれば、ドラマ化、すなわち、既にそこに現実化されている、事象のあり方をドラマとして人為的に表象したものだ。イブン・スィーナーは、「何性」が実在性においてまず何処かに「可能者」として確立されて、次の段階で、その「可能者」に「存在」がその「原因」によって吹き込まれるなどといった事態を念頭に置いているのではない。存在論的「可能性」という概念は、現実に存在する何かを知性〔理性〕で分析した結果に他ならない。アーシュティヤーニー教授が言うように、この分析過程は次のようなものである。[12] 知性は既に存在する具体的事物が眼の前にあるのを見出す。その具体的な対象は、或るデータ、知性により精錬されるべき所与の事実を帯びている。それが既にそこに現実化されている以上、それは「必然者」である。だが、知性は、己れ自身の本性に駆り立てられて、その当の事物の存在論的構造に分析的に考察を加え、その当の事物が以前は「存在者」でなかったのに、今は「存在者」であると判断する。その当の事物が、いまだ存在していなかった想像上の状態にあるのを「可能者」と考える。かくの如くに諒解された存在論的「可能性」はこころでの観念に過ぎない。現実にある状態——これがこころの外の世界における唯一の「実在性」である——から振り返って観て、知性は、その実在的「存在」に先立つ、その当の事物の存在論的地位を己れ自身に描き出そうとする。そうした知性による分析の結果として、「可能性」が獲得される。〔第二章で言及した〕アブー・バラカート〔・バグダーディー〕は次のように言う。

或る特定の「存在する者」は、(1) 己れ自身で、つまり己れ自身から存在するか、(2) その当の存在者の「存在」がそれ自体だけで「必然的にある」のでなく、他の何かすなわち、原因により既に「必然的にある」ようさせられている、そうしたその当の存在者の「存在」、により存在するかのいずれかである。これは、ありとあらゆる「存在する者」に例外なくこころのなかで適用される理性的区別である。[13]

知性はこうした仕方で現実に存在する或る特定の事物を「可能的なもの」と見做すことができる。しかしながら、こうした見做しは、現実に存在するその当の事物が実在性において——具体的個体のなかにある対象が白さのような、その対象の外にある性質によって性質づけられているのと同じように——、「可能性」と呼ばれるその事物の外にある性質によって性質づけられていることを含意しない。「これと指差される事物は可能者である」という命題に対応する、こころの外にある事態は、その当の事物が何らかの「原因」〔存在するための「原因」〕をもつという事実だけである。この命題が指し示すこころの外にある何かは、当の事物と、その事物に含まれていない「原因」のあいだにある外的連関だけだ。そうした連関〔であってすらも、それ〕が、何らかこころのなかで思い描かれた属性に過ぎぬのは明瞭である。白さが事物を性質づけるのと同じように、そうした原因連関が事物を性質づけるわけでないからである。

客観的な実在性において、純粋な「可能性」の状態にある事物は、「事物」ですらない。それは、単純に「存在しない」だけだ。「原因」を考慮に容れない「可能的な事物」という概念が指示するこころの外の対象は、「非存在」ないし純粋な「無」である。この視点から観て、イブン・ルシュドが次のように言うのは確かに正しい。

その「存在」が「原因」をもつ、そうした或る特定の「存在者」は、己れ自身について「非存在」という観念を提供しうるに過ぎない。すなわち、他の何かによって存在するものは何であれ、それ自体を観れば、純粋な「無」だ。[14]

これまで述べてきたことがイブン・スィーナーの真意であるが、既に指摘したように、イブン・スィーナー自身が、いささか曖昧で誤解を招きやすい表現を用いて「何性」と「存在」の連関に係わるテーゼを提示することは否定できない。例えば、「それら「諸何性」それだけを観れば、単に「可能的存在者」に過ぎず、「存在」は外からそれらに起こる（yaʻriḍ）[15]」との文章を読めば、おのずから、イブン・スィーナーが主張しようとするのはまさに、「偶有性」という語の通常一般に受け容れられている意味内容において「存在」が「偶有としてあること」〔すなわち偶有性〕なのだとの考えに誤って導かれがちだ。さらに言えば、イブン・スィーナーと彼の直系の弟子たちはアラド（ʻaraḍ,「偶有」）の語とスィファ（ṣifah,「属性」）の語を「存在」を指して用いることすらある。

イブン・スィーナーの弟子の一人アブ・ハサン・バフマニヤールは次のように言う。

> 何らかの「何性」を有する「存在者」のそれぞれ全て（つまり、絶対者を除く全ての「存在者」）がもつのは次のような「何性」である。その当の「何性」が存在するようになった原因としての何らかの「属性《スィファ》」（ṣifah）が内在する、そうした「何性」である。なお、その「属性」の「実在性」とはそっくりそのまま、その当の「何性」が「必然者」と成るに至ったという事実である。[16]

スィファという語を「属性」を指し示す語として用いるこの文章も誤解を招きやすい。ただし、バフマニヤールが最後の短い文で己れの言わんとすることをとても明瞭に言い表すのを除けば、の話である。「属性」という語によって意味するのは、何らかの基体に宿り内在する通常の「属性」ではないとバフマニヤールはその箇所で明かす。「属性」という語は端的に、「何性」が「必然的にある」、つまり現実化されている、こころの外のその状況（「実在性」）を指し示す。

『補遺集』の或る文章で、他の全ての「偶有」から「偶有」としての「存在」を明確に区別することで、イブン・スィーナーは己れの考え方をさらにはっきりと述べる。この文章でイブン・スィーナーは「存在」が「偶有」であることを認めつつも、「存在」が特異でかなり特殊な「偶有」であり、それがあまりにも特殊であるので、その振舞いは他の「諸偶有」と対立すると附け加える。

全ての「偶有」自体の「存在」は、「存在」というただ一つ「偶有」の例外を除いて、それらの基体にとって「存在すること」である。[17]「存在」を除く全ての「偶有」が存在するに至るためには各々、何らかの基体（その基体はそれ自体ですでに存在している）を必要とするのに対して、「存在」〔という「偶有」の方〕は存在するに至るためにいかなる「存在」も要請しないことから、その違いがある。したがって、（例えば）「白さ」（という「偶有」）が「存在」をもつのと同じ仕方において「存在」〔という「偶有」〕が（それと違う）「存在」をもつとの意味を込めて、「存在」〔という「偶有」〕が何らかの基体に「存在すること」（つまり、「存在」と呼ばれるこの特定の「偶有」が何らかの基体に「存在する」こと）こそが、その〔「偶有」としての〕「存在」なのだと言うのは正しくない。[18]（「偶有」としての「存在」についての正しい言い方は）そうではなく、反対に、「存在」〔という「偶有」〕が「何らかの基体のなかに存在すること」は、そっくりそのまま、その当の基体が「存在すること」である。「存在」を除くどんな偶有も、その「何らかの基体のなかに存在すること」は、そっくりそのまま、その当の「偶有」が「存在すること」である。[19]

この文章は、「存在」が「偶有である」と言うことでイブン・スィーナーが実は何を意味しているのかに光を当てると同時に、イブン・スィーナーは「存在」を白さのような普通の「偶有」と同一視したのだと考える者たちがどれほど誤っているかをも示す。イブン・スィーナーは白さのような普通の「偶有」と「存在」とを全く同じとしたわけではなく、明瞭にそれらを区別して、はっきりと対比させているのだ。「白さ」のような普通の「偶有」は、己れ自身に即せば、己れの基体と違い、己れの基体と分離される性質だとイブン・スィーナーは言う。普通の「偶有」が「存在する」とは、それが基体に内在することに他ならぬ。〔「偶有が存在する」という場合の

「存在」に係わる」「存在」と基体の連関は、したがって、外在的な連関である。「偶有」が己れの基体から消え去ったとしても、その当の基体は基体自身の「存在」に何ら影響を受けない。他方、「偶有」としての「存在」はそうした普通の「偶有」と全く違う。〔「存在」としての「偶有」が〕「或る基体の内に存在すること」はその当の基体の「存在」そのものを構成するからである。この場合には、「偶有」と基体の連関は、この「存在」としての「偶有」が消え去ることがそっくりそのまま、その当の基体が消え去ることであるとの意味において、内在的連関である。

　本章の章題である「「存在」は「偶有」か」との問いに簡潔で決定的な応えを提示する立場に終に我々は辿りついた。「存在」は「偶有」であるが、かなり特殊な性質を帯びる。そして、「何性」に「存在」が起こるのは、概念的分析ないし理性的分析の領域でのみ起こる出来事である。

　ここで我々は、第三章で「理性の第二次対象」に関して既に述べられたことを思い起こさねばならない。第三章で我々は暫定的に、「存在」を「理性の哲学的第二次対象」と見做しておいた。「存在」概念と対応し、「存在」概念がそこから引き出される何らかの具体的な実体がこころの外の世界にあるとの意味で、「存在」は「哲学的に第二次的な理性の対象」である。だが、この言明は加えてより特殊な仕方で理解されねばならない。例えば「父であること」のように、普通の「理性の哲学的第二次対象」の場合には、「偶有」が起こる対象とその「偶有」によって性質づけられる対象は同じである。「存在」の場合に、「起こること」(ʻurūḍ) と「性質づけられていること」(ittiṣāf) の違いは、前者がこころのなかで起こるのに対して、後者は、こころの外の世界で起こる、つまり、その当の「偶有」で性質づけられた対象が具体的に存在することにある。

　しかしながら、「存在」の根柢性を主張する者たちの見解によれば、この分析は「存在」に適用されない。概念分析の次元で「偶有」としての「存在」が起こる対象は確かに「何性」であるが、この学派の哲学者たちによれば、こころの外の世界に「偶有」としての「存在」により性質づけられるべき実在的な何かはない。かくして、我々が「何性」という視点を保持する限りにおいては、「存在」により「何性」が「性質づけられること」は「何性」に「存在」が「起こること」と同じく、こゝろゝのゝなゝかゝでゝの出来事であるのを認めねばならないことになろう。

それでもなお、これらの哲学者たちは、こころの外で「性質づけられること」を否定し去ることはない。客観的な実在性の世界で、「存在」に関して「性質づけられている」という事態が起こっていることを彼らは認めるが、こころの外での「性質づけ」は逆の順序で起こると付け加える。概念分析の次元において、「存在」は「何性」に附帯する「偶有」として起こるが、客観的な実在性の次元では、「存在」に「偶有」として起こるのは「何性」であり、今度は「存在」の側が、「何性」で性質づけられる。こころの外の世界においては、「存在」が「諸何性」の「偶有」なのではなく、「諸何性」が「存在」の「諸偶有」である。

我々がこころの外の世界での「何性」と「存在」の連関を語る際には、我々が理性的分析を通じて獲得したこれらの概念を実在性の存在論的構造の上に投影し返しているに過ぎないことを再度、強く主張しておかねばならない。客観的な実在性それ自体に即して言えば、この類の区別は全くない。概念分析という有利な立場から見返して、こころの外の世界において「本当に実在的なるもの」――プラトンがオントース・オン（ontōs on）と置き定めたもの――は「存在」、すなわち、「存在」の実在性、であって、それ以外のものではない、いわゆる「何性」は全て「存在」それ自体の内的様態に過ぎぬと我々は主張する。

概念の領域において、「存在」は「何性」に起こる「偶有」であり、「何性」の方はその当の「偶有」を受け容れるものであるが、こころの外の世界において「存在」は「偶有」でない。反対に、「存在」は「根柢的な実在性」であって、「何性」は全て、「存在」という唯一の実在性が限定され、限界づけられたさまざまなあり方、ないし「存在」という唯一の実在性の諸様態である。

絶対性の状態にある、「存在」の実在性は何ら限界づけられず、何ら限定されていない。「存在」そのものに即せば、「存在」はいささかも特殊ではありえない〔すなわち、一般そのものである〕。この意味で、「存在」は、「何性」と同様に「無」である。「存在」が形而上の絶対的単純さという最高段階から、いわば、降下し、さまざまな限界づけられた状態やさまざまな限定された状態を受け容れるときに限り、「存在」は、複数の特殊な事物として現れる。「存在」を絶対性の段階から離れさせ、特殊化された状態に成るに至らしめる、こうしたさまざまな限界作用やさまざまな限定作用が「諸何性」である。

「存在」の実在性と、「存在」が限定された状態のこの連関はしばしば、太陽の光り輝くという性質に即して比喩的に説明される[20]。太陽の光それ自体には何ら限定性がない。太陽の光は方形であることも三角形であることもなく、長くもなければ短くもなく、赤でもなければ青くもない。太陽の光が四角の建物に当たれば、その光は四角になる。長い壁に落ちれば、その光は長くなる。赤いガラスを通過すれば、その光は赤くなる、など。これらの様態全てを通じて、太陽の光そのものはもともとの単一なる実在性を保持する。太陽の光が帯びるこれらさまざまな形態ないし性質は太陽の光そのものにより産み出され、現実化されるに至るものの、太陽の光そのものはそれら全てを超越している。「存在」と「何性」の連関もまたそうしたものだ。

しかしながら、この太陽の光の比喩《メタファー》は、厳密に言えば、適切な比喩ではない。この比喩では、「何性」が先立って「存在すること」を前提とするからである。太陽の光が方形として現れるためには、まず初めに何らかの方形の対象があらねばならない。既に我々が見たように、いかなる「何性」もそれ自身に先立つ「存在」などもたない。「存在」が「何性」と連関する、その連関は「照明的関係」(iḍāfah ishrāqīyah)として理解されねばならない。「何性」そのものが「存在」の内的な生産物であるということだ。「存在」を外因的に限定しゆく作用として「諸何性」を理解する代わりに、内在的に限定しゆく作用として「諸何性」を我々は理解せねばならない。

「存在」を内在的に限界づける作用としての「何性」を理解するためのより良い方法として、ウィリアム・カーロウ教授は別の比喩を提案する。[21]「何性」が「存在」の外在的な限界づけであるとのテーゼは、「存在」を無限の海に喩え、そして「何性」の方をそうした海の水を汲む容器に喩えることで説明されよう。それぞれの容器、つまりそれぞれの「何性」は、そのそれぞれが汲みうる範囲内で、水、つまり、「存在」を受け容れる。この比喩では、「何性」は或る類の自存性と、「存在」を限界づけて限定し、収縮させる積極的な能力とが与えられている。

「何性」が「存在」を内在的に限界づける作用だとするテーゼの方の状況はそうした仕方で理解しえない。温度が急激に降下するなかで水（「存在」）を或る容器からぶちまける場面を考えてみようとカーロウ教授は提案する。水は、そうした極寒の状況下で地面に届く前に固体に転化する。そのとき固体が帯びる特定のその形は、水そのものが自らを限定した、ないし自らを限界づけた姿である。「水には、水でないものは何もなく」、「どの存在者にも、存在でないものは何もない」からだ。

カーロウ教授はもう一つの巧みな比喩を提案する。今度は、またもや、温度が急激に降下するなかで凍った氷河に「存在」が喩えられる。我々はこの凍った氷河を幾つかの塊に切り分ける。この場合、それらの塊のなかには凍った水しかないだろう。だが、そのなかの一つの塊は別の塊から、留まった場所と結晶化した幾万もの形によって区別される。この理解にしたがうならば、「何性」は、「存在」を外から限定づけて限界づける自存する実体でなく、「存在」そのものが内的に限定され、特殊化したものである。

カーロウ教授は、トマスの形而上学の「存在主義的」性格に光を当てるためにこれらの比喩を提案する。「何性」＝「存在」の連関に関してトマス・アクィナスが採った立場をこれが正しく解釈するか否かは、我々がここで論ずるべき問題でない。我々が抉出しようとする点は、このように描かれた「存在」が根柢的な実在性であるとのテーゼが、見事にサブザワーリー形而上学の基本事項を明瞭にすることだ。サブザワーリーにとって、全ての「何性」とは、「存在」が全てを包括する働きがさまざまに限界づけられて姿を顕すこと、それに尽きる。

注

（1）トマス・アクィナス『アリストテレス『形而上学』注解』第四巻第二講義（Thomas Aquinas, *In Duodecim Libros Metaphysicorum Aristotelis Expositio*, IV, lect. 2)。〔原文は、〕sit aliquod superadditum ad modum accidentis.

（2）utrurm ens vel esse in rebus causatis pertineat ad essentiam causatorum vel sit aliquod additum essentiae illorum.「原因を有する事物」とは、創造された事物ないし可能なる事物、とイブン・スィーナなら言うだろう。「附け加えられた」は「外部から」の意。ちなみにブラバンのシゲルスは前者を択ぶ（Sigerus de Brabantia, *Quaestiones in Metaphysicam*, Introductio, quaestio 7)。

（3）トマス・アクィナス『アリストテレス『形而上学』注解』第四巻第二講義（IV, lect. 2)。〔原文は、〕quasi constitutum per principia essentiae.

（4）例えば、トマス・アクィナス『対異教徒大全』（*Summa Contra Gentiles*, I, c. 21, ed. Marietti）参照。

（5）イブン・ルシュド『アリストテレス形而上学大注解』（Ibn Rushd, *Tafsir mā ba'd al-ṭabī'ah*, I, ed. M. Bouyges, Beirut: University of Saint Joseph, pp. 313, 315）参照。

（6）P・G・M・マンザー『トミズムの本質』（P. G. M. Manser, *Das Wesen des Thomismus*, Freiburg［Schweiz］: St. Paulsdruckerei, 1935, p.469)。

（7）しかしこれですらこの問題を完全に解決するわけではない。ファズルル・ラフマーン「イブン・スィーナーにおける本質と存在」（Fazlur Rahman, "Essence and Existence in Avicenna", pp. 10–11）参照。

（8）または、「心的存在」（wujūd dhihnī）とも呼ばれる。

（9）イブン・スィーナー『指示と勧告』（*al-Ishārāt wa-al-Tanbīhāt*, III, pp. 462–463）へのトゥースィーによる注釈参照。

inna kalāma-hu hādhā mabnīyun ʻalá taṣawwuri-hi anna li-al-māhīyati thubūtan fī al-khāriji dūna wujūdi-hā, thumma inna al-wujūda yaḥullu fī-hā. wa-huwa fāsidun. li-anna kawna al-māhīyati huwa wujūdu-hā, wa-al-māhīyatu lā tatajarradu ʻan al-wujūdi illā fī al-ʻaqli, lā bi-an takūna fī al-ʻaqli munfakkatan ʻan al-wujūdi — fa-inna al-kawna fī al-ʻaqli ayḍan wujūdun ʻaqlīyun, kamā anna al-kawna fī al-khāriji wujūdun khārijīyun — bal bi-anna al-ʻaqla min sha'ni-hi an yulāḥiẓa-hā wahda-hā, min ghayri mulāḥaẓati al-wujūdi. wa-ʻadamu iʻtibāri al sha'iyi laysa iʻtibāran li-ʻadami-hi. fa-idhan, ittiṣāfu al-māhīyāti bi-al-wujūdi amrun ʻaqlīyun, laysa ka-ittiṣāfi al-jismi bi-al-bayāḍi. fa-inna al-māhīyāta laysa la-hā wujūdun munfaradun, wa-li-ʻāriḍi-hā al-musammá bi-al-wujūdi wujūdun ākharu, ḥattá yajtamiʻā ijtimāʻa al-qābili wa-al-maqbūli. bal al-māhīyatu, idhā kānat, fa-kawnu-hā huwa wujūdu-hā.

（10）ムッラー・サドラー『存在認識の道』（*Kitāb al-Mashāʻir*, p. 27, §71）参照。

（11）ウィリアム・カーロウ『実存的形而上学における本質から存在への究極的還元可能性』（William Carlo, *The Ultimate Reducibility of Essence to Existence in Existential Metaphysics*, p. 105）。

（12）ジャラールッディーン・アーシュティヤーニー『哲学と神秘主義の見解による存在』（Jalāl al-Dīn Āshtyiānī, *Hastī az Naẓar-i Falsafah va ʻIrfān*, p. 123）参照。また、イブン・スィーナー『治癒の書』「形而上学」（"al-Ilāhīyāt", *al-Shifā'*, p. 37）。

（13）アブー・バラカート・バグダーディー『己れ自身による省察の結果えられた成果を述べる書』（*Kitāb al-Muʻtabar*, III, p. 22）。

naqūlu, inna al-mawjūda min-hā immā an yakūna mawjūdan bi-dhāti-hi wa-ʻan dhāti-hi, wa-immā an yakūna wujūdu-hu wajaba ʻan ghayri-hi, wa-lam yajib la-hu bi-dhāti-hi. wa-hādhihi qismatun ʻaqlīyatun tuʻtabaru fī al-adhhāni fī kulli mawjūdin, wa-lā yakhruju ʻan-hā mawjūdun.

（14）イブン・ルシュド『崩落の崩落』（*Tahāfut al-Tahāhut*, vol. 1 pp. 328–329）。

dhalika anna al-mawjūda lladhī la-hu ʻillatun fī wujūdi-hi laysa la-hu mafhūmun min dhāti-hi illā al-ʻadama, aʻnī anna kulla mā huwa mawjūdun min ghayri-hi fa-laysa la-hu min dhāti-hi illā al-ʻadama.

（15）イブン・スィーナー『治癒の書』（*al-Shifā'*）から。ジャラールッディーン・アーシュティヤーニー『哲学と神秘主義の見解による存在』（Jalāl al-Dīn Āshtyiānī, *Hastī az Naẓar-i Falsafah va ʻIrfān*, p. 111）の引用による。

wa-tilka al-māhīyātu hiya llatī bi-anfusi-hā mumkinatu al-wujūdi, wa-innamā yaʻriḍu la-hā wujūdun min khārijin.

（16）この節は、アブ・ハサン・バフマニヤール『習学の書』（*Kitāb al-Taḥṣīl*）から。ジャラールッディーン・アーシュティヤーニー『哲学と神秘主義の見解による存在』（Jalāl al-Dīn Āshtyiānī, *Hastī az Naẓar-i Falsafah va ʻIrfān*, pp. 69, 111）の引用による。

fa-kullu mawjūdin dhī māhīyatin, fa-la-hu māhīyatun fī-hā ṣifatun bi-hā ṣārat mawjūdatan wa-tilka al-ṣifatu ḥaqīqatu-hā anna-hā wajabaṭ

（17）つまり、ある「偶有」が存在するとは、それ自体の故に存在するのではなく、基体の故に存在することであり、基体のうちにもとから備わっていて、基体を性質づけるということである。

（18）つまり、白さが白さであることが、白さの「存在」をなすのではなく、むしろ、白さがその基体の中に存在していることが、その「存在」である。

（19）イブン・スィーナー『補遺集』（*al-Taʻlīqāt*）から。ムッラー・サドラー『存在認識の道』（*Kitāb al-Mashāʻir*, p. 34, §83）の引用による。

（20）例えば、ムヒーッディーン・マフディー・クムシイー『形而上学』（Muḥyī al-Dīn Mahdī Ilāhī Qumshih'ī, *Ḥikmat-i Ilāhī*, I, pp. 18–19）参照。

（21）ウィリアム・カーロウ『実存的形而上学における本質から存在への究極的還元可能性』（William Carlo, *The Ultimate Reducibility of Essence to Existence in Existential Metaphysics*, pp. 103–104）。

第七章　存在の実在構造

前章末尾の幾つかの段落で、我々は「存在」の実在性の問題に触れた。本章においてより詳細に、そしてより体系的な仕方でその問題を論ずることにしよう。

しかしながら、「存在」の実在性は概念化を逃れるものなのだと、この論考の冒頭〔第二章〕で既に指摘しておいた。こころの外の世界のあるがままの「存在」に理性は決して至りえない。我々に披かれた唯一のそれへと至る途は、形而上学的直観とでも言うべき何か――ムッラー・サドラーはそれを「照明的立ち現れ《フドゥール・イシュラーキー》」(ḥuḍūr ishrāqī) と呼ぶ。彼は次のようにこの状況を記す。

> あるがままの「存在」の実在性は我々のこころに決して実際に現実化されえない。「存在」は「普遍なる」何かでないからである。反対に、各々の「存在者」の「存在」はそっくりそのまま、こころの外の世界にあるあの「存在者」そのものである。そして「外のもの」は決して「こころのなかのもの」に姿を変えることはありえない。こころのなかで「存在」として表象しえるものは、一般的なこころのなかでの観念に過ぎない。これは「述語としての存在」と呼ばれるものであり、さまざまな命題のなかに見出すことができる。「存在」の実在性は、「照明的立ち現れ」、「無媒介に目睹すること」によってしか知りえない。これを経験し

たときに限り、「存在」の具体的な「実在性」は絶対に疑いを容れることのできぬものとなる。(1

「存在」が「存在すること」は、何かの「存在」がこころに表象された後であっても疑いうるとのスフラワルディーによる批判への応答として言われたのがこの文章である。

しかしながら、「存在」の実在性に至る唯一の途たる「照明的立ち現れ」の経験は誰しもができることではない。それは、尋常ならざる経験、或る類の神秘的直観であり、意識を集中させる鍛錬を長く行った後に、ないし、生来の能力によって、何かの折りに実現する尋常ならざる精神的緊張状態、そうした緊張状態にある瞬間にこころに閃くヴィジョンである。誰もがそうした経験をしうるわけでない。

「照明的立ち現れ」が滅多に経験しうるものでないことは、さまざまな一神主義で用いられる尋常な術語でこの問題を定式化しなおせばより容易く理解できるかもしれない。「存在」の実在性を知ることは、それが束の間にそれを垣間見るに過ぎないとしても、一神主義の文脈では、直に、そして無媒介のヴィジョンでもって神を知ることに等しい。

無神論を公言していた現代の実存主義者ジャン゠ポール・サルトルが「存在」の実在性との己れ自身の個人的出会いをいかに記したかを、これと連関させてみると興味深い。それは、怖ろしくて異様で圧し潰すような体験として描かれる。サルトルの下では、照明（ishrāq）は暗い照らし出しである。

我を喪失し、我を忘れ、眠りに落ちてしまえばどんなによかったことか。だが、そうすることが私は出来ず、息を詰まらせた。存在は至るところで私を貫く、眼を通して、鼻を通して、口を通して。……そして突如、豁然として覆いが取り除けられ、私は諒解し、私は見た。(2)

彼は公園のベンチに坐っていた。巨大な栗の木が彼の眼の前にあり、その節くれだった根がベンチの下の地面に沈みこんでいた。突如、それが木の根だとの意識が消えた。全ての言葉が消え去り、言葉とともに、事物の意味とそのさまざまな使用法、ひとが事物の表層に辿り至るためのかすかな参照点が消え去った。柔らかく途方もない塊、ひどく混沌としており、恐ろしくみだらなほどに裸の、何かだけを観る。[3]

その瞬間に「全ての言葉が消え去る」が重要な意味を帯びる。言語は「本質主義者」のものの観方を性質として帯びている。各々の語は「存在」の無限の塊から或る特定の「本質」ないし「何性」を定めて凝り固める。「存在」の或る部分に例えば「机」という名が与えられたなら、その部分は「机としてあること」、つまり机の「何性」を獲得する。「机としてあること」が特別な用いられ方を限定するのだ。そしてそれに意味が与えられる。このように創り出された「何性」は、我々と、全てに行き亙る「存在」という無媒介なる我々のヴィジョンとを絶縁する衝立として機能する。彼は続けて言う。

> その体験は私に息を呑ませた。「存在する」という動詞が意味する内容をここ数日間を振り返ってみると私はわかっていなかった。休日用のおめかしをして海岸沿いを散策する人々と私は全く同じ状態だった。彼らと同じように「海は青い」「あそこに見える白い点は鷗だ」と私は言っていた。だが、それが存在する、その鷗が「存在する鷗」だなどと意識はしていなかった。
>
> 普通の状態では、存在は隠れたままだ。存在が、そこに、我々の周りにも、我々のなかにもある。存在こそが我々であって、存在に言い及ぶことなしに次の語を紡ぐことができない。にもかかわらず、いかなる手段に訴えようとも、存在に触れることができない。己れが存在について考えていると私が信じていたときですら私は何についても考えていなかった。今、そのことがはっきりとわかる。私の頭は空っぽとなり、まさ

に「ある」(être) という一語しかなかった。

存在について考えていたのでない時に、私は何かを考えていたのかもしれないが、それをどのように表現したらよいだろう。〔敢えて言えば、〕私は「帰属すること」を考えていた。眼の前の海が碧い対象というクラスに属していた、あるいは、碧いは海の属性の一つだったと私は己れに告げていたのだ。

さまざまな事物を眺めているときですら、それらが存在すると私は想像だにしていなかった。それらは全て、まるで舞台背景のように私に見えた。私はそれらを手に取り、それらは道具のごとくに私に仕え、私はそれらが抗うのを予期していた。だが、全ては表面上の出来事に過ぎなかった。存在とは何かと誰かが私に尋ねれば、私はこころの底から誠実に次のように答えただろう。存在とは、事物の本性に何一つ変化をもたらすことなく外から事物に附け加えられた空疎な形式に過ぎぬ何か、つまるところ、無なのだと。だが、存在が、豁然としてそこにあった。陽光のように明瞭にそれはあった。存在が突如、己れ自身を開示したのだ。存在は、抽象的範疇という無害な外観を喪失した。事物たちを練り込んだ何かとして存在が己れ自身を露にした。あの樹の根が存在に跪いていた。(4)

この文章でサルトルは、「存在」の実在性と己れ自身が出会ったさまを活写する。この類の経験をこれ以上に力強く、活き活きと描くことなどほとんど期待できまい。ここに描かれる「存在」体験は、エティエンヌ・ジルソンの言うように、(5)「下行脱自 (une extase vers le bas; descending exstasies)」でもあろう。ジルソンは重ねて言う。それは、カトリックの「神的神秘主義 (mystique divine)」と対比される「悪魔的神秘主義 (mystique diabolique)」であるかも知れない。そうであったとしても、それは、存在が諸々の「何性」で飾り立てられて、さまざまな事物に転化するより前の、ありのまま生のままのもともとの状態で己れを開示した「存在」を直に経験した貴重な記録である。ムッラー・サドラーないしサブザワーリーなどの形而上学は、この類の形而上的体験に深く根を張

Ⅰ「存在」の観念
- (a)「絶対的存在」（wujūd muṭlaq）
- (b)「存在の分有」（ḥiṣṣah, 複数形はḥiṣaṣ）

Ⅱ「存在」の実在性
- (c)「一般的単位」（fard ʻāmm）
- (d)「個別的単位」（fard khāṣṣ, 複数形は afrād khāṣṣah）

る哲学的世界観だ。それが「下行脱自」であれ、「上行脱自」であれ、「存在」の実在性が直に立ち現れるという形而上的体験の内容は、哲学的全世界観を築く強固な礎を提供しうる。

そうした世界観で「存在」の実在性を精確に位置づけるために、とても初歩的な事項から我々は出発しよう。「存在」の観念（ないし、概念）と「存在」の実在性とをまずは区別する。これらのそれぞれがさらに二つに分けられて、結果、四つの基本項目から成る体系を我々は得る。

「存在」の構造を我々が分析しようとする場合には常に互いに明瞭に区別される、これら四つの意味において「存在」という語は用いられる。

第一項目(a)が本論の前半で解明した「存在」の「自明なる」第一次的概念だ。それはもっとも広い外延をもつ概念であり、無差別にありとあらゆる事物に適用される。この段階の「存在」は、内在、外在を問わずいかなるかたちでも限定されず、絶対的に単純な状態においてこころのなかに表象される。かくのごとくに諒解された「存在」が「何性」と全く違うのは明瞭である。「存在」という概念は「存在」であって、他の何ものでもないからだ。全く同じことが「何性」にも当てはまる。だが、アシュアリー派神学者たちは「存在」と「何性」を全く同じものと見做し、概念段階においてすら「存在」と「何性」のあいだに何ら区別がなく、同一の概念を、ときに「何性」という語で表現し、ときに「存在」という語で表現するのが実情だと主張する。

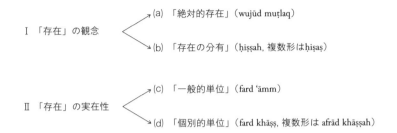

「被限定存在」(wujūd muqayyad) とも呼ばれる第二項目(b)は、一般概念としての「存在」(a)が、何らかの「何性」で特殊化されて限定を被った存在である。ただし、例えば「(人) の存在」、「(馬) の存在」、「(机) の存在」などの概念に見えるように、〔「人」「馬」「机」などの〕「何性」そのものを排除するほどに「連接」が統合的な地位を占める、そうした仕方で、何らかの「何性」に対して「存在」が連接する。この段階の「存在」の特徴は、その「存在」が己れの意味論的領域に、不可分離の要素として「連接」概念 (maʿnā ḥarfī) を含むことである。「一般的単位」(fard ʿāmm)[6] と名づけられた第三項目(c)をもって我々は「存在」の観念でなく、実在性の領域に踏み込む。「一般的単位」という句に配置された「一般的」(ʿāmm) という形容詞は「全てを包括する」ないし「全てを含む」の意味をもつ。この第三項目は、こころの外に存在する全ての実在性たちの総体がもともとの一性の状態にあるさまに言い及ぶ。イブン・アラビー形而上学の用語法にしたがえば、それは、絶対者が己れを顕した側面である。この段階の「存在」は、なおも「一」。しかも、いまだ実際に多ではないものの、いつでも多化されうる状態にある、のを考慮すると、その「存在」は己れ自身の内に「多」を内包する「一」だ。これはウジュード・ムンバスィト (wujūd munbasiṭ)、つまり「あまねく拡がっている存在」ないし「展開されている存在」、としても知られる。無数の度合いや段階 (marātib) を己れの内にもつ、一つの「実在性」として、「存在」はここで己れを見せる。「存在」はさらにより高い形而上的次元で考察しえようが、そうしたなかで最高度の次元での「存在」はイブン・アラビーが言うように、絶対的に知られず、知ることもできない、それについて否定的な仕方でしか語りえない、一つの神秘である。

　第四項目(d)が、もともとの一性状態にある「存在」の実在性が多様な形態のもとに多化されて現れる段階だ。これら現象的形態が「個別的単位」(afrād khāṣṣah) である。それらの各々はこころの外の実在性の世界に現実化された具体的「存在者」である。「存在」の根柢性を主張する者たちの視点からは、「個別的単位」は精確に、「個別存在」ないし、サブザワーリーが言うように、さまざまな「存在の個別相」と見做されるべきであるのは、

「存在」の、全てを包含する単一なる実在が、内的に限界づけられ、限定づけられたものに他ならぬからである。

概念的区別であれ、こころの外の区別であれ、「存在」と「何性」にいかなる区別も容認しないアシュアリー派神学者たちに抗して、「存在」の根柢性を言う学派に属する哲学者たちは、これら四つの段階の各々全てにおいて、「存在」は「何性」と違い、区別しうると主張する。(a)の段階と(b)の段階で、すなわち、概念の領域において、「存在」と「何性」が同じでないのを見るのはさして労を要さない。しかしながら、こころの外の実在性の領域において、つまり(c)の段階と(d)の段階においてすらも、「存在」と「何性」とは互いに識別しうる。「存在」の根柢性を標榜する哲学者たちの見立てでは、「何性」はこころの外の世界で現実的に、「存在」と対立する何かなのでない――「何性」それ自体は「存在」の或る特定の限界ないし段階からこころのなかでのみ練り上げられた何かに過ぎず、それそのものは「無」であるからだ――が、「限界づけられた何か」ないし「限定された何か」が「限定しゆく限界」と精確に同じであるわけでないのは明瞭である。我々が現在扱う事例では、限界づけられた対象は「存在」に、「何性」はそれを「限定しゆく限界」に相当する。かくして、「何性」は、それ自体に即して観れば、「無」であるのだが、それでもなお、「限定しゆく限界」と見做す限りにおいて、それが限界づけて特殊化させてゆく「存在」とは違う[7]。

以上のようにして確立された、「存在」の四段階に即して観れば、さまざまな思想家ないし学団がさまざまな立場を採る。

十五世紀の有名なシーア派哲学者サドルッディーン・ダシュタキー（Ṣadr al-Dīn al-Dashtakī, d. 1497）のように、こころのなかであれ、こころの外であれ、「存在」が実在性であることを全面的に否定する者たちがいる。彼らが認めるのは(a)と(b)だけだ。彼らにとって、「存在」とは、こころが具体的事物を捕まえようとする主観的態度、つまり単純なイウティバール〔仮構〕、の産物に過ぎない。これらの思想家たちの見立てでは、「存在」から派生した述語である「存在者」(mawjūd) が正当に何かに述語づけられる場合にそれは、「存在者」の概念がその当の事物と結びつけられることを意味するに過ぎず、派生形の原初のかたちである「存在」(wujūd) が実在的にその事物に内在することを意味するのでない(8)。

こころの外の実在の次元に関して、「諸存在者」が実在性において多であるばかりでなく、「存在」も実在性において多であると主張する者たちがいる。彼らにとって「存在」は、その各々が完全に独立した実体である、「諸実在《ハカーイク》」(haqā'iq, ハキーカ、haqīqah の複数形) である。全ての「諸存在」は互いに全くそして本質的に違う。それらが互いに違っているのは、種差ないし、個体を個体たらしめる性質によるだけではない。さらに言えば、絶対者は「必然者」であるが故にかなり特殊な実体なのだが、これら独立自存する諸実体の一つに過ぎない。この理解に基づけば、万物を縫って一つにする糸など世界にはない。「ある」の世界は、共通項をもたぬ、無数にある個々別々の諸実体から成る。この世界の視点が「存在」の「類比的濃淡」というテーゼと対蹠的であるのは言うまでもない。サブザワーリーはこの教説を、逍遥学派哲学者たちのなかの或る一団が抱く教説とする(9)。

「存在」並びに「存在者」が多であるとのテーゼの対極に位置するのが、「存在」と「存在者」はともに一つだとするスーフィーたちが奉ずるテーゼだ。シャイフ・ムハンマド・タキー・アームリー(10)はこの問題に関してスーフィーたちを二団に分ける。第一の団は「存在」概念に対応する「実在性」がこころの外の世界に唯一つだけあると主張する――アームリーはこの団をスーフィーにおける「無知」と呼ぶ。その主張によれば、この唯一無二なる実体が、いかなる濃淡もなく、さまざまに多様な現象的形態を直に帯びる。天空にあれば、それは天空であり、地にあれば、それは地であり、机にあれば、それは机である。これらの現象的形態こそが我々にとっては「存在」の「実在性」である。しかしながら、そうした現象的形態は、事実上、イウティバーリーの〔仮構的〕性格を帯びるに過ぎない――我々から観れば、それらはあるが、それら自身に即せば無である――のであるから、それらが多としてあるのは「実在性」がもともと一であることといかなる仕方においても摺り合わされない。

「存在」が、それの現象的形態とは別に何らかの「実在性」をもつとの立場を採る偉大なスーフィーたちが第二の団を代表するとアームリーは言う。この絶対的な段階にある「存在」を彼らは、「否定的限定相《ビ＝シャルト・ラー》」（bi-sharṭ lā. この重要な語は後に説明する）の「存在」と呼ぶ。これは彼らによれば、他の何ものをも伴わないが、絶対的な純粋性の段階にある「存在」を表示する。彼らは続けて言う、それでもなお、いかなる現象的形態にある「存在」も、絶対的に超越した段階にあると見做される「存在」に劣らず「必然的」である。超越的「存在」と現象的「存在」の違いはただ、現象的「存在」が超越的「存在」を必要とすることにある――あるいは、現象的「存在」は、超越的「存在」そのものを必要としていると言うべきだろう。形而上的「必要《ファクル》」（faqr, 文字通りには、「欠く」「求める」）は、現象的諸「存在」が「必然的であること」と矛盾しない。結局のところ、それらが「必然的であること」は、超越的「存在」の「実在性」をそれらが要請することに他ならぬからだ。以下に見るように、サブザワーリーをその主要メンバーとする、パフラヴィー哲学派が採る立場とこの立場は非常に近い。

次に考察するべきは、いわゆる「神智の味識《ザウク・タアッルフ》」（dhawq al-taʼalluh）学派のものとされる立場だ。スフラワルディー学派の一人ジャラールッディーン・ダウワーニー（Jalāl al-Dīn al-Dawwānī, d. 1501/03）、ムッラー・サドラーの高名な師ミール・ダーマード、若き日のムッラー・サドラーなど幾人かの思想家たちが代表する立場がこれである。この立場の視点によれば、こころの外の世界にあるのは唯一つの「実在」だけであり、そのなかには、種に即しても、個体に即しても、さらには度合いや段階に即してすら、多性など全くない。この唯一の「実在」こそが「存在」という概念に対応する、こころの外の唯一の実体である。その唯一無二の「実在」をのぞいて、「存在」概念がこころの外の世界に適用される実在的対象は見当たらない。神学的に言えば、この「実在」が絶対者たる神である。いわば絶対者たらざる、つまり可能的な「諸存在」は全て、実在的なものでなく、「存在」の概念的な「分有」に過ぎない。言い換えれば、それらは、前掲図〔二一五頁〕における、段階(d)の「存在」でなく、段階(b)の「存在」である。これらの「分有」は幾つかの偶有的性質群を共有し、それらの性質群によって――この象牙の白さ、あの象牙の白さ、さらには第三の象牙の白さがこころの外の世界で同じであるのと幾らか似た仕方で――、これらの「分有」は同じである。だが、実のところ、「存在」の「分有」は概念領域を超え出ることはできない。こころの外の世界でそれらに実際に対応するのが、「諸存在者」つまり、この視点にしたがうと、実在であって、イウティバーリー〔仮構的〕でない「諸何性」という多性である。

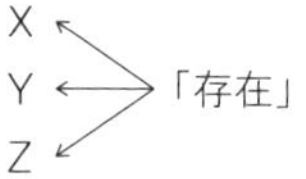

実在性でもって存在するこれら「諸何性」は本質的に互いに全く違い、それら自身のあいだにいかなる一性もない。だとすれば、「存在」がいかにしてそれらに等しく述語づけられて、それらの各々はみな「存在者」であると我々が言いうるのか。

この学派の思想家たちはこの問いに次のように応える。「Xは存在する」「Yは存在する」「Zは存在する」などと我々は言う。そのとき、そこで行われている述語づけの意味合いは単に、X、Y、Zといった実在的「何性」が個々別々に、「存在」の唯一無二なる実在に連接されている。そして、このような連関は偶有に過ぎない、ということだ。

それらが存在に連関することは、果物を売る人間と果物のあいだ、あるいは生業《なりわい》として魚を獲る人間と魚のあいだにある〔内在的根拠をもたぬとの意味で〕外在的、偶有的な連関に喩えることができる。魚を獲る人間は己れ自身に即してみれば、人間に過ぎず、それ以外でない。人間である限りにおいて、その男は自分が獲り、売るその魚と内的連関をもたない。その男とその魚のあいだにある連関は、職業上、生業上の連関であるが、この特殊な連関故に、その人間が、「fish（魚）」から派生した「fisherman（漁師）」の名で呼ばれる。それと全く同じ仕方で、或る「何性」は、「存在」の派生形である「存在者」を用いて、「存在者」であると言われる〔例えば、「或る人間は存在者である」と言われる〕。或る「何性」が己れ自身の或る特定の実在的「存在」――段階(d)の「存在」――をもつが故にそのように言われるのでなく、「漁師」の例のような偶有的な連関によってそのように言われる。「存在」という唯一無二の実在性が、それに連関させられたさまざまな「諸何性」により実在的な仕方で多となることは決してない。

　このような仕方で、「存在」が一つであり「諸存在者」が多であるとのテーゼがこの一団の思想家たちの主張する教説となる。これは幾人かの神学者たちが採る立場でもある。神学者たちの立場のうちに神秘主義の影響を認め、その立場を「神智の味識」と名づけたのは他ならぬ、ジャラールッディーン・ダウワーニーであった。

　だがしかし、この教説は「存在」と「何性」が共に根柢的に実在的なのだとの仮定に立脚するのであるから、「神智の味識」を本当の形態で体現していないとサブザワーリーは考える。言ってみれば、その教説は、現実的にあるという領域に二つの並行する根源を認める。正当な形態の「神智の味識」であれば、現実的にあるという領域に唯一無二の根源だけを認めるのでなければならない。換言すれば、それは、「存在」だけが根柢的に実在するのであって、「何性」の方はこころのなかで措定された何かだとするテーゼに立脚するのでなければならない。

　最後に考察する立場は、ムッラー・サドラーとサブザワーリーが採る立場である。両者は他の多くの哲学者たちとともに、パフラヴィー哲学派《ファフラウィーユーン》(fahlawiyūn)として知られる学団を形成した。彼らの主張の要諦は次のように描きうる。「存在」と「存在者」はともに、「一」であり、そして同時に「多」でもある。或る種の形而上的な対立物の一致である。多であることは一であることであり、一であることは多であることである。サブザワーリーの視点では、「存在」と「存在者」は無限に多化し分化されるが、それでもなお、それらは、多としてある状態そのままに、たった一つの「実在性」である。この対立物の一致は前に述べられた「存在」の「類比的濃淡」(tashkīk) により実現している。

「神智の味識」とされた教説と同じく、「存在」の絶対的な実在性と連関することによって「諸存在者」は存在すると、パフラヴィー哲学派の教説は認める。しかしながら、ここでは「連関」という語はかなり特殊な仕方で諒解される。(1) 何かに連関する対象、(2) (1)が連関する対象、(3) 連関そのもの、というこの連関を構成する三項をパフラヴィー哲学者たちが全く同じものと見做すからである。より具体的に言えば、(1)は個別的「諸存在」、ないしすべての可能的事物たちに、(2)は「存在」の絶対的な実在性、ないし、絶対者そのものに、(3)は「展開されている存在」――これは絶対者の「照明する」働き――に相当し、これら三項全てが唯一つの「存在」である。

ムッラー・サドラーの『四つの旅』への注解でサブザワーリーは特異なこの状況を比喩で解する。[11] 或るひとが多くの鏡の前に立っているとしようとサブザワーリーは言う。各々の鏡には同一のひとと、同一の人間性つまり、ひとの「何性」、ないし「人間であること」とが観えるだろう。「ひと」と「人間性」がともに分化させられてある。鏡がある分だけ多くのひとと人間性とがそこにある。だがなおも、それらが己れ自身の実在性をもたぬただの反映である限りにおいて、それらが多であり、分化してあるただなかで、それらはただ一つの「実在」に他ならない。何かを反映する鏡像が、それ自身に即して反映そのものとして把握されるならば、それは「無」だ。己れが何かを反映する像である、そのときの何かに相当する実在的対象を我々が眼にするための手段としての、擬似実在を鏡像は有する。鏡像がそれそのものに即して、それが実在の対象から独立してあると見做されれば、その鏡像は、その対象を反映せず、対象を「模する」こともない。むしろ、鏡像は実在の対象を我々が観ることを妨げる覆いとして働く。

全ての鏡が、各々の鏡の形、大きさ、色、精粗に応じて、同一の対象をさまざまな形態で映し出す。もともとの対象のそれら全ての鏡への現れが、拡散した全ての鏡像を一なるあり方に繋ぎ合わせる糸として用立てられている。多化してある状態の拡散した個々の鏡像にだけ注視するのであれば、それらの実在的地位は決して知られない。

同様に、「存在」の唯一無二なる実在性と連関する、まさにその状態にある個別的「諸存在」を、我々が「照明的関係」に即して観るならば、つまり、「存在」の実在性たる絶対的な光の多なる「放射《イシュラーカート》」(ishrāqāt) とその個別的「諸存在」を見做せば、我々は、絶対的な光そのものが、これらの個別的諸光のただなかに現れていることに気づくだろう。だが、個別的「諸存在」を、己れの大もとと何ら連関しない独立自存する実体群と観るのであれば、それらの存在論的な実在の地位は必ずや我々の把握を潜りぬけてしまうだろう。「何かに連関づけられてあること」――前にこれを「何かを必要とすること」あるいは「何かを欠いていること」としておいた――が、これら「諸存在」の本質的構成要素だからだ。

このように、個別的「諸存在」は実在性を全く欠くのではない。それらは紛れもなく「実在的なる何か」だ。それらの実在性は、己れの大もとと連関はもつがそれぞれには独立した実体だということに求められるのでなく、形而上的太陽が放つ多数の光線としてあること、それらが「純然たる連関」(rawābiṭ maḥḍah) としてあることに求められる。

個別的「諸存在」の存在論的地位についてこれまで考察してきたことから直ちに、「存在」とは強弱、完全・不全、先行・後続などにおいてさまざまな度合いと段階をもつ唯一無二の「実在」なのだとのテーゼが導かれる。個別的「諸存在」が互いに違う原理がそっくりそのまま、それらが統一されている原理であるから、個別的「諸存在」の違いが「存在」の実在性がもともと一つであるのを損なうことはない。「存在」の「類比的濃淡」の教説がこれに簡潔に述べられている。

「存在」の「類比的濃淡」は形而上学のもっとも基本的な問題の一つであること、そしてパフラヴィー哲学派のもっとも顕著な特徴だとサブザワーリーは指摘する。

同一性の側面と差異性の側面という互いに対立する二側面が「類比的濃淡」にはある。我々は既に、「存在」の観念、または概念と関連づけてこれら二側面のうち最初の側面を見た。「存在」の観念、または概念は本質的に一である。「存在」という語が何ら差別なくあらゆるものに適用されるとの意味で「存在」は万物に共通する。例えば、或る「石」が「存在する」と言われるのと全く同じ仕方で、或る「人間」が「存在する」と言うことができる。我々の知性が現実に存在する或る人間から抽象作用の過程を経て抽き出す「存在」概念は、現実に存在する或る石、或る木、或る机、その他から抽き出す「存在」概念と全く同じだ。

「存在」概念が一なのだから、「存在」概念がこころの外に言い及ぶ対象、すなわち、「存在」概念に対応する「存在」の実在性、も一でなければならない。互いに全く違う多数の「諸実在」からは唯一無二の概念が得られようはずもないのは自明だからだ。具体的な「存在」とは、ありとあらゆるものを包蔵しながら万物に行きわたる唯一無二の「実在」である。万物は互いに違う多くのものとして我々の眼に現れる。だが、今見たように、この存在論的多性は、我々の眼を欺き、我々が客観的な実在性を知覚するのを妨げる蜃気楼のような何かだ。見抜く眼をもつひとであれば、多性という覆いを見通し、ありとあらゆるものの背後に唯一無二の「存在」を知覚する。その者は、互いに違う多くの事物という覆いの背後に潜む「実在」が、多性の痕跡すらもたぬ「純然たる存在」(ṣirf al-wujūd)であるのを、そして、事物たちが違って見える原因である「諸何性」が唯一無二の「実在」のさまざまに違う度合いや段階に過ぎぬことを、知覚するであろう。同一性の側面を論ずるのはこれで十分であろう。

「存在」概念が、適用される対象が何であれ、同一であるのを確認することをもって我々は議論を始めた。この前提から、「存在」概念に対応する「存在」の「実在性」もまた、我々の眼に無限にさまざまな形態を帯びて現れようとも、唯一無二の「実在」でなければならないと我々は結論づけた。だが、ここで問題となっている「一性」は尋常に諒解されている一性だろうか。言い換えれば、述語となる「存在する」概念は例えば、神と或る机に、少しの違いもなく全く同じ意味で述語づけられるのか。それとも、或る実体（例えば、ひと）は、こころの外の世界で、或る偶有（例えば、「白さ」という性質）と全く同じ仕方で存在するのか。パフラヴィー哲学派の思想家たちがこの問いに与えた回答が、彼らのもっとも基本的な哲学的テーゼとなる。

彼らの回答の要諦は、ごく簡単には次のように形式化される。問題になっている「一であること」は普通に諒解されている、「一」ではない。そうでなく、類比的、つまり、濃淡を帯びた一である。この回答を適切に理解するために、「類比性」、ないし「類比的濃淡」の術語的な意味を明確に把握せねばならぬ。

概して、一なる「普遍」がその複数の「個別例」に濃淡や度合いを変えながら述語づけられる場合、ないし、一なる実在が度合いを変えながら、幾つかの事物に現実化している場合には常にタシュキークが成立している。この視点から観れば、「存在」概念が全ての事例について全く同じだ、という右に挙げた文はやや改変せねばならない。「存在」概念はむしろ「類比的に」一つだと言われねばならぬ。或る「原因」とその結果（「原因づけられたもの」）には先行・後行をもって述語づけられ、或る「実体」とその「偶有」には強さ・弱さをもって述語づけられる。同様に、「存在」の実在性もまた「類比的」構造をもつ。パフラヴィー哲学派によれば、絶対者に現れる限りの「存在」の実在性は、他の「可能的」諸存在者に現れる限りの「存在」の実在性とはっきり違う。前者の実在性が「より強く」「先にある」のに対して、後者における実在性は「より弱く」「後にある」。同様に、非物体的にあるものに現れる限りの「存在」の実在性は、物体的にあるものに現れる限りの「存在」の実在性「よりも強い」。

「類比性」[12]は術語的に二類に分けられる。(1) 特殊化された意味での「類比性」（tashkīk khāṣṣī）と (2) 一般的なつまり特殊化されていない意味での「類比性」（tashkīk ʿāmmī）がその二類だ。

第一類の「類比性」は、唯一無二の実在性——それの個別的顕れの全てがそれによって互いに同一でありながら、全く同時に、それの個別的顕れのあいだの差異の原因でもあるということが正当に生じるような場合に成立する。例えば、「数」という同一の概念が二と二千とに何らかの違いを伴いつつ述語づけられる場合がそれである。二と二千を一つにする同一性の原理が「数」であるのと同じように、二と二千の差異の原理もまた「数」である。もう一つ別の例を挙げよう。太陽の光、月の光、灯火の光、蛍の光は光というただ一つの実在性である。それでもなお、それらの各々に光は違って現実化されている。それらを互いに同一たらしめるのと同じ実在性によってそれらは互いに違う。

第二類の「類比性」が成立するのは、一つの実在性——それの個別的顕れの全てがそれによって互いに同一でありつつ、それの個別的な顕れのあいだの差異の原理として機能しない場合だ。「存在者であること」の概念がアーダム（アダム）、ヌーフ（ノア）、ムーサー（モーセ）、イーサー（イエス）に述語づけられることが例として与えられる。彼らは、「存在者である」にも拘わらず、先行＝後続の連関をも帯びる。これらの預言者たちが現れた時に即して違うことは、彼らが「存在者であること」そのものによるのでなく、先行と後続を許容するという性質を時が帯びることによる。

「類比性」を二類に区別するのが重要であるのは、概念としての「存在」の「類比性」が第二類に属すのに対して、実在性としての「存在」の「類比性」が第一類に属すことによる。「概念」がただ同一性と一致の原理たりえ、「概念」が適用される対象たちの差異の原理として決して機能しえないという事実に、「概念」存在と「実在」存在の違いは起因する。「存在」概念は、世界のなかで各々に違い拡散する事物たち全てを一つのクラスに纏め上げることができ、現実にそうしており、そうしたクラス内で事物たちは存在論的に無差別な次元に還元される。しかしながら、「存在」概念はそれら事物を互いに差異化することはできない。

反対に、「存在」の実在性は全ての存在する「諸実在」の同一性並びに一化の原理として働くだけでなく、同時に、それらが、強弱、完全・不全、（無時間的な）先行・後続に即して互いに違っていることの、まさに原理でもある。これらの違いは全て、同一の実在、「存在」の内在的様相に他ならない。「存在」の実在性がこうあらねばならないのは、こころの外の世界では、「存在」の実在性以外は何であれ、単なる「非存在」ないし「無」に過ぎないからである。「非存在」ないし「無」は、一性の原理としても多性の原理としても機能しえない。

パフラヴィー哲学派の哲学者たちが「存在」は無限数の度合いと段階を有する唯一無二の「実在性」だと主張するときの彼らの言葉は、たった今説明した意味で理解せねばならない。これらの度合いや段階が或る類の実在であるのは、つまるところ、それらが「存在」の実在性それ自体の内在的様相だからだ。人間の知性がそれらに働きかけて「何性」へと概念化する際に、それらは純然たる「こころのなかでのさまざまなあり方」（i'tibārāt）へと姿を変える。後に見るように、パフラヴィー哲学派の哲学者たちは「存在」と「光」[13]とを完全に同一視するので、「何性」に即して多であることを「闇の多性《カスラ・ズルマーニーヤ》」(kathrat ẓulmānīyah)と呼ぶのと対比させて、強弱などに即して多であることを「光の多性《カスラ・ヌーラーニーヤ》」(kathrah nūrānīyah)と呼ぶ。「何性」に即して多であることが、闇、つまり、光の欠如、と連合されるのは、それが「存在」の実在性から遠く離れた領域で起こるからだ。

「多性」がこのように諒解されると、パフラヴィー哲学派の哲学者たちの形而上学体系と、それと形式的に似ていようとも、内的にかなり違う構造――例えば、西洋ではアエギディウス・ロマヌスの教説――とのあいだに明確な区切り線を引くことができる。アエギディウス・ロマヌスの基本テーゼは、「存在」は一であり一様であって、「諸何性」によりそれがさまざまに差異化されるというものである。表面的には、サブザワーリーの基本テーゼとこのテーゼはほとんど同じであるように見える。両者とも「存在」が根柢的に一であると主張すること、並びに、差異の原理を「何性」に認めることにおいて意を同じくする。その類似は、しかしながら表面的だ。アエギディウス・ロマヌスは「存在」と「何性」のあいだに実在的区別を行う。ありとあらゆるものが、「存在」と実在的に異なる「何性」をもつ。そしてありとあらゆるものが「何性」という原理ゆえに何かであり、「存在」という原理ゆえに「存在する」。[14] すでに見たように、そうした視点を採れば、「存在」の受容体としての「諸何性」を、自存すると見做さざるを得ず、そして、「諸何性」が「存在」の流入を受け容れる前に、何やら神秘的な仕方で存在していると見做さざるを得ない。反対に、パフラヴィー哲学派の立場は「何性」が二次的原因として自存するのを認めない。パフラヴィー哲学派の視点においては、全ての「何性」がこころの外の実在性を欠き、それらが我々の眼に見せる実在性は、擬似実在に過ぎぬ。この論点は前章末にて既に論ぜられたのでここで議論を繰り返す必要はない。

パフラヴィー哲学派の哲学者たちが採る立場をサブザワーリーは次のように描く。

パフラヴィー哲学派の哲学者たちによると、「存在」は「類比的濃淡」により特徴づけられ、さまざまな度合いを包含する……、ただ一つの「実在性」であって、その「実在性」は真の（つまり、感覚を超えた）光のごとくにさまざまである。実際に実在する光は「存在」の実在性と全く同じだ。「光」（一般）は己れを顕し、己れの他の全てを顕れた状態にもち至るからだ。これは精確に、「存在」の実在性の特徴そのものである。己れを顕し、己れの他の全てを顕れた状態へともち至ることがまさに「存在」の実在性の性格だからだ。この文脈で「他なる者たち」は全ての「何性」……に相当する。

（この意味において、「存在」すなわち光は）同じく、強くもなれば弱くもなる……といった具合にさまざまな度合いをもって類比的濃淡を帯びる実体である可感的な光に似る。（可感的な光であれ、形而上的な光であれ、）「光」の帯びる根柢的特徴は、己れを顕し、己れの他の全てを顕れた状態にもち至ることだ。光と闇のありとあらゆる度合いのうちにこの特徴が現実化しているので、弱くあることが、弱い度合いの光であってもそれが「光」であることを無化するわけでない。強くあることと強弱の中程度にあることが、或る特定の度が成り立つための本質的条件ないし或る特定の度の構成要素であるわけでないからである。本質的条件ないし構成要素があるとすれば、「光」の外にあらざる何かとしてあるという意味においてだけである。したがって、強くあることと強弱の中程度にあることが何らかの特定の度を「光」としてあることから無化するわけでない。したがって、強い「光」が「光」としてあるのと同程度に、中程度の「光」も「光」である、それと同じように、弱い光もまた光である。

かくして、「光」は、構成されたものでないさまざまな度合いの広大な拡がりを有し、またその度合いの各々がそのさまざまな受容体に関して広大な拡がりをもつ。

全く同じ仕方で、強弱、先行・後続などに関してさまざまな度合いを「存在」の実在性はまさにその実在性のなかにもつ。「存在」のありとあらゆる度合いは構成されたものでない。「存在」の或る強い度合いが、

「存在」の実在性に強さが加わることで形成される構成物である、との言い方が当てはまらないということだ。同じく、或る弱い度合いの弱さそのものは「非存在」の性格を帯びてあるのだけれども、弱い度合いは紛れもなく「存在」だ。それは、或る弱い「光」が、「光」と「闇」から構成されるわけでないのと同じである。「闇」は単に存在せぬものであ〔って、或る弱い「光」は間違いなく存在してい〕るからである。[15]

この文章中の二点は特に注意に値する。第一点は、「存在」の実在性が大きな拡がりをもつとの主張だ。それは、「存在」が普遍的に包括するさま《シュムール》(shumūl)、ないし全てを内包する性格を言い表す。「存在」の実在性は絶対的に一であるが、それでもなお、この一としてある実在性が例外なく全ての事物を包含する。この「包括性」は独特だ。まず(1)「部分」と連関したときに「全体」が帯びる包括性でない。(2)水を容れたカップのように、別の物体に連関したときに或る物体が帯びる包括性でもなければ、(3)「個別的なものたち」に連関したときに「普遍」が帯びる包括性でもない。第一の場合と第二の場合には、連関する二項がともに既に存在しているのでなければならない。「存在」の実在性が「自然的普遍」、つまり「何性」でない限り、第三の場合はありえない。

では「存在」の包括性の実在的な構造を我々はいかに理解すればよいのか。前に考察したように、「存在」の実在性が一つであって、なおも多、その実在性が多であって、なおも一つ、といった対立物の一致として理解せねばならない。そうである限りにおいて、それを主体的に実在するものとして把握するために、サルトルの「存在」体験と結びつけて本章冒頭で説明した、或る特殊な類の「実存的」直観を「存在」の実在性は要求する。ムッラー・サドラーはこの包括性についての真理は「知に深く通ずる者」(クルアーン第三章第七節〔フリューゲル版では第五節〕)にだけ、すなわち神秘家たちまたは眼に見えぬ何かを識る者たち(gnostics)にだけ開示される、とはっきりと述べる。[16] 前に記した「あまねく拡がっている存在」ないし「展開されている存在」(wujūd munbasiṭ)という表現が言い及ぶのは「存在」のこの側面だ。イブン・アラビーの神秘思想用語では、「慈愛者の息吹《ナファス・ラフマーニー》」(nafas raḥmāni）ともそれは呼ばれる。[17]

「知に深く通ずる者」は二つの違う眼をもつと言われる。己れの一方の眼でその者は絶対的に純然たる状態にある「存在」の実在性を観る。深い瞑想のなかでのみ得られうる、かの高度な精神状態では、全ての事物、全ての存在者がただの一つの例外もなく、その者の視界から消える。純然たる存在の「照らし明かす実在性」が眼を眩ませるほど単純にあることを除き、何も眼の前に残らない。そこにはもはや、「包括性」——包み括る側と包み括られる側の連関——について語る余地すらない。

それと同時に、もう一方の眼でその者は事物が無限に多様であるのを観る。この第二の眼の働きが、多性の領域を現実化する。この段階において、全ての「存在者」が旺盛に活気と華やぎを帯びて、その者の視野に飛び込み、その者の視野を満たす。その者の視野はもはや、純然たる存在に限定されていない。事物が無限にさまざまに多様化したさまが目睹される。しかしながら、これらの事物のいずれもが、「存在」が「包括されているさま」以外にはない。「存在」によってしか何も「現れる」ことができず、何も現実化しないからだ。この意味で、全ての事物は、「存在」という唯一無二の実在のうちに包括されている。

したがって、「知に深く通ずる」人間は、己れの二つの眼を組み合わせて、対立物の一致という形而上の秘密を目睹する。そうした者は、一である限りの実在性と多である限りの実在性を同時に観る。そうした体験から哲学的に導き出されるのが、「存在」とは、もともと純然たる状態にあった段階から、限界づけと限定づけがさまざまになされる段階へと「降下する《タナッズル》」（tanazzul）という性格を帯びた唯一無二の実在だとの視点である。この降下の側面にある「存在」が、神秘家たちのあいだで、「慈愛者の息吹」、つまり絶対者の存在的慈しみの息吹、と呼ばれる。それが「息吹」と呼ばれるのは、形式的な構造に即して観ればそれを人間の息遣いに喩えることができるからだ。[18] 人間の息遣いはさまざまな音素〔音声的、記号的、言語的なさまざまな現象〕を産み出すが、もともとは己れの内に何ら定まった形式をもたぬ、〔音声的、記号的、言語的な意味合いを帯びないただの息遣いに伴って発される〕中立的な音に過ぎない。息遣いが音声器官を通過し、それが特定の音声にさまざまに分節化されて、個々に特定された音声がさまざまな語を形作る。それと同じように、絶対性の状態にある「存在」はいかなる仕方でも限定されていない純然たる「現れ」である。何ら固有の色をもたぬ純然たる「光」である。それがさまざまな段階に「降下する」に随って、唯一無二の実在が連続的にさまざまな仕方で限定づけられてゆき、最後には、多としてある世界を光の下に曝け出す。しかしながら、これらの段階は全て、同じ実在が内在的に境界づけられたに過ぎぬのであるから、眼の前に見える多は究極にはもともとの一としてある状態に還元しうる。

サブザワーリーの前掲文で考察すべき第二点は、その文章中でサブザワーリーが「存在」を「光」と同一だとすることだ。「光」をこのように形而上的実在として概念把握する。その概念把握をサブザワーリーが照明学派哲学者たちの師スフラワルディーに負うのは明瞭である。先に見たように、スフラワルディーは「存在」の「イウティバーリー性」(iʿtibārī-ness) を主張する者たちの代表格であるので、このことは歴史的に第一級の重要性を帯びる。

「存在」に関するスフラワルディーの立場は次のことに起因して複雑である。スフラワルディーはカテゴリー的に、いかなる客観的な実在も「存在」と認めないにも拘わらず、己れが「存在」に否定したことを「光」という形而上的実在に、いわば、移し換える。形而上的「光」が帯びる「己れを顕してあるとともに、他の全てのものを顕れてある状態へともち至る」[19]という性格と、それの「類比的」(tashkīkī) という構造[20]とが事実上、スフラワルディー的「光」とパフラヴィー哲学派の哲学者たちが諒解する「存在」の実在性とのあいだに横たわる区画線を無化する。別の仕方で表現するならば、照明哲学派の術語における「実在的光」[21]は、パフラヴィー哲学派の哲学者たちの用語である「存在の実在性」(haqiqatu al-wujūd) と同じだということだ。二つの立場の違いはただ、絶対的な形而上の実在性を体験する仕方が違うことにある。絶対的な実在性が純然たる「存在」として体験されるのか、それとも純然たる「光」として体験されるのかに拘わらず、体験そのものは本質的に、グノーシス的な性格を帯びる。「存在」を己れが哲学思索を行う際の礎にする者たちはイブン・アラビーの伝統に、そして他方、「光」を根柢的カテゴリーと強く主張する者たちはスフラワルディーの伝統に属する。歴史的に、ムッラー・サドラーは、イスラームにおけるこれら二つの神智の伝統が収束する一点に当たる。パフラヴィー哲学派においてこうした収束が起こった結果、導き出されたのが、「存在」とは、さまざまな度合いをもってさまざまな段階に己れを顕す、「照らし明かす実在性《ハキーカ・ヌーラーニーヤ》」(ḥaqīqah nūrānīyah) だとの考え方である。

「存在」の実在性の構造に関して考察すべき次の問題は、パフラヴィー哲学派の形而上学体系において絶対者、ないし神がいかに位置づけられるか、だ。この体系では、「存在」の実在性は、己れに内在するさまざまな度合いと限定作用によって、多であるさまに分化される唯一無二の実在であることから必然的に、最高度が絶対者の位次でなければならぬ。しかしながら、最低度であってすらも、同一の「実在性」に内在する一つの限定作用である。最高度と最低度のあいだには何らか途切れざる連続的な一本の線があるということだ。では、絶対者、つまり必然的に存在する者と、可能的に「存在する者たち」のあいだにはいかなる本質的な違いもないのか。パフラヴィー哲学派の哲学者たち固有の視点から観て、この問いに適切な回答を与えるために、我々はまずもって、三つの重要な術語の初歩的な解説を提示せねばならない。三つの重要な術語とは、否定的限定相《ビ゠シャルト・ラー》(bi-sharṭ lā)、非限定相《ラー・ビ゠シャルト》(lā bi-sharṭ)、肯定的限定相《ビ゠シャルト・シャイウ》(bi-sharṭ shay’) である。

精確に言えば、これらの概念は「何性」の領域に属するのであって、「存在」の領域に属するのでない。だがしかし、パフラヴィー哲学派の形而上学においてそれらは後者の領域に係わる。サブザワーリー自身がはっきりと言い述べるように、パフラヴィー哲学派の哲学者たちは、「神智の味識」の伝統に則ってこの三分法を「存在」

の実在性に適用するからだ。まずは、この三分法がもともと係わる領域、つまり、「何性」の次元でいかなるものかの簡便な解説を与えておきたい。

各々の「何性」は三つの違う側面で考察されうる。(1)「無雑相《ムジャッラダ》」(mujarradah〔「何性」のもともとのアラビア語māhiyahの女性形に合わせて女性形で表現される〕)ないし「否定的限定相」、(2)「絶対的《ムトラカ》」(muṭlaqah〔原義的には融通無碍、非限定的な様を言う〕)ないし「非限定相」、(3)「雑相《マフルータ》」(makhlūṭah)ないし「肯定的限定相」がその三側面である。

「否定的限定相」(bi-sharṭ lā)状態にある「何性」は、純なる状態にあると見做された「何性」であって、その状態では、こころの外のことであろうと、こころのなかのことであろうと、「何性」の「存在」をも含んだありとあらゆることが、そうした「何性」を眺める意識から隔絶している。それそのものである限りの「何性」、例えば、「動物」である限りの「動物」だけが他の何をも伴わずこころに表象されている。何か他の概念、例えば「理性的」という概念を、純なる状態にある「何性」に我々が連関させたなら、結果は二つの相違う独立した要素の組み合わせとしてありうるに過ぎない。であるならば、もともとの概念「動物」は〔「理性的動物」という〕複合概念に述語づけられえない。「動物」+「理性的」〔という複合概念〕は純然たる「動物」概念より多くの何かであるから、純然たる「動物」概念は「動物」+「理性的」概念に述語づけられえないのだ[22]。

「非限定相」(lā bi-sharṭ)の状態にある場合には、「何性」は、曖昧な、ないし全くもって非限定、なる仕方で表象されている。この状態の「何性」は自由に振舞う。他の「何性」と連合するかもしれないし、連合しないかもしれない。もし、このように非限定の状態にある「何性」に何か別の概念を我々が連関させるなら、その組み合わせの結果、何らか完全に一なる何かがある。もともとの「何性」がこの組み合わされた一なる何かに述語づけられることも可能だ。「動物」+「理性的」は「人間」だ。そして「動物」は無論、「人間」に述語づけられる。この段階の「何性」はそれ自体に即して観れば、現実化もされていないし、特定されてもいない。それは非限定なままであるので、多くのさまざまな事物に述語づけることができる。

「肯定的限定相」(bi-shart shay')の状態にある場合には、例えば「動物」+「理性的」のように、或る「何性」は既に他の別の概念と連合していると見做される。この状態にある「動物」は既に現実化し、特定されたものと見做されている。いうなれば、ここでの「動物」は「動物」である限りのものとは見做されておらず、むしろ、「理性的」と連合した限りでの「動物」、つまりは「人間」である限りのものである。

さてここで、この三分法を「存在」に適用してみよう。パフラヴィー哲学派の哲学者たちによれば、何度も繰り返し見たように、「存在」は、強弱、完全・不全などに即して互いに違うさまざまな度合いや段階をもつ唯一無二の実在である。その最高段階、つまり、超越的な絶対性にある絶対者は、「否定的限定相」にある「存在」の実在性である。言い換えれば、絶対者は、純然たる「存在」、つまり、全てのありうる限定づけや限界づけから隔絶した絶対的な純粋さに即した「絶対者」である。純然たる、そして絶対的な超越性の状態にある「存在」がそれだ。

次の段階、「非限定相」の段階では、「存在」が、自由な振舞いをする非限定性を帯びた状態にあり、何であれいかなる限定づけられた形態にも己れ自身を変容させるよう身構えている、このような状態において、それは、可能的に(in potentia)全ての可能的な「諸存在者」を己れの一性の領域内に包含している。「存在」が同時に一であり、かつ多であるのはここにおいてである。「展開された存在」ならびに「慈愛者の息吹」の段階がこれである。

最低の段階、「肯定的限定相」の段階における「存在」は、既にこの仕方やあの仕方で限定されたさまで現れる。この存在論的次元は、具体的個体としての「諸存在者」の次元だ。ここでの「存在」の実在性は己れのもともとの超越的純然さから最大限離れたところにあって、他の何かと、つまり、「何性」と連合するに至っている。

以上の議論の結果、パフラヴィー哲学派の哲学者たちによる、次の「存在」の階層秩序を我々は得る。

I 「否定的限定相」の「存在」(al-wujūd bi-sharṭ lā)
II 「非限定相」の「存在」(al-wujūd lā bi-sharṭ)
III 「肯定的限定相」の「存在」(al-wujūd bi-sharṭ shay')

「存在」の実在性はかくして相違う三層から成る構造をもつ。第一層は、「存在」そのものが己れ自身より外の何ものとも絶対的に全く連合しない。そうした第一層は、神学的に言えば、絶対的に超越し、絶対的に被造物から区別される神の「本質」そのものだ。まさに、神は人間の意識に対して全くの「闇」であるゆえに、神は「光」そのものである。神とは永遠に己れを隠す神である。

第二層は、既に見たように「展開された存在」である。「光」の源から純然たる一つの明るさの放射されるのにそれは喩えられる。その光線はいまだ、純然たる、つまり無記単純であり、いまだ一なる実在である。しかしながら、加えて、それは己れ自身のうちに、全ての方向に溢れ流れ出し、無限にさまざまな仕方で水流を成してゆく、そうした可能性を含んでいる。神学的に言えば、己れを開示する神がこの層に当たる。

第三層は、「個別的存在《ウジュード・カース》」(wujūd khāṣṣ)である。より厳密には、複数形を用いて、「個別的諸存在《ウジューダート・カーッサ》」(wujūdāt khāṣṣah)と言わねばならない。これら個別的「諸存在」はそっくりそのまま、「展開された諸存在」が現実化したさまざまな段階・さまざまな度合いであり、「存在」の一なる実在性の内在的変容である。これらの度合いの各々は、人間の知性が自存する独立した実体と見做したときに、己れ自身を「何性」に変容させる。このように産み出された「諸何性」は、しかしながら、「展開された存在」に較べるならば、影の如きものに過ぎない。そして「展開された存在」についても、「存在」の絶対的な実在性と較べるならば影に過ぎない。「存在」の三層のあいだのこの連関をサブザワーリーが一つの詩節に象徴的に描く。

　　彼の顔が放つ光で全ての事物が照らされ明かされる。
　　だが、彼の顔が放つ光の前では、それより他のありとあらゆるものが影に過ぎない(23)。

この詩節では、神自身が純然たる存在と理解されている。詩節中の「彼の顔」は、「展開された存在」に言い及ぶ。「己れを顕し、他の全てを顕れるに至らしめる」のは、「光」たる、神の働き《アクトゥス》だ。詩節中のこの「光で全ての事物が照らされ明かされる」は、「諸何性」――それら自身に即して観れば、イウティバーリー〔仮構〕であり、存在を欠く者たちであるが「光」の働きにより、我々の眼に「諸存在者」として現れるに至る――に言い及ぶ。しかしながら、「諸何性」の実在的な地位は、「影」という象徴で表示されている。

この章を閉じる前に、後一つ重要なことに言及しておかねばならない(24)。「否定的限定相」としてある「存在」に「存在」の最高段階、つまり絶対者、ないし神を認めるパフラヴィー哲学派の哲学者たちの見解に抗して、多くの主要なスーフィーたちは己れの形而上学的教説においてそれと違う立場を採る。「否定的限定相の存在」（wujūd bi-sharṭ lā）は、それが否定的であるとしても、条件づけられてあるが故に、絶対的な絶対者ではありえないと彼らは論ずる。それは、それと連合するものは他に何もない、いかなる可能的な限定作用によっても限定されていない、という否定条件を帯びた絶対的な純然たる「存在」である。したがって、スーフィーたちの眼には、この段階の「存在」は既に限定づけられている。「否定的限定相の存在」は絶対的な絶対性の段階にあるのでなく、第一限定の段階である。

スーフィーたちの見解では、「存在」の最高段階は「非限定相の存在」（wujūd lā bi-sharṭ）、つまり絶対的にいかなる条件をももたぬ、絶対であることという条件すらも、「条件づけを欠いた」という条件すらももたぬものでなければならない。そうした最高段階はそっくりそのまま、純粋、単純な「存在」の実在性である。人間の意識にとって、それは実在的闇である。この最高段階の絶対者はいかなる条件も、いかなる性質づけももたない。それは、「全く知られず、全く知ることもできない」、「知られざる神秘《ガイブ・マジュフール》」(ghayb majhūl)、「隠れた宝《カンズ・マフフィー》」(kanz makhfī) である。

かくして、こうした主張をするスーフィーたちの形而上学体系においては、パフラヴィー哲学派の体系における第一段階の「存在」が二次的な位次に格下げられて、「条件づけを欠いた」段階、パフラヴィー哲学派の体系にしたがえば第二段階が、階層秩序の最高点に置かれる。スーフィーの見解では、「条件づけを欠いた」という語が特異な諒解で意味づけられている。彼らはその語を、絶対的に「条件づけを欠いた」ものであると、したがって「条件づけを欠いた」という条件すらをも否定する意味で諒解する。この仕方で諒解された「条件づけを欠いた」という概念は、「否定的限定相」と、通常の意味で諒解された「非限定相」と、「肯定的限定相」との三分割の源そのものを成す。この見解では、「展開された存在」は、通常の意味で諒解された「条件づけを欠いた存在」、すなわち、少なくとも「条件づけを欠いて」あることによってしか条件づけられない限りでの「存在」でしかありえない。

注

(1) ムッラー・サドラー『存在認識の道』(*Kitāb al-Mashā'ir*, p. 24, §57)。
(2) ジャン゠ポール・サルトル『嘔吐』(*Nausée*, p. 160)。
(3)『嘔吐』(*Nausée*, pp. 161, 162)。
(4)『嘔吐』(*Nausée*, pp. 161, 162)。

（5）エティエンヌ・ジルソン『存在と本質』（*L'être et l'essence*, pp. 297–298）。

（6）また、この語はしばしば「絶対的存在」（wujūd muṭlaq）とも言われる。ところが(a)も同じ名称があるため非常に紛らわしい。さらに他にも「普遍的単位」（fard kullī）、「絶対的単位」（fard muṭlaq）という名称がある。

（7）ムハンマド・リダー・サーリヒー・キルマーニー『イスラーム哲学思想における存在』（Muḥammad Riḍā Ṣāliḥī Kirmānī, *Wujūd az Naẓar-i Falāsifah-i Islām*, Qum, n.d., vol. I, pp. 158–159）がこの点を明快に説明する。

（8）この段落は、『存在認識の道』（*Kitāb al-Mashā'ir*, p. 28, §§71–72）にてムッラー・サドラーが当の立場を解説するのに基づく。

（9）サブザワーリー『形而上学詩注』（*Sharḥ-i Manẓūmah*, v. 36）。

（10）タキー・アームリー『高貴なる真珠』（Taqī al-Āmulī, *Durar al-Farā'id*, I, pp. 87–88）。

（11）タキー・アームリー『高貴なる真珠』（*Durar al-Farā'id*, I, p. 90）。

（12）以下の記述はムフイーッディーン・マフディー・クムシイー教授が『形而上学』（Muḥyī al-Dīn Mahdī Ilāhī Qumshih'ī, *Ḥikmat-i Ilāhī*, pp. 10–11）でこの問題を非常に明瞭に解説するのに負うところが大である。

（13）「光」は彼らにとって、感知可能な光ではなく、超感覚的、形而上的「光」を意味する。感知可能な光は、スフラワルディーのいう意味での形而上的「光」の本質的構造を示すに相応しい比喩として使われるだけである。

（14）Omne ... habet essentiam realiter differentem ab esse, et per aliud est ens et per aliud existens. アエギディウス・ロマヌス『存在と本質の諸定理』（*Theoremata de Esse et Essentia*, XII, Louvain: Museum Lessianum, 1930, p. 78）。ウィリアム・カーロウ『実存的形而上学における本質から存在への究極的還元可能性』（*The Ultimate Reducibility of Essence to Existence in Existential Metaphysics*, p. 61, n. 7）の引用による。

（15）サブザワーリー『形而上学詩注』（*Sharḥ-i Manẓūmah*, vv. 34–35）。

（16）ムッラー・サドラー『存在認識の道』（*Kitāb al-Mashā'ir* p. 8, §12）。

（17）イブン・アラビーの形而上学体系でこの概念が占める位置の詳細な説明は、拙著『スーフィズムとタオイズムの哲学的鍵概念の比較研究』第一巻（イブン・アラビー）（*A Comparative Study of the Key Philosophical Terms in Sufism and Taoism*, vol. I, Ibn

‘Arabī）を見よ。

（18）ムッラー・サドラー『存在認識の道』へのバディーウ・ムルク・ミールザーによるペルシア語注（*Le livre des pénétrations métaphysiques*, 1965, p. 90）参照。

（19）スフラワルディー『照明哲学』（*Ḥikmat al-ishrāq*, *Opera Metaphysica et Mystica*, p. 113, §117）。

inna al-nūra huwa al-ẓāhiru fī ḥaqīqati nafsi-hi al-muẓuhiru li-ghayri-hi bi-dhāti-hi,

（20）スフラワルディー『照明哲学』（*Ḥikmat al-ishrāq*, *Opera Metaphysica et Mystica*, pp. 123-124, §§133-134）。

（21）前に指摘したように、形容詞の「実在的」は尋常に感覚しうる光から「光」の形而上的実在性を区別するために用いられる。形而上的「光」にとってみれば尋常の可感的光はせいぜい比喩でありうるだけである。

（22）三分法に係わるこの段以下数段落はイブン・スィーナー『指示と勧告』へのトゥースィー注（pp. 229–230）、ならびに『指示と勧告』のテヘラン版（ハイダリー版、イスラーム暦一三七七年、第一巻）所収クトブッディーン・ラーズィー『裁定集』（*Muḥākamāt*, pp. 75–76）に基づく。

〔訳注〕原注で指示されるトゥースィー注は『指示と勧告』第一巻第一六節一三段落に附されたもの。同書第一巻第一六節は「それは何かへの応えとして言われる諸種のもの」と題され、「何性」理解の焦点となる箇所である。

（23）サブザワーリー『形而上学詩注』（*Sharḥ-i Manẓūmah*, v. 3）。

bi-nūr wajhi-hi istanāra kull shay’. wa-‘inda nūr wajhi-hi siwā-hu ay’.

（24）ジャラールッディーン・アーシュティヤーニー『哲学と神秘主義の見解による存在』（Jalāl al-Dīn Āshtyiānī, *Hastī az Naẓar-i Falsafah va ‘Irfān*, pp. 157, 193）参照。

＊　＊　＊

後記

この論考で私はサブザワーリー形而上学の基本構造の輪郭を描こうと努めた。そうすることで、この形而上学体系におけるもっとも根柢的な鍵語群を分析し、そして部分的には歴史的に叙述することに厳格に専念した。世界哲学の現在的状況においてこの類の哲学がもつ意義に光を当てる意図もあった。この、見かけは「中世的」で、今や時代遅れとなった型《タイプ》の東洋的スコラ学が、ハイデガーやサルトルといった西洋の現代の実存主義哲学者たちが最近展開した哲学説に思いもかけずいかに近いかを観察したいという関心もなかったわけではない。

さらに、東洋の哲学的叡智の守護者たちが世界哲学の進展と発展に積極的に寄与するよう、意識的で体系的な努力を始めねばならない時が来たと私は固く確信する。しかしながら、その目的を達成するためには、東洋の人々が己れの哲学的遺産を分析的に省みて、現在的な意義があるものなら何でも過去の闇のなかから掬い取り、今日の知的状況に適う仕方で己れの考察結果を提示せねばならない。この論考を、現在期待されている東西の哲学的収斂へ向けてのささやかな貢献と受け取っていただければ幸いである。

解説

鎌田 繁

井筒俊彦は一九六二年からカナダのマギル大学の客員教授を務めていたが、一九六九年に慶應義塾大学を退き、マギル大学イスラーム学研究所の教授となった。一九五六年に *Language and Magic: Studies in the Magical Functions of Speech*（『言語と呪術』として近刊）を刊行して以来、井筒は主要な業績を英語で発表しており、一九七九年イラン・イスラーム革命によってテヘランから帰国を余儀なくされるまで、それは続く。井筒のイスラーム研究はクルアーンを中心にしてイスラーム以前のジャーヒリーヤ時代のアラブのものの考え方からクルアーンの思想、さらに初期の神学への展開を視野におく意味論的研究と、イスラームの神秘主義と哲学とが合流して生まれた神秘哲学の研究とに大きく分かれるといえるだろう。老荘思想との対比を念頭において分析されたイブン・アラビー研究は後者の領域の業績であり、現在のイブン・アラビー研究の隆盛を牽引した仕事でもある。ここに訳出した論考はその延長上に位置づけられるものである。

本書『存在の概念と実在性』は井筒が一九六九年から一九七三年の間に各地で行った三つの英語講演の原稿と、一九六九年に校訂、出版した哲学テクストに付した英文解説とからなる論文集 *The Concept and Reality of Existence*, Studies in the Humanities and Social Relations, Vol. XIII, The Keio Institute of Cultural and Linguistic Studies, Keio University, Tokyo, 1971 の全訳である。

書名は『存在の概念と実在性』としたが、「存在の」は「概念」と「実在性」との両方にかかっている。『存在概念と存在の実在性』とした方が誤解を避けられるかとも思ったが、存在という語が重なるため、このような書名にした。この書名は存在という概念と、存在の実在性というものがイスラーム哲学のなかでどのように理解されているかを論じようという意図を示している。たとえば、太陽がある／存在する、という表現があるが、これは「太陽」（という本質または何性）と「存在」という二つの言葉、すなわち頭のなかで整理された二つの概念からなる。ただ、この表現のあるなしにかかわらず、実際に太陽があること、日の出とともに明るくなり、夏ならその光を遮るものなく受ければ暑さに苦しむ、など実際の太陽の「存在」は、それ相応の影響を周りに及ぼす。外界に現実に影響をおよぼしているようなもののあり方が、実在性（言葉としてはこれも一つの概念になるが）が示すものである。他方、「月が存在する」、「星が存在する」という命題と同様に概念を操作して作り出した「太陽が存在する」という命題は、たとえいくらあっても、まわりは明るくならないし、暑くもならない。このように存在という言葉は存在の概念としての面を示すことも、また実際にそこにあるという実在性を示すこともある。本書は存在という概念をもちいてどのように実際にあるという実在性をイスラームの哲学者たちが説明しようとしているか、を解明しようという論考である。

第一論文「イスラームにおける形而上学的思考の基本構造」（"The Basic Structure of Metaphysical Thinking in Islam"）は一九六九年六月から七月にかけてホノルルで開催された第五回東西哲学者会議における公開講演に用意された論文で、慶應義塾大学言語文化研究所刊行の論文集（本訳書の底本）とともに、当時井筒が所属していたマギル大学イスラーム学研究所テヘラン支所刊行の以下の論集にも収録されている。*Collected Papers on Islamic Philosophy and Mysticism*, edited by M. Mohaghegh and H. Landolt, Wisdom of Persia IV, Institute of Islamic Studies, McGill University, Tehran Branch, Tehran, 1971.

第二論文「東西の存在主義」（"Existentialism East and West"）は井筒自身の本書の序文によれば、一九七〇年にマギル大学イスラーム学研究所テヘラン支所で行った講演である。ただ、上記 *Collected Papers on Islamic Philosophy and Mysticism* に記載されたテヘラン支所研究成果一覧では、講演タイトルは「西洋の存在主義とサブザワーリーの存在一性論（"Igzistānsiyālism-i Gharb wa-Waḥdat-i Wujūd-i Sabzawārī"）」（英語）とある。マギル大学イスラーム学研究所テヘラン支所は一九六九年一月に開所、モンゴル期以降イランで展開した哲学の研究を主な課題として、重要なテクストの出版・翻訳・研究書の刊行を目指した。井筒は開所に当たって、テヘラン大学文学部からマギル大学に三年間派遣されていたメフディー・モハッゲグとともにモントリオールからテヘランに移り、イスラーム哲学の文献読解に沈潜することになる。

第三論文「ワフダト・ウジュードの分析――東洋哲学のメタ哲学に向けて」（"An Analysis of Waḥdat al-Wujūd: Toward a Metaphilosophy of Oriental Philosophies"）は一九六九年冬、エルサレムのヘブライ大学アジア・アフリカ研究所での講演の原稿であり、『イスラーム哲学の原像』（岩波新書、一九八〇年）の序文によれば、カバラー研究のゲルショム・ショーレム、マイモニデス研究のシュロモ・ピネス、古代ギリシア自然学研究のシュムエル・ザンブルスキーなど錚々たる研究者を聴衆に見るような催しであったという。本論文と第一論文「イスラームにおける形而上学的思考の基本構造」は、井筒の日本語講演「イスラーム哲学の原点」（岩波市民講座、一九七九年開催）と併せて『イスラーム哲学の原像』の素材を構成している。なお、「イスラーム哲学の原点」も彼自身の "The Theophanic Ego in Sufism: An Analysis of the Sufi Psychology of Najm al-Dīn al-Kubrā", *Sophia Perennis* vol. 4, No. 1 (1978) に基づくところが大きい。この論文も井筒が一九七五年ニューヨークでユング財団（C. G. Jung Foundation）に招かれ、"The Ego-Consciousness in Eastern Religions" というシリーズ名で行った三回連続講演の第三回の原稿である。

第四論文「サブザワーリー形而上学の根本構造」（"The Fundamental Structure of Sabzawari's Metaphysics"）はイラン・カージャール朝期（一七九六―一九二五年）の神秘哲学者サブザワーリー（一八七八年没）が自らの哲学体系を詩のかたちで表現し、さらにそれに註解をくわえた『形而上学詩注』を、マギル大学の同僚でもあるモハッゲグとともに校訂・出版した本に、解説として附した長文の論考である。H. M. H. Sabzawārī, *Sharḥ-i Ghurar al-farā'id yā Sharḥ-i Manẓūmah-i Ḥikmat*, Qismat-i umūr-i 'āmmah wa-jawhar wa-'araḍ［Part One Metaphysics］, edited by M. Mohaghegh and Toshihiko Izutsu, Wisdom of Persia I, Institute of Islamic Studies, Tehran: McGill University, Tehran Branch, 1969. なお、この校訂本の第二版（一九八一年）ではこの井筒の解説は外され、*Bunyād-i Ḥikmat-i Sabzawārī*（『サブザワーリー形而上学の基礎』一九八一年）という別の単行本としてペルシア語に翻訳され、モハッゲグによるサブザワーリーの伝記や書誌をくわえて刊行された。またこの『形而上学詩注』は井筒とモハッゲグが英訳し同研究所テヘラン支所発行の叢書の一冊として *The Metaphysics of Sabzavārī*, Caravan Books, 1977 が米国で出版された。

*

モンゴル軍によるバグダード陥落（一二五八年）以後の時代のイスラームを特徴づける一つの思潮に「イルファーン」（'irfān）と呼ばれる神秘主義的哲学があり、これが本論文集収載の四論文の扱っている対象である。神秘主義は、人間を超えた絶対的高みにある存在と何らかの形で一つになることをもっとも価値あるものとして、その体験の実現、あるいはそれへの道程やそれに基づく世界観の理論的探求をおこなうことである。イスラームにおける神は人格神として人間に対し、人はその神による終末の裁きに怖れ戦き、また人間に対する神の広大な恵みに感謝し、愛する。神への愛から神と一つになることを希求する神秘家が生まれる。このような神秘家のなかには「私こそ真実在《ハック》である」（ハッラージュ、九二二年没）とか「私に栄光あれ」（バスターミー、八七四年頃没）とか自己と神とを同一視するような言葉を忘我状態のなかで口にする者たちもいた。人間としての我は神のなかに消滅（ファナー）し、神のみが存続（バカー）している様態であり（本書一七―一八頁など）、そこに出てきた言葉は神秘家の口を借りてはいるが、語る主体は神そのものである。初期の神秘主義ではひとりの神秘家と神とが向き合ったなかでその両者が一つになることが構想されているといえよう。

一三世紀前半に活動したイブン・アラビー（一二四〇年没）は前代のハッラージュやバスターミーら神秘家のように、神との対面のなかで自己が神と一つになることを追求するというのではなく、宇宙全体と神とがどのように関係しているかという形而上学的議論をおこなう。彼の洞察は後に「存在一性論《ワフダト・ウジュード》」（waḥdat al-wujūd）と名づけられ、彼に続く時代の神秘家たちによって祖述されるとともにさまざまな解釈を施され、イスラームの神秘主義の流れを一つに方向づけていった。神が創造者として被造物である世界を創造する、という神学的な表現で語られる事態を、無限定な存在（ウジュード）そのもの、つまり絶対的存在、が多様にみずからを顕現させること（タジャッリー）で多様な存在者（マウジュード）が現出する、と表現する。無限定な絶対的存在は区別することのできる他者もないので、すべてを包摂する一であり、知る者と知られる者との分裂もないため知の対象にもならない。一方、我々の周りの世界は個々別々のさまざまな「事物」で満ちているが、そういう「事物」が現れる以前の状態、すなわち、被造物が創造される以前、永遠の存在者である神のみの存在している状態とは、この無限定の絶対的存在の様態である。

神という崇拝される者は被造物という崇拝する者があってはじめて神として姿を現すのであり、神という言葉も、さらに絶対的存在という言葉すらも、言葉で表現している以上なんらかの限定をくわえているので、絶対的存在という言葉は真の絶対的存在を指示することはできない。言葉で表現できない事態を言葉で表現しなければならないという宿命的な困難が神秘主義にはある。

すべてを包摂する真の実在（真実在）を自覚すること、自分という一つの存在者も、ある時間や場所においてその無限定な存在が具体的な個別的な姿を現した者であり、その意味で真の実在と一であることを自覚すること、このような仕方でイブン・アラビーの神秘主義は構想される。無限定の一なる存在が個別的存在者から成る多なる存在世界を顕現する過程に、一でありながら多を内に含む統合的一性（ワーヒディーヤ）（本書七九頁）の中間的領域を措定するが、その過程についての理解は同じイブン・アラビーの流れにある者によっても微妙な相違がある。

イスラームの哲学は、アリストテレス哲学を中核としているが、イスラーム世界に移入された時点ですでに新プラトン主義的な色彩を与えられていた。ギリシアの新プラトン主義者の第一人者であるプロティノスの『エンネアデス』の抜粋が『アリストテレスの神学』の名前でアラビア語で流布し、イスラームにおけるアリストテレス理解に影響を及ぼしていた。本書でも述べられているように、西洋中世哲学はイスラーム世界から哲学的思索を学び、特にアリストテレス哲学の解説者としてのイブン・ルシュド（ラテン名アヴェロエス、一一九八年没）の及ぼした影響は大きかった。しかしながら、イスラーム世界にあっては、イブン・ルシュドはほとんど忘れられた哲学者であり、モンゴル期以降のイスラームにおける哲学的営為はイブン・スィーナー（一〇三七年没）を代表とし、その思索の解釈と展開のなかに見ることができる。

イブン・スィーナーは哲学のみならず、医学などにも大きな仕事を残しているが、哲学については論理学、自然学、形而上学（神学）を総合するまとまった哲学書を三点残すだけではなく、個別的な論考も多数残している。井筒は本書では存在をめぐる形而上学的思索に焦点を絞って論じている。この観点でイブン・スィーナーの哲学が後世に与えた影響は、以下のようにまとめられるかもしれない。イブン・スィーナーは存在を二つに分け、必然的存在と可能的存在とする（本書一五五頁など）。前者は他の力によらずにそれ自体で存在するものであり、神学的表現によれば神ということになる。それに対して、可能的存在はそれ自体では存在せず、他からの力を受けてはじめて存在するものである。さらにいえば、可能的存在は他から存在を与えられれば必ず存在することになる。存在しているものはその存在の因果を遡っていくことで究極的には必然的存在に辿り着き、存在しているものはすべて一なる必然的な存在に根拠づけられるのである。

何かが「ある」ということとその何かが「何であるか」ということ、すなわち、存在と本質（何性）との関係について、イブン・スィーナーは、存在は本質の偶有であるという議論を提起した。この意味について本書で井筒は懇切に説いているが、どう理解するかは別にして、これによって現実に存在しているものの実在性を存在と本質という二つの観点から説明していくという思索の枠組を提供することになった。

イスラームの神秘主義の流れにおいてもっとも大きな影響を後世に及ぼしたイブン・アラビーの神秘主義的洞察と古代ギリシアの哲学を継受したイスラームの新プラトン主義的アリストテレス哲学の代表者であるイブン・スィーナーの思索が合流することで、一つの見方によれば真のイスラーム的哲学が生まれてきたと考える。井筒はこの段階をイスラーム哲学の歴史的展開の第二期とし、モッラー・サドラーから現代に至る時期を第三期とする（*The Metaphysics of Sabzavārī*, p. 1）。

イスラームの思想の世界では神の言葉（クルアーン）や預言者やイマームたちの言葉（ハディース）のテクストに根拠をおき、類推や演繹という合理的操作によって獲得される法学や神学的知をイルムという言葉で示し、他方、神秘家が神的照明や霊感を受けることで獲得される知をイルファーン（四五頁）という言葉で示し、前者との相違を強調することがある。イブン・アラビーやその学統を継ぐ思想家の営為は直観的に得られる知に基づいて理論的に神秘主義を構築するという意味でイルファーンの典型になろう。モンゴル期以降顕著に見られるようになった思潮がこのイルファーンであり、神秘主義と哲学との合流にそれは見られる。シーア派の教義理解がさらにそれに絡み合い、複雑な、しかし非常に興味深い思索が進められている。井筒が本書のなかで触れているハイダル・アームリー（一三八五頃没）やジャーミー（一四九二年没）もイブン・アラビーの学統を継ぐ神秘主義的思想家である。彼らはイブン・アラビーの思想を継受するだけではなく、前者はイブン・アラビーの完全人間論をシーア派イマーム論と融合させる思索を進め、後者は宗教実践を含めたより広い観点からイスラームという宗教を再構成しようとしたことなど、イブン・アラビーの祖述だけでは納まらない展開を示している。

モンゴル期以降のイスラーム思想史のなかで井筒がつよい関心を抱いたのは本書でも詳細に検討されているモッラー・サドラー（一六四〇年没）の思索である。サイイド・ホセイン・ナスルが述べていることであるが、ナスルが一九六二年にモントリオールのマギル大学でモッラー・サドラーについて講演をした際、その講演の後、マギル大学で教鞭を執り始めていた井筒がナスルに、「これからは、クルアーンの意味論的研究を脇に置いて、後期イスラーム哲学を研究することにしたい」と言ったという（「井筒俊彦の思い出」『井筒俊彦全集』第一一巻月報）。井筒は一九四八年に既にモッラー・サドラーの哲学に言及しており、この講演がモッラー・サドラーとの文字通りの最初の出会いではなかったであろうが、マギル大学という研究の場を得て、後期のイスラーム哲学に専念するようになる象徴的出会いということができるだろう。

モッラー・サドラーは必然的存在がその他のすべての可能的存在を存在せしめるという哲学的図式に、無限定の絶対的存在が多様に自己顕現するという神秘家の洞察を重ね、存在と本質との関係に対しては、存在のみが実在性をもつという「存在の本源性論」（アサーラト・ウジュード）を唱えた。井筒がよく使う譬えであるが、「花がある／存在する」という当たり前の表現は、実在の真の姿に即していうならば、「存在が花する」という表現が正しいのだと。実在する唯一のものは無限定な絶対的存在のみであり、それが絶えず流動、遍満しているのが存在の世界の真の姿であり、それが時々刻々みずからを変容して具体的な個物からなる世界を顕現している。固定的な個物の集合として見えるこの世界も、その真の姿は無限定な一なる存在の流動である。イブン・アラビーの存在一性論的洞察をみずからの照明体験を通して受け入れ、イブン・スィーナー哲学の存在論的枠組を受容し、理論的な厳密さとともに構築したのがモッラー・サドラーの「超越的哲学」（ヒクマ・ムタアーリヤ）と呼ばれるものである。イブン・アラビーのみならず、スフラワルディー（一一九一年没）の照明哲学もまた同質の洞察をもち、これもあわせて彼の思索に大きな影響を及ぼした。イラン文化圏ではモッラー・サドラーたちの哲学をヒクマ（ペルシア語的にヒクマト）と特別に呼ぶこともある。モッラー・サドラーの著作『存在認識の道――存在と本質について』（岩波書店、一九七八年／『井筒俊彦著作集』第一〇巻、中央公論社、一九九三年）が井筒によって明晰な注解、解説とともに翻訳されており、イルファーンの思想が実際にどのような言葉で語られているか分かるであろう。

井筒が本書で論じるサブザワーリー（一八七八年没）はモッラー・サドラーの学統を継ぐ哲学者である。イラン東部、ホラサン地方の小都市、サブザワールで生まれ、マシュハド、イスファハーンなどで学び、後には教え、晩年はサブザワールに戻り質素な生活のなかで後進の教育に専念した。

井筒がモハッゲグとともに校訂した『形而上学詩注』はサブザワーリーの『形而上学詩注』全体の一部であり、その最初の二篇（「一般原理」、「実体と偶有」）にあたる。全体はモハッゲグが一九九〇年に校訂・出版した第三篇（「思弁神学」）の他、自然学、預言者論、終末論、倫理学の諸篇の全七篇から成る。同様の形式でサブザワーリーが著した論理学についての『論理学詩注』を本書全体の最初に置いて刊行されている。伝統的なイスラーム哲学の総論としてイランでは現代に至るまでもっともよく読まれた書物で注釈も複数存在する。

サブザワーリーはモッラー・サドラー同様にイルファーンに基礎をおく哲学者であり、存在についての神秘主義的洞察の上に哲学を組織立てているが、この面はあまり表には出ないためスコラ哲学的論述という印象を与える。しかし、モッラー・サドラーと基本的立場を共有し、存在の本源性の立場をとり、存在の実在は一でありながら多様な段階を内に含む類比的濃淡（タシュキーク）の概念によって、多なる世界が一なる存在に収束することを説く。

＊

本書は井筒がイスラーム思想史における古典期から近代にいたる形而上学的議論の主要な論点を主立った哲学者のテクストを引きながら明快に論じたものであり、イスラーム哲学を学ぶ者にとっては不可欠な文献である。また、行論のはしばしに西洋の中世スコラ哲学、現代の実存主義、シャンカラのヴェーダーンタ哲学、老荘思想、大乗起信論などの仏教思想について触れるなど、後の『意識と本質』にまとめられる「井筒東洋哲学」への道筋もうかがうことができる。イラン・イスラーム革命によって日本に帰国することがなければ、本書でおこなったような研究をその後も継続していたであろう。井筒自身、サブザワーリー以後の展開を示すミールザー・メフディー・アーシュティヤーニー（一九五二年没）の哲学についての研究をまとめる計画をもっており（Mīrzā Mahdī Mudarris Āshtiyānī, *Ta'līqah bar Sharḥ-i Manẓūmah-i Ḥikmat-i Sabzawārī*, edited by 'Abd al-Jawād Falāṭūrī and Mahdī Muḥaqqiq, Wisdom of Persia II, Institute of Islamic Studies, Tehran: McGill University, Tehran Branch, 1973, English Introduction, p. 5)、また法学基礎論についての意味論的研究に着手したりしていた（*Collected Papers on Islamic Philosophy and Mysticism*, p. 14)。この時点での帰国がなければ「井筒東洋哲学」も違った展開を示したかもしれない。

イスラーム思想の全体を扱おうとする書物にあっては、モンゴル期以降の思想史にも今はページを割くようになっているが、この時期の思想史研究は、ムスリムの伝統的学術の行われている地域は別として、アンリ・コルバン、サイイド・フサイン・ナスル、そして井筒俊彦らによって先鞭をつけられ、彼らの仕事を通して現在多くの研究者の関心を引き研究が進められている。近年はこの分野に重点をおいた英語による哲学テキストのアンソロジーも出版されるまでになった（Seyyed Hossein Nasr and Aminrazavi (eds.), *An Anthology of Philosophy in Persia*, 5 vols., I. B. Tauris, London 2008–2015)。

存在は本質の偶有であるというイブン・スィーナーの言葉も、同様の議論が哲学の領域の外で、彼以前にムウタズィラ学派の神学でおこなわれていたことがリチャード・フランク（Richard M. Frank, *Beings and Their Attributes*, Albany, 1978）によって指摘されており、このような知見を考慮すると哲学という思潮の中だけで思想の展開を見るのは問題であるかもしれない。井筒の先駆的なイスラーム哲学研究も今後批判的に再考される新たな時代を迎えることが望まれる。

監訳者あとがき

本書はイスラーム神秘哲学についての井筒俊彦の専門的研究を日本語で一般読者に紹介するおそらく最初のものであろう。「東洋哲学」の名のもとに壮大な思索を進めた思想家として井筒俊彦の名前は高いが、その一翼を担うイスラーム思想については、本書が示すような緻密な研究が潜んでいることを知ることも必要である。イスラームの哲学が西洋中世の思索に甚大な影響を与えたことは周知のことではあるが、イスラーム文化圏の内部でも西洋に影響を与えたかどうかとは別に独自の展開を示していることが本書の記述からも理解できるであろう。神秘哲学はイスラームの思想的営為のなかでも特殊な領域であり、すべてのムスリムが関与するような知的営為ではないであろう。しかし、ムスリムの知性が長い時間をかけて発展させたものであり、イスラームの思索のひとつの精華であることは間違いない。

本書は監訳者にとっても思いのある書物である。大学院に入ってイスラームのなかでも神秘主義を勉強しようと思い、本や資料を探している時に神田の書店でみつけたのが本書であった。インターネットも存在しない時代の書物との出会いはこういうものだった。ワフダト・ウジュードの考え方に強く惹かれていたので、すぐに本書の第三部を読んだりした。ただ、あまり理解はできなかったのではないか。ましてや第四部のサブザワーリーの形而上学の論考は歯が立たなかった。修士論文を書いた後、井筒俊彦が去った後のマギル大学イスラーム学研究所で勉強を続ける機会が与えられ、モントリオールに行く。先日刊行されたばかりの豊子夫人の『井筒俊彦の学問遍歴――同行二人半』(慶應義塾大学出版会、二〇一七年)に井筒の若い同僚として何度も出てくるランドルト先生、モハッゲグ先生などの許で勉強することができた。やがてモッラー・サドラーにしぼって研究しようと決め、本や論文を読むが、結局、本書の第四部ほど明晰にその哲学の根本を解き明かしてくれるものはなかった。研究を進めるさまざまな段階でたえず参照したのが本書であり、また井筒の翻訳解説したモッラー・サドラー『存在認識の道』であった。ちなみにイスラーム研究は日本語が何の役にも立たない分野であるが、この井筒の翻訳解説を自由に利用できるのは唯一の例外になる。

このような背景もあり、井筒の英文著作を翻訳するとしたらまず本書を選ぼうと思っていたが、『クルアーンにおける神と人間』同様、仁子寿晴氏がすでに訳稿を整えていたので、今回も彼の翻訳を元に出版することにした。仁子氏の高邁な訳文をいくらかわかりやすく通俗化させただけのつもりであるが、最終的な訳文には彼の意に反する改変になったものもあるかも知れない。先の訳書同様、翻訳の優れた点は訳者に帰し、誤りなどは見過ごした監訳者に帰すものである。

本書編集にあたっては遅々として進まない監訳者の確認作業をやさしく叱咤激励して書物の形に導いていただいた片原良子さん、原文照合を含めてテクストを点検くださった中村鐵太郎氏、アラビア語の音写や各国語文献の確認、索引や文献リストの作成など細かな作業を引き受けていただいた小野純一氏、それぞれの専門的立場からご意見をいただいたインド学の澤井義次氏、西洋中世哲学の山本芳久氏、それに井筒俊彦の業績の翻訳出版を熱心に推し進めて来られた慶應義塾大学出版会元会長（現顧問）坂上弘氏、これらの方々に感謝の言葉を述べたいと思う。

二〇一七年九月

鎌田 繁

著者
井筒俊彦（いづつ　としひこ）
1914年、東京都生まれ。1949年、慶應義塾大学文学部で講義「言語学概論」を開始、他にもギリシャ語、ギリシャ哲学、ロシア文学などの授業を担当した。『アラビア思想史』『神秘哲学』や『コーラン』の翻訳、英文処女著作 *Language and Magic* などを発表。
1959年から海外に拠点を移しマギル大学やイラン王立哲学アカデミーで研究に従事、エラノス会議などで精力的に講演活動も行った。この時期は英文で研究書の執筆に専念し、*God and Man in the Koran, The Concept of Belief in Islamic Theology, Sufism and Taoism* などを刊行。
1979年、日本に帰国してからは、日本語による著作や論文の執筆に勤しみ、『イスラーム文化』『意識と本質』などの代表作を発表した。93年、死去。『井筒俊彦全集』（全12巻、別巻1、2013年–2016年）。

監訳者
鎌田繁（かまだ　しげる）
東京大学名誉教授、日本オリエント学会前会長。イスラーム神秘思想・シーア派研究。

訳者
仁子寿晴（にご　としはる）
同志社大学非常勤講師。イスラーム哲学・中国イスラーム思想。

井筒俊彦英文著作翻訳コレクション
存在の概念と実在性

2017年10月31日　初版第1刷発行

著　者————井筒俊彦
監訳者————鎌田　繁
訳　者————仁子寿晴
発行者————古屋正博
発行所————慶應義塾大学出版会株式会社
〒108-8346　東京都港区三田2-19-30
TEL〔編集部〕03-3451-0931
〔営業部〕03-3451-3584〈ご注文〉
〔　〃　〕03-3451-6926
FAX〔営業部〕03-3451-3122
振替　00190-8-155497
http://www.keio-up.co.jp/
装　丁————中垣信夫＋中垣　呉［中垣デザイン事務所］
印刷・製本——萩原印刷株式会社
カバー印刷——株式会社太平印刷社

Printed in Japan ISBN978-4-7664-2456-0

事項索引

本文中でカタカナ表記されるアラビア語・ペルシア語の用語は、そのカタカナ表記で立項し、原綴りと和訳を添えた。それ以外の言語の用語は、和訳で立項し原綴りもしくは翻字を（　）に入れた。

※ア行
愛 ḥubb　79–80
空け開け (Lichtung)　101–102
アサーラ aṣālah（根柢性）　161, 163, 186–187
アサーラト・ウジュード aṣālat al-wujūd（存在の根柢性）　45, 50, 162, 166–169, 172–175, 184–185, 204, 216–217
アサーラト・マーヒーヤ aṣālat al-māhīyah（本質根柢性：何性の根柢性）　63, 163, 186　→ マーヒーヤ
アスィール aṣīl（根柢的に実在的）　161, 163, 165, 168, 170–171, 175
アハディーヤ aḥdīyah（絶対的に一であること）　76–82, 84, 86n6, 106n17
現れ　17, 72, 74, 81–82, 95, 232　→ ザーヒル
アリストテレス主義　60, 93, 96, 167　→ 逍遥学派
イウティバーリー i'tibārī（仮構）　51, 68, 72, 161–163, 165, 168, 171–172, 175–179, 183, 187, 187n1, 218, 220, 232, 237
一化の徒 muwaḥḥidīn　72　→ 双眼の士
一神主義（monotheism）　29, 72–73, 212
一性 waḥdah　16, 19, 21–26, 29–31, 34, 36–37, 40n26, 63, 66–69, 73, 78–80, 85, 106n17, 137n14, 170–171, 177, 180, 183, 216, 220, 226–227, 235　→ 多性
一であること　67, 76–77, 80, 85, 145, 181, 221, 225　→ アハディーヤ；ワフダト・ウジュード
イルファーン 'irfān〔神秘主義的哲学〕　4, 45, 49–50
ヴィジョン　37, 45, 51, 59, 73, 95–96, 101, 212–213
ヴェーダーンタ　15, 28, 31, 36, 58, 62–64, 66–67, 74, 79
ウジュード wujūd（存在）　8, 29, 36, 42, 44–45, 47, 50–52, 55–87, 106n17, 110–112, 115, 123, 157n13, 216　→ 存在
エンス（ens, 存在者）　64, 111, 140　→ マウジュード
エンス・イン・アリオ (ens in alio)　9, 195

※カ行
概念
　概念化　45, 117, 124–125, 180, 211, 227
　概念化以前：概念化される前の（preconceptual）　122–123, 180
　概念把握（conception）　27, 30–31, 81, 83, 97, 106n17, 108, 140, 145, 186, 197–198, 232
　鍵概念（key-concepts）　58–59, 98
ガイブ ghayb（神秘〔不可視〕）　75–77, 238
ガイブ・グユーブ ghayb al-ghuyūb（さまざまな神秘のそのまた神秘）　76–78, 80, 82–83
カシュフ kashuf（覆いを取り去る）　18, 66
可能
　可能性 imkān; mumkinīyah　23, 129–130, 137n13, 155, 180–183, 200–201
　可能的存在者　128, 155, 194, 199, 202, 219, 226, 233, 235
　可能的なもの mumkin　23–24, 132, 201
観念 mafhūm　108–121, 122–123, 125, 129, 133–134, 144, 151–152, 161–162, 164–166, 170, 173, 180, 200–201, 211, 215–216, 224
基体　146, 159n25, 160n[2], 170, 194–195, 202–204, 210n17, 210n18
客体　12, 19–21, 24, 50, 67, 102
客観　9–10, 19, 31, 64, 67, 69, 112, 150, 154, 174, 176–177, 180–182, 198, 201, 205, 224, 232
凝集の凝集 jam' al-jam'　20, 22
空 (śūnyatā)　17, 87n[3]
偶有 'araḍ　8–11, 60–61, 63, 113, 128, 146, 150, 156n12, 157n19, 170, 182, 184, 193–210, 220–221, 225
グノーシス　90, 92–93, 95, 104n9, 233
クルアーン Qur'ān　144, 230
形相　113, 180, 183, 187n2
元型　4, 74, 81
　永遠なる元型 a'yān thābitah　81–82, 85
顕現　→ 自己顕現
現実化　17, 61, 66, 71, 82, 100, 112, 127–129, 148, 151–152, 157n13, 157n18, 159n23, 165, 169, 174–175, 177–178, 180–181, 183–185, 187, 188n7, 195, 198, 200, 202, 206, 211, 216, 225–226, 229, 231, 234–236
現象的形態　13, 15, 23, 25, 48, 50, 63, 70, 83, 133, 166,

216, 218–219
現象的事物　14, 21–23, 25–31, 33, 40n26, 63–64, 68, 76–77, 79–83
現象世界　15–18, 20–21, 25, 27–34, 36, 64, 68, 74, 77, 79–80
玄之又玄　40n29, 76–77　→ガイブ・グユーブ
根柢性 →アサーラ
渾沌　21, 39n14, 67

※サ行
ザウク・タアッルフ dhawq al-ta'alluh（神智の味識）　219, 221–222, 233
ザート・ウジュード dhāt al-wujūd（存在そのもの）　75, 84, 86n6　→本体
ザーヒル ẓāhir（顕れ；外側）　17, 27, 74, 78–81, 86n6
慈愛者の息吹 nafas raḥmānī　83, 231, 235
自己顕現 tajallī　15, 23–24, 31, 49, 59, 68–69, 73, 78, 80, 87n[3], 96
自己限定　11, 15, 31, 49, 68, 70, 77, 133, 166
自然的普遍 kullī ṭabīʿī　154–155, 163, 186–187, 230
自然本性 ṭabīʿah kullīyah　145, 154–155
至聖溢出 fayḍ aqdas　78, 80, 85
神聖溢出 fayḍ muqaddas　82
実存主義 (existentialism)　42–47, 50–53, 100, 212, 241　→存在主義
実体　9–10, 45, 49–51, 61–62, 66–67, 102, 113, 125, 130–131, 144, 164–165, 167, 169, 174, 180, 193–195, 204, 207, 218–219, 223, 225, 229, 236
主観　19, 21, 31, 94, 102, 154, 169, 217
主体　12–13, 16–17, 19–21, 23–25, 27, 66–67, 99–102, 134, 154, 230
述語づけ　126, 130, 145, 170–171, 183, 188n13, 218, 220, 225–226, 234–235
照明 ishrāq
　照明哲学　94–95, 232, 250
　照明的関係 iḍāfah ishrāqīyah　71, 206, 223
　照明的立ち現れ ḥuḍūr ishrāqī　211–212
消滅 fanā' →ファナー
逍遥学派 mashshā'ī　93, 96, 104n7, 104n8, 104n9, 110, 113, 176, 179, 183, 185, 188n7, 218
真実在 ḥaqq　70–71
神智学 (theosophy)　42, 49, 93, 98　→ヒクマト；イルファーン
真如 (tathatā)　65, 67, 87n[3]
神秘 →ガイブ
　神秘家　7, 18, 24–25, 28, 31, 49, 56, 90, 94–95, 170, 185, 230–231
　神秘主義　4, 11, 45, 49–50, 94–95, 98–101, 104n9, 214, 221
　神秘（的）体験　49, 60, 94–95, 98, 169
　神秘道 (via mystica)　94
スコラ学 (scholasticism)　45, 91, 93–94, 98–100, 102–103, 104n7, 104n9, 108, 123, 139, 151, 156n4, 161, 193–194, 241
禅仏教　18, 97,
双眼の士 dhū 'aynayn　73
創造　27, 33, 36, 53, 70, 77, 79–80, 82–84, 91–92, 144, 150–151, 155, 195, 208n　→ハルク
属性　9–10, 31, 60–63, 65, 70, 75, 80–81, 115, 128–129, 137n13, 146, 148–149, 157n19, 166, 182–183, 194, 197, 201–202, 214
存在 wujūd (existence) →アサーラト・ウジュード；ウジュード
存在一化 tawḥīd wujūdī　29　→タウヒード
存在一性 →ワフダト・ウジュード
存在者 →エンス；必然的存在者；マウジュード
存在主義 (existentialism)　41–53, 64–65, 100–101, 112, 160n28, 207　→実存主義
存在の働き (actus essendi)　13, 64, 95, 110–112, 167

※タ行
対立物の一致 (coincidentia oppositorum)　22, 28, 37, 222, 230–231
タウヒード tawḥīd　17　→存在一化
タジャッリー tajallī（自己顕現）→自己顕現
多性　16, 18–20, 22–27, 29–30, 36–37, 39n15, 67–68, 73, 79, 85, 172, 219–220, 224, 227–228, 231　→一性
知性 'aql　13, 26, 34, 44, 49, 99, 170, 180, 197–198, 200–201, 224, 227, 237
直観　12, 25, 29, 34, 50–51, 59, 65, 90, 94, 99, 101, 114, 134, 141, 168, 196, 211–212, 230
道家：道教　21, 58, 63, 66–67, 75–76
統合的一者 wāḥidīyah　78
東洋哲学　7, 26, 37, 39n15, 52–53, 55–87, 97

※ナ行
何性 → マーヒーヤ
ヌール nūr（光） 14, 72, 95, 101, 185

※ハ行
バカー baqā' 18–23, 28, 66, 68
ハディース ḥadīth 72, 79, 86n5
バーティン bāṭin（隠れ） 17, 74–75, 81
パフラヴィー哲学 219, 222, 224–225, 227–229, 232–233, 235, 237–238
ハルク khalq（創造） 70 → 創造
比較哲学 4, 57, 103
光 → ヌール
ヒクマト ḥikmat 92–95, 97–98, 100–102, 103n3, 103n5, 105n11, 108, 110, 117, 123, 125, 133, 166, 174
被造物 21, 28–29, 70–71, 79, 150, 236
非存在（者） 40n29, 97, 154–155, 184, 201, 227, 230
必然性 wājibīyah 137n14, 183
必然的存在者 118n5, 128, 155, 199
秘密 72, 90, 94, 231 → 神秘
比喩 → メタファー
ファナー fanā'（消滅） 16–24, 27–28, 40n26, 66, 68
不可視 72, 76 → ガイブ
仏教 17–18, 20, 22, 32, 58, 63–67, 71, 75, 79, 87n3
フドゥール ḥuḍūr（立ち現れ） 15, 95, 101, 211
普遍（性） kullī 131, 153–155 → 自然的普遍
不二一元論 62–63
ブラフマン 15, 31, 36, 62–63, 66, 69–70, 74–75
分節 16, 22, 27, 29–30, 35, 59, 67, 76, 79–81, 84–85, 232
分離 farq 20–22
本質
本質主義 64–65, 153, 160n28, 167, 213
本質根柢性 → アサーラト・マーヒーヤ
本質的連関 82, 94–95
本体 dhāt 78, 81, 84 → ザート・ウジュード

※マ行
マウジュード mawjūd（存在者） 45–46, 60, 64, 110–113, 115, 118n5, 140, 164, 198, 218 → エンス
マーヒーヤ māhīyah（何性） 9, 31, 50, 60, 71, 112, 121n11, 123, 135n1, 163, 186, 192n32 → アサーラト・マーヒーヤ
マフフーム mafhūm（観念） → 観念
無 23, 40n29, 67–68, 76, 82–83, 87n[3], 97–98, 167, 199, 201, 206, 217, 222, 227
無限定：非限定 16, 36, 49, 62–63, 66–69, 75, 89, 233–238
無差別 21, 63, 68, 75, 215, 227
メタファー；比喩 14, 22, 25–26, 28 32–33, 36, 39n19, 67, 69, 71, 73, 82–83, 206–207, 222, 239n13, 240n21
もの性 shay'īyah 129–130, 169, 183

※ヤ行
闇 ẓill; ẓulmah 14, 24, 32, 72, 95, 228–230, 236, 238

※ラ行
理性 4, 12–14, 20, 25, 44, 46, 50, 59, 93–95, 101, 122–123, 125, 130–132, 146, 150, 154, 161–162, 164, 166–170, 172, 174, 179–181, 185, 188n13, 197, 200, 204–205, 211, 234–235
流出 fayḍ 17 → 至聖溢出；神聖溢出
類比性：類比的濃淡 tashkīk 135n4, 225–227
論理 10–11, 26, 44, 47, 49–50, 62, 76, 93–94, 96, 98, 102, 147, 170–171, 180, 185, 188n13, 194
論理学 9, 61, 104n7, 104n8, 127, 130–131, 136n7, 164

※ワ行
ワーヒディーヤ wāḥidīyah（統合的一者） 78–82, 85, 86n6
ワフダト・ウジュード waḥdat al-wujūd（存在一性：存在が一であること） 7, 29, 32, 36, 42, 44–45, 47, 50–52, 55–87

人名・著作名索引

※ア行
アヴィセンナ Avicenna → イブン・スィーナー
アヴェロエス Averroes → イブン・ルシュド
アエギディウス・ロマヌス Aegidius Romanus 156n4, 228, 239n14
『存在と本質の諸定理』 *Theoremata de Esse et Essentia* 239n14
アーシュティヤーニー，ジャラールッディーン Jalāl al-Dīn Āshtyiānī 187, 192n34, 200, 209n12, 209n15, 210n16, 240n24
『哲学と神秘主義の見解による存在』 *Hastī az Naẓar-i Falsafah va 'Irfān* 192n34, 209n12, 209n15, 210n16, 240n24
アーダム（アダム） 226
アダムズ，チャールズ Charles Adams 3
アフサーイー，シャイフ・アフマド Shaykh Aḥmad Aḥsā'ī 162, 187n2
アームリー，シャイフ・ムハンマド・タキー Shaykh Muḥammad Taqī al-Āmulī → タキー・アームリー
アームリー，ハイダル Ḥaydar Āmulī 13–14, 25, 28–29, 34–35, 38n3, 38n5, 39n17, 39n21–23, 40n28, 40n30–32, 71–73, 82, 86n1–2, 87n[4–5]
『諸神秘の統合点および諸光明の発出点』 *Kitāb Jāmi' al-Asrār wa-Manba' al-Anwār* 38n3, 38n5, 39n17, 39n21–23, 40n28, 40n30–32, 71, 86n1–2, 87n[4–5]
アリストテレス Aristoteles 45–49, 60, 93, 96, 98, 104n8, 112, 118n2, 135n6, 136n8, 139, 142–146, 149, 156n5, 156n7, 157n10, 157n15, 167, 173, 189n16, 193, 208n1, 208n3, 208n5
『カテゴリー論』 *Categoriae* 146, 173, 189n16
『形而上学』 *Metaphysica* 144, 156n10, 193, 208n1, 208n3
『分析論後書』 *Analytica Posteriora* 142, 156n5, 156n7
アルガザル Algazal → ガザーリー
アルダカーニー・シーラーズィー，ミールザー・アフマド Mīrzā Aḥmad Ardakānī Shīrāzī 187
『存在認識の道の難しさの解明への洞察の光』 *Nūr al-Baṣā'ir fī Ḥall Mushkilāt al-Mashā'ir* 192n33
イーサー（イエス） 226
井筒俊彦 3–4, 87n[3], 87n[6]
『スーフィズムとタオイズムの哲学的鍵概念の比較研究』 *A Comparative Study of The Key Philosophical Concepts in Sufism and Taoism* 39n24, 86n4, 106n15, 239n17
「道教における絶対者と完全な人間」 "The Absolute and the Perfect Man in Taoism" 38n14, 86n3
イブン・アラビー Ibn 'Arabī 7, 29, 49, 56, 60, 72, 81, 87n[4], 94–98, 104n9, 106n15–17, 185, 188n7, 216, 230, 233, 239n17
『叡智の台座』 *Fuṣūṣ al-Ḥikam* 106n17
イブン・スィーナー Ibn Sīnā 8–10, 60–61, 91–93, 98, 102, 104n6–7, 104–105n10, 110–113, 118n4–5, 119n7, 123, 128, 135n2, 135n5, 139–140, 143, 146, 149, 151–155, 156n4, 156n12, 159n22, 159n26–27, 160n28–30, 160n[1], 161–163, 167, 176–179, 187n2, 188n4, 189n17, 193–196, 199–203, 208n7, 208n9, 209n12, 209n15, 210n19, 240n22
『救済の書』 *Kitāb al-Najāt* 113, 119n7
『指示と勧告』 *al-Ishārāt wa-al-Tanbīhāt* 93, 135n2, 159n22, 159n24–25, 159n27, 177, 189n17, 208n9, 240n22
『治癒の書』 *Kitāb al-Shifā'* 111, 118n5, 159n26, 160n30, 209n12, 209n15
『補遺集』 *al-Ta'līqāt* 194, 202, 210n19
イブン・ルシュド Ibn Rushd 8–10, 60, 91–93, 96, 102, 128, 135n5, 136n10–11, 194, 201, 208n5, 209n14
『アリストテレス形而上学大注解』 *Tafsir mā ba'd at-tabiat* 210n5
『崩落の崩落』 *Tahāfut al-Tahāfut* 136n10–11
イマード・ザーデ・イスファハーニー 'Imād Zādeh Iṣfahānī 187n2
『ブー・アリー・スィーナーの叡智』 *Ḥikmat-i Bū 'Alī Sīnā* 187n2, 188n4
イラーヒー・クムシイー → クムシイー

ヴィトゲンシュタイン，ルートヴィヒ　Ludwig Wittgenstein　26, 39n20
『哲学的探究』*Investigations*　39n20

※カ行
カイサリー，ダーウード Dā'ūd Qayṣarī　76
ガザーリー al-Ghazālī　93, 120n9
カーシャーニー，アブドゥッラッザーク 'Abd al-Razzāq al-Qāshānī　97, 106n17
『叡智の台座注』*Sharḥ Fuṣūṣ al-Ḥikam*　106n17
カーティビー・カズウィーニー，ダビーラーン Dabīrān al-Kātibī al-Qazwīnī　93
『源泉の叡智』*Ḥikmat al-'Ayn*　104n8
『シャムスィーヤ』*Shamsīyah*　104n8
カプラン，アブラハム Abraham Kaplan　3
カミュ，アルベール Albert Camus　43
『異邦人』*L'Étranger*　43
カーロウ，ウィリアム William Carlo　156n4, 207, 209n11, 210n21, 239n14
『実存的形而上学における本質から存在への究極的還元可能性』*The Ultimate Reducibility of Essence to Existence in Existential Metaphysics*　156n4, 209n11, 210n21, 239n14
カント，イマニュエル Immanuel Kant　47, 102, 128, 136n7, 136n10
『純粋理性批判』*Kritik der reinen Vernunft*　136n10
キルマーニー Kirmānī → サーリヒー
キンディー al-Kindī　60
クーシジー 'Alā al-Dīn 'Alī ibn Muḥammad al-Qūshijī　105n[11]
クーナウィー → クンヤウィー
クムシイー，ムヒーッディーン・マフディー Muḥyī al-Dīn Mahdī Ilāhī Qumshih'ī　157n21, 210n20, 239n12
『形而上学』*Ḥikmat-i Ilāhī*　157n21, 210n20, 239n12
クラーク，ノリス Norris Clarke　141, 156
クリバンスキー，レイモンド Raymond Klibansky　3
クンヤウィー，サドルッディーン Ṣadr al-Dīn al-Qunyawī　104n9
ケクリク，ニハット Nihat Keklik　38n11
『サドルッディーン・クーナウィーの哲学』*Sadreddīn Konevī'nin Felsefesinde Allah, Kāināt ve Insan*　38n11
コルバン，アンリ Henry Corbin　92, 103n1, 103n4–5, 106n18, 110, 118n3, 167, 192n33
『イスラーム哲学史』*Histoire de la philosophie islamique*　103n1

※サ行
サブザワーリー，ハージー・モッラー・ハーディー Hādī ibn Mahdī Sabzawārī　3, 42, 45, 49–50, 53, 89–107, 108–114, 117, 118n2, 119n6, 121n12, 123, 132, 141, 156n2–4, 162–163, 165, 170, 179, 184–186, 188n4, 207, 214, 216, 218–219, 221–222, 224, 228–229, 232–233, 236, 239n9, 239n15, 240n23, 241
『形而上学詩注』*Sharḥ-i Manẓūmah*　3, 49, 112–113, 119n6, 121n12, 156n2–3, 170, 188n12, 239n9, 239n15, 240n23
サーリヒー・キルマーニー，ムハンマド・リダー Muḥammad Riḍā Sāliḥī Kirmānī　239n7
『イスラーム哲学思想における存在』*Wujūd az Naẓar-i Falāsifah-i Islām*　239n7
サルトル，ジャン＝ポール Jean-Paul Sartre　42, 46–47, 50, 100–102, 134, 137n17, 212, 214, 230, 238n2–4, 241
『嘔吐』*La Nausée*　50, 134, 137n17, 238n2–4
シゲルス Sigerus de Brabantia　193, 208n2
『形而上学注解問題集』*Quaestiones in Metaphysicam*　208n2
ジャーミー，アブドゥッラフマーン 'Abd al-Raḥmān Jāmī　16–17, 25–26, 38n9–10, 39n18
『閃光』*Lawā'iḥ*　38n9–10, 39n18
シャビスタリー，マフムード Maḥmūd Shabistarī　13, 24, 32, 39n16
『薔薇園』*Gulshan-i Rāz*　13, 24, 32
シャンカラ Śaṅkara　15, 38n7–8, 63, 67, 69–70
『ヴィヴェーカ・チューダーマニ』*Vivekacūḍāmani*　38n7, 69
朱子　36, 39n15
『朱子語類』　39n15
シュリーヴァスタヴァ Shrivastava, S. N. L.　38n8
『シャンカラとブラッドリー』*Samkara and Bradley*　38n8
シーラーズィー，クトブッディーン Quṭb al-Dīn

al-Shīrāzī　93, 98, 104n9, 189n21, 190n23–24
『王冠に填められた真珠』*Durrat al-Tāj*　104n9
『照明哲学注』*Sharḥ Ḥikmat al-Ishrāq*　189n21, 190n23–24
シーラーズィー，サドルッディーン Ṣadr al-Dīn Shīrāzī → ムッラー・サドラー
ジーリー，アブドゥルカリーム ʻAbd al-Karīm al-Jīlī　70, 76
ジルソン，ティエンヌ Étienne Gilson　144, 156n8–9, 160n28, 214, 239n5
『存在と本質』*L'Être et l'essence*　156n8–9, 239n5
『トミズム』*Le Thomisme*　160n28
ズヌーズィー，ムッラー・アリー Mullā ʻAlī Zunūzī　162, 187n3
『叡智の始原』*Badā'i' al-Ḥikam*　187n3
スフラワルディー，ヤフヤー Yaḥyá Suhrawardī　49, 93–96, 98, 101, 104n9, 105n12–14, 118n3, 120n9, 153, 162, 176–179, 180–186, 189n18–21, 190n22, 190n24–27, 191n29–30, 192n31, 212, 219, 232–233, 239n13, 240n19–20
『語録』*Muṭāraḥāt*　105n12
『照明哲学』*Ḥikmat al-Ishrāq*　105n14, 189n21, 190n24, 240n19–20
『直接諒解するための徴《ヒント》を記した書』*Kitāb al-Talwīḥāt*　189n18–20, 190n22
『採るべきことと捨てるべきこと』*Kitāb al-Mashāri' wa-al-Muṭāraḥāt*　190n25–26, 191n27, 191n29–30, 192n31
荘子　21, 40, 67, 76, 126

※タ行
『大乗起信論』　63, 67, 86n[1], 87n[2]–[3]
ダウワーニー，ジャラールッディーン Jalāl al-Dīn al-Dawwānī　219, 221
タキー・アームリー，シャイフ・ムハンマド Shaykh Muḥammad Taqī al-Āmulī　189n14, 218–219, 239n10–11
『高貴なる真珠』*Durar al-Farā'id*　189n14, 239n10–11
ダシュタキー，サドルッディーン Ṣadr al-Dīn al-Dashtakī　217
ダビーラーン・カーティビー・カズウィーニー Dabīrān al-Kātibī al-Qazwīnī → カーティビー
「ダーネシェ・イーラーニー」Dānesh-i Īrānī　3
デカルト Descartes　102
道元　38n12, 40n26
『正法眼蔵』　40n26
『道元』　40n26
トゥースィー，ナスィールッディーン Naṣīr al-Dīn al-Ṭūsī　93, 104n8–9, 135n2, 159n24–25, 167, 176, 189n17, 196, 198, 208n9, 240n22
『信条の精髄』*Tajrīd al-'Aqā'id*　93, 105n11
ドゥンス・スコトゥス Duns Scotus　91
トマス・アクィナス Thomas Aquinas　8–10, 91, 100, 102, 118n2, 160n28, 170, 188n11, 193–194, 207, 208n1, 208n3–4
『アリストテレス『形而上学』注解』*In Duodecim Libros Metaphysicorum Aristotelis Expositio*　208n1, 208n3
『対異教徒大全』*Summa Contra Gentiles*　188n11, 208n4

※ナ行
ナスル，セイエド・ホセイン Seyyed Hossein Nasr　3, 103n1, 103n3, 104n9, 105n13, 106n16
「イスパハーン学派」"The School of Ispahan"　103n1, 103n3
『三人のムスリム賢者』*Three Muslim Sages*　105n13, 106n16
「シハーブッディーン・スフラワルディー・マクトゥール」"*Shihāb al-Dīn Suhrawardī Maqtūl*"　105n13
ヌーフ（ノア）　226

※ハ行
ハイデガー，マルティン Martin Heidegger　42, 44–47, 101, 107n21, 109–112, 117, 118n2, 241
『形而上学入門』*Einführung in die Metaphysik*　107n21
『真理についてのプラトンの教説』*Platons Lehre von der Wahrheit*　107n21
『真理の本質について』*Vom Wesen der Wahrheit*　107n21
『ヒューマニズムについて』*Über den "Humanismus"*

107n21
バイハキー，アリー・ブン・ザイド ʻAlī ibn Zayd al-Bayhaqī　104n7
『叡智の棚・補遺』*Tatimmah Ṣiwān al-Ḥikmah* 104n7
バグダーディー，アブー・バラカート Abū al-Barakāt al-Baghdādī　114, 120n9, 200, 209n13
『己れ自身による省察の結果えられた成果を述べる書』*Kitāb al-Muʻtabar*　114, 120n10, 209n13
バディーウ・ムルク・ミールザー Badīʻ al-Mulk Mīrzā　240n18
バフマニヤール・ブン・マルズバーン，アブ・ハサン Abū al-Ḥasan Bahmaniyār b. Marzubān　93, 104n6–7, 202, 210n16
『習学の書』*Kitāb al-Taḥṣīl*　104n6, 210n16
バレット，ウィリアム William Barrett　106n19, 107n22, 118n1
『非理性的人間——実存哲学の研究』*Irrational Man: A Study in Existential Philosophy*　106n19, 107n22, 118n1
ヒドリー Muḥammad ibn Aḥmad al-Khidrī　105n11
ピネス，シュロモ Shlomo Pinès　120n9
「アウハドッザマーン・アブー・バラカート・バグダーディーについての研究」“Études sur Awḥad al-Zamān Abū-l-Barakāt al-Baghdādī”　120n9
ファーラービー Abū Naṣr al-Farābī　8, 60, 91, 104n7, 118n3, 126–128, 136n7–8, 139, 142, 146, 149–152, 155, 157n13, 157n15, 157n18–19, 157n21, 160n[1], 161
『プラトンとアリストテレスの両哲学の融和』*Kitāb al-jamʻ bayna raʼyay al-ḥakīmayn Aflāṭūn al-ilāhī wa-Arisṭūṭālīs*　136n8
『叡智の台座』〔偽ファーラービーの著作〕　147, 157n21, 160n[1]
ファン・デン・ベルク Simon Van Den Bergh　136n10
ブラオ，ヨシュア Joshua Blau　3
プラトン Platon　14, 96, 107n21, 136n8, 139, 142, 188n7, 196, 199, 205
ヘスター，マーカス・B Marcus B. Hester　39n19
『詩的メタファーの意味』*The Meaning of Poetic Metaphor*　39n19
法蔵　87n[3]
『大乗起信論義記』　87n[3]
ポルピュリオス Porphyrius　195

※マ行

『マギル・イスラーム研究所紀要』　3
マーザンダラーニー，ハーイリー Ḥāʼirī Māzandarānī　163, 187n2, 188n4
『ブー・アリー・スィーナーの叡智』*Ḥikmat-i Bū ʻAlī Sīnā*　187n2, 188n4
マリタン，ジャック Jacques Maritain　99–100, 107n20
『存在と存在者』*Existence and the Existent*　107n20
マンザー P. G. M. Manser　194–195, 208n6
『トミズムの本質』*Das Wesen des Thomismus*　194, 208n6
ミール・ダーマード Mīr Dāmād　163, 219
ムーサー（モーセ）　13, 226
『ムスリム哲学史』*A History of Muslim Philosophy* 103n1, 105n13
ムッラー・サドラー Mullā Ṣadrā　7, 11–12, 14, 38n2, 38n6, 42, 56, 67, 69, 92, 95, 98–100, 103n4, 105n11, 106n18, 110–112, 118n2–3, 129–130, 137n15, 141, 162–163, 167–170, 184–186, 188n8–10, 192n33, 198, 209n10, 210n19, 211, 214, 219, 221–222, 230, 233, 238n1, 239n8, 239n16, 240n18
『神的明証』*al-Shawāhid al-Rubūbīyah*　38n2, 38n6
『存在認識の道』*Kitāb al-Mashāʼir*　103n4, 106n18, 137n15, 188n8–10, 192n33, 209n10, 210n19, 238n1, 239n8, 239n16, 240n18
『四つの旅』*Kitāb al-Asfār*　222
モハッゲグ，メフディ Mahdī Muḥaqqiq　3

※ラ行

ラウカリー，アブ・アッバース Abū al-ʻAbbās al-Lawkarī　93, 104n7
『真実を保証する真実在の解明』*Bayān al-Ḥaqq bi-Ḍamān al-Ṣidq*　104n7
ラーズィー，クトブッディーン Quṭb al-Dīn al-Rāzī 240n22
『裁定集』*Muḥākamāt*　240n22
ラーズィー，ファフルッディーン Fakhr al-Dīn al-Rāzī　104–105n10, 196–197
ラッセル，バートランド Bertrand Russell　129, 137n12

『哲学入門』*The Problems of Philosophy*　137n12
ラーヒージー，アブドッラッザーク ʻAbd al-Razzāq al-Lāhījī　105n11
『直観の閃く者たち』*Shawāriq al-Ilhām*　105n11
ラーヒージー，ムハンマド Muḥammad al-Lāhījī　13–14, 22, 32–33, 38n4, 38n13, 39n16, 39n25, 40n27
『薔薇園注』*Sharḥ-i Gulshan-i Rāz*　13, 38n4, 38n13, 39n16, 39n25, 40n27
ラフマーン，ファズルル Fazlur Rahman　110–112, 118n4–5, 153, 160n29, 208n7
「イブン・スィーナーにおける本質と存在」“Essence and Existence in Avicenna”　118n4, 160n29, 208n7
ランドルト，ヘルマン Herman Landolt　3
ド・レイメケル，ルイ Louis de Raeymaeker　139, 156n1
『存在の哲学——哲学的統合論』*Philosophie de l'être: Essai de synthèse métaphysique*　156n1
レシャー，ニコラス Nicholas Rescher　127, 135n7, 136n9–10
『アラブ哲学研究』*Studies in Arabic Philosophy*　135n7, 136n9
老子　30, 38n14, 40n29, 76–77, 80, 86n4, 87n[6]

参考文献

Aegidius Romanus, *Theoremata de Esse et Essentia*, ed. Edgar Hocedez, Louvain: Museum Lessianum, 1930.

Āmulī, Ḥaydar, *Kitāb Jāmi‘ al-Asrār wa-Manba‘ al-Anwār ; bi inḍimām-i Risālat Naqd al-Nuqūd fī Ma‘rifat al-Wujūd*, eds. Henry Corbin & ‘Uthmān Yaḥyá, Téhéran-Paris, Qismat-i Īrān′shināsī, Anstītū Īrān va Farānsah-i Pizhūhish′hā-yi ‘Ilmī, 1969.

al-Āmulī, Muḥammad Taqī, *Durar al-Farā'id*, vol. I, Tehran: Markaz-i Nashr-i Kitāb, 1377 AHs.

Ardakānī Shīrāzī, Mīrzā Aḥmad, *Nūr al-Baṣā'ir fī Ḥall Mushkilāt al-Mashā‘ir*, [manuscript, Muḥammad Taqī Dānishpazhūh (ed), Fihrist-i Nuskhah'hā-yi Khaṭṭī-i Kitābkhānah-'i Markazī-i Dānishgāh-i Tihrān, Tehran: Chāpkhānah-i Dānishgāh, n.d., III.1].

Aristoteles, *Analytica Posteriora*, [in *Aristotelis analytica priora et posteriora*, ed. William David Ross, Oxford: Clarendon Press, 1964].

——*Categoriae*, [in *Categoriae et Liber de Interpretatione*, ed. Lorenzo Minio-Paluello, Oxford: Clarendon Press, 1949].

——*Metaphysica*, [ed. Werner Wilhelm Jaeger, Oxford: Clarendon Press, 1957].

Āshtyiānī, Jalāl al-Dīn, *Hastī az Naẓar-i Falsafah va ‘Irfān*, Mashhad: Chāp-khāne-yi Khurāsān, 1379 AHs.

al-Baghdādī, Abū al-Barakāt, *Kitāb al-Mu'tabar fī al-Ḥikmah*, [3 vols., Haidarābād al-Dakan: Jamīyat Dā'irat al-Ma‘ārif al-‘Uṯmānīya, 1357–58 AHs].

Bahmaniyār b. Marzubān, Abū al-Ḥasan, *Kitāb al-Taḥsīl*, [ed. Murtaḍā Muṭahharī, Tehran: Dānishgāh-i Tihrān, 1375 AHs.].

Barrett, William, *Irrational Man: A Study in Existential Philosophy*, New York: Anchor Books, 1962.

al-Bayhaqī, ‘Alī ibn Zayd, *Tatimmat Ṣiwān al-Ḥikmah*, ed. Muḥammad Shafī‘, Lahore: Ishwar Das, 1935.

Carlo, William, *The Ultimate Reducibility of Essence to Existence in Existential Metaphysics*, The Hague: Martinus Nijhoff, 1966.

Corbin, Henry, *Histoire de la philosophie islamique*, vol. I, Paris: Gallimard, 1964.

Abū Naṣr al-Fārābī, *Kitāb al-Jam‘ bayna Ra'yay al-Ḥakīmayn Aflāṭūn al-Ilāhī wa-Arisṭūṭālīs*, Cairo: al-Sa'ādah, 1907.

——*Fuṣūṣ al-Ḥikam*, in Muḥyī al-Dīn Mahdī Ilāhī Qumshih'ī, *Ḥikmat-i Ilāhī*, Tehran: Mu'asseseh-yi Maṭbu‘āt-i Islāmī, 1345 A.H.

Gilson, Étienne, *L'Être et l'essence*, Paris: Vrin, 1948.

——*Le Thomisme*, Paris: Vrin, 1944

Martin Heidegger, *Einführung in die Metaphysik*, [in Gesamtausgabe 40, Frankfurt am Main: Vittorio Klostermann, 1983].

——*Platons Lehre von der Wahrheit*, [in Gesamtausgabe 9, Frankfurt am Main: Vittorio Klostermann, 1976].

——[*Brief ü*]*ber den "Humanismus"*, [in Gesamtausgabe 9, Frankfurt am Main: Vittorio Klostermann, 1976].

——*Vom Wesen der Wahrheit*, [in Gesamtausgabe 9, Frankfurt am Main : Vittorio Klostermann. 1976].

Hester, Marcus B., *The Meaning of Poetic Metaphor*, The Hague-Paris, 1967.

Maritain, Jacques, *Existence and the Existent*, New York: Vintage Books, 1966.

Manser, Gallus Maria, *Das Wesen des Thomismus*, Freiburg [Schweiz]: St. Paulsdruckerei, 1935 [1932].

Māzandarānī, Ḥā'irī, *Ḥikmat-i Bū 'Alī Sīnā*, Tehran: Sahāmī, 1377 AHs.

Ibn al-'Arabī. *Fuṣūṣ al-Ḥikam*, ed. Abū al-'Alā 'Afīfī, Cairo: 'Īsā al-Bābī al-Ḥalabī, 1946.

——*al-Futūḥāt al-Makkīyah*, Beirut: Dār Ṣādir, n.d., vol. II.

Ibn Rushd, *Tafsīr mā ba'd al-Ṭabī'ah*, vol. I, ed. M. Bouyges, Beirut: University of Saint, 1938.

——*Tahāfut al-Tahāfut*, [ed. Sulaymān Dunyā, Cairo: Ma'ārif, 1964–65].

Ibn Sīnā, *Kitāb al-Najāt fī al-Ḥikmah al-Manṭiqīyah wa-al-Ṭabī'īyah wa-al-Ilāhīyah*, Cairo: Muḥyī al-Dīn Ṣabrī al-Kurdī, 1938.

——*al-Ishārāt wa-al-Tanbīhāt*, ed. Sulaymān Dunyā, Cairo: Ma'ārif, 1960–68.

——*Kitāb al-Shifā'*, ed. Ibrāhīm Madkūr, Cairo: al-Hay'ah al-'Āmmah li-Shu'ūn al-Maṭābi' al-Amīrīyah, 1952–1980.

——*al-Ta'līqāt*, [ed. 'Abd al-Raḥmān Badawī, Cairo: al-Hay'ah al-Miṣrīyah al-'Āmmah lil-Kitāb, 1973].

Izutsu, Toshihiko, *A Comparative Study of The Key Philosophical Concepts in Sufism and Taoism*, 2 vols., Tokyo: The Keio Institute of Cultural and Linguistic Studies, 1966–1967.

——"The Absolute and the Perfect Man in Taoism," in *Eranos Jahrbuch* XXXVI, Zürich: Rhein-Verlag, 1968, 379–441 [*The Structure of the Oriental Philosophy: Collected Papers of the Eranos Conference*, vol. 1, 2008, Tokyo: Keio University Press, 1–74].

Jāmī, 'Abd al-Raḥmān *Lawā'iḥ*, ed. Muḥammad Ḥusayn Taṣbīḥī, Tehran: Kitābfurūshī-i Furūghī, 1342 AHs.

Kant, Imanuel, *Kritik der reinen Vernunft*, [Hamburg: Felix Meiner Verlag, 1998].

al-Kātibī al-Qazwīnī, Najm al-Dīn Dabīrān, *Ḥikmat al-'Ayn*, [in *Sharḥ Ḥikmat al-'Ayn*, ed. Shams al-Dīn Muḥammad Ibn Mubārakshāh al-Bukhārī, Mashhad: Mu'assasah-i Chāp wa-Intishārat-i wa-Grāfīk-i Dānishgāh-i Firdausī, 1353 AHs].

——*al-Risālah al-Shamsīyah*, [in Quṭb al-Dīn Maḥmūd ibn Muḥammad al-Rāzī, *Taḥrīr al-Qawā'id al-Manṭiqīyah*, Cairo: Muṣṭafā al-Bābī al-Ḥalabī, 1367 A.H.].

Keklik, Nihat, *Sadreddīn Konevī'nin Felsefesinde Allah, Kāināt ve Insan*, Istanbul [Edebiyat Fakültesi Matbaası], 1967.

al-Lāhījī, 'Abd al-Razzāq, *Shawāriq al-Ilhām* [*fī Sharḥ Tajrīd al-kalām*, ed. Akbar Asad 'Alīzādah, Qum : Mu'assasat al-Imām al-Ṣādiq, 1425 AHs.].

Lāhījī, Muḥammad ibn Yaḥyá, *Mafātīḥ al-I'jāz fī Sharḥ Gulshan-i Rāz*, ed. Kayvān Samī'ī, Tehran: Maḥmūdī, 1337 AHs.

al-Lawkarī, Abū al-'Abbās Faḍl ibn Muḥammad, *Bayān al-Ḥaqq bi-Ḍamān al-Ṣidq*, ed. Ibrāhīm Dībājī, Tehran: Mu'assasah-i Intishārāt-i Amīr-i Kabīr, 1364 AHs.

Mullā Ṣadrā, *Kitāb al-Mashā'ir*, in *Le Livre des pénétrations métaphysiques*, éd. H. Corbin,

Paris-Téhéran, Adrien-Maisonneuve, 1964.
——*al-Shawāhid al-Rubūbīyah*, ed. Jalāl al-Dīn Āshtiyānī, Mashhad: Chāpkhānah-i Dānishgāh-i Mashhad, 1967.
Nasr, Seyyed Hossein, "Shihāb al-Dīn Suhrawardī Maqtūl", in *A History of Muslim Philosophy*, ed. by M. M. Sharīf, vol. I, Wiesbaden: O. Harrasowitz, 1963, 372–398.
——"The School of Ispahan", *A History of Muslim Philosophy*, ed. M. M. Sharif, vol. II, Wiesbaden: O. Harrassowitz, 1966, 904–932.
——*Three Muslim Sages*, Cambridge, Mass.: Harvard University Press, 1964.
Pines, Shlomo, *Studies in Abu'l-Barakāt al-Baghdādī : physics and metaphysics,* Jerusalem : Magnes Press ; Leiden : Brill, 1979.
al-Qāshānī, 'Abd al-Razzāq, *Sharḥ Fuṣūṣ al-Ḥikam*, Cairo, 1321 A.H.
Qumshih'ī, Muḥyī al-Dīn Mahdī Ilāhī, *Ḥikmat-i Ilāhī*, Tehran: Mu'asseseh-i Maṭbu'āt-i Islāmī, 1345 AHs.
Raeymaeker, Louis de, *Philosophie de l'être: Essai de synthèse métaphysique*, Louvain: Institut supérieur de philosophie, 1947.
Rahman, Fazlur, "Essence and Existence in Avicenna", in *Mediaeval and Renaissance Studies*, vol. IV, London, The Warburg Institute, London University, 1958.
al-Rāzī, Quṭb al-Dīn , *Muḥākamāt*, in *al-Ishārāt wa-al-tanbīhāt: li-Abī 'Alī Ḥusayn ibn 'Abd Allāh Ibn Sīnā ; ma'a al-sharḥ lil-muḥaqqiq Naṣīr al-Dīn Muḥammad ibn Muḥammad ibn al-Ḥasan al-Ṭūsī wa-sharḥ al-sharḥ lil-'allāmah Quṭb al-Dīn Muḥammad ibn Muḥammad Ibn Abīja'far al-Rāzī*, Tehran: Maṭba'at al-Ḥaydarī, 1377-1379 AHs.
Rescher, Nicholas, *Studies in Arabic Philosophy*, Pittsburgh: University of Pittsburgh Press, 1966.
Russell, Bertrand, *The Problems of Philosophy*, Oxford: Oxford University Press, 1912.
Sabzawārī, Hādī ibn Mahdī, *Sharḥ-i Ghurar al-Farā'id Ma'rūf bi Sharḥ-i Manẓūmah-i Ḥikmat*, eds. Mahdī Muḥaqqiq & Toshihiko Izutsu, Tehran: McGill University, Institute of Islamic Studies, Tehran Branch, 1969.
Sāliḥī Kirmānī, Muḥammad Riḍā, *Wujūd az Naẓar-i Falāsifah-i Islām*, Qum: s.n., 1337 A.H.
Śaṅkara, *Vivekacūḍāmani of Śrī Śaṅkarācārya*, text with English translation by Swami Madhavanda, Advaita Ashrama, 1966.
Sartre, Jean-Paul, *La Nausée*, Paris: Gallimard, 1938.
Shabistarī, Maḥmūd, *Gulshan-i Rāz*, [in Lāhījī, Muḥammad ibn Yaḥyá, *Mafātīḥ al-I'jāz fī Sharḥ Gulshan-i Rāz*, ed. Kayvān Samī'ī, Tehran: Maḥmūdī, 1337 AHs.].
al-Shīrāzī, Quṭb al-Dīn, *Durrat al-Tāj li-Ghurrat al-Dubāj*, 2 vols., eds. Ḥasan Mushkān Ṭabasī & Muḥammad Mishkāt, Tehran: Vizārat-i Farhang, 1317 AHs.
——*Sharḥ Ḥikmat al-Ishrāq*, lithograph, Tehran, 1315 AHs.
Shrivastava, S. N. L., *Sáṅkara and Bradley: A Comparative and Critical Study*, Delhi: Motilal Banarsidass, 1968,
Suhrawardī, Yaḥyá ibn Ḥabash, *Kitāb al-Mashāri' wa-al-Muṭāraḥāt*, in *Opera Metaphysica et Mystica*, vol. I, ed. Henry Corbin, Istanbul & Leipzig: Deutsche Morgenländische Gesellschaft, 1945.
——*Kitāb al-Talwīḥāt*, in *Opera Metaphysica et Mystica*, vol. I, ed. Henry Corbin, Istanbul:

Deutsche Morgenländische Gesellschaft, 1945.
——*Muṭāraḥāt*, in *Opera Metaphysica et Mystica*, vol. I, ed. Henry Corbin, Istanbul & Leipzig: Deutsche Morgenländische Gesellschaft, 1945.
——*Ḥikmat al-Ishrāq*, in *Opera Metaphysica et Mystica*, vol. II, ed. Henry Corbin, Paris-Téhéran: Adrien-Maisonneuve, 1952.
Thomas Aquinas, *Indices auctoritatum omniumque rerum notabilium occurrentium in Summa Theologiae et in Summa Contra Gentiles*, eds. P. Marc; C. Pera; P. Carmello, Torino; Rome: Marietti, 1961.
al-Ṭūsī, Naṣīr al-Dīn, *Tajrīd al-ʻAqā'id*, [ed. ʻAbbās Sulaymān, al-Iskandarīyah: Dār al-Maʻrifah al-Jāmiʻīyah, 1996].
——*Sharḥ al-Ishārāt*, [in *al-Ishārāt wa-al-Tanbīhāt*, ed. Sulaymān Dunyā, Cairo: Maʻārif, 1960–68].
Watt, William Montgomery, *Islamic Philosophy and Theology*, Islamic Surveys 1, Edinburgh: Edinburgh University Press, 1962.
Wittgenstein, Ludwig, *Investigations*, text with English translation by G. E. M. Anscombe, Oxford: Blackwell, 1953.
Zunūzī, Mullā ʻAlī, *Badā'iʻ al-Ḥikam*, lithograph ed., 1314 AHs.

井筒俊彦訳『コーラン』全三巻、岩波書店、1957–1958年。

——『老子道徳経』古勝隆一訳、井筒俊彦英文著作翻訳コレクション、慶應義塾大学出版会、2017年。

朱熹『朱子語類』朱傑人・厳佐之・劉永翔主編『朱子全書』第14–18巻［朱子語類1–5］、上海古籍出版社／安徽教育出版社、2002年。

『大乗起信論』宇井伯寿・高崎直道訳注、岩波書店、1994年。

道元『正法眼蔵』寺田透・水野弥穂子校注『道元（上）』日本思想大系12、岩波書店、1970年。

法蔵『大乗起信論義記』高楠順次郎編『大正新脩大蔵経』「論疏部」5、第44巻、no. 1846、大正新脩大蔵経刊行会、1990年。